AtV

Sybil Wagener, geboren in Nürnberg, Studium der Germanistik, Philosophie und Soziologie in Heidelberg und Göttingen, Schriftstellerin und Filmemacherin, lebt in Göttingen.

Veröffentlichung u.a. von Romanen (»Das kleinere Unglück«, 1984; »Vergiß New York« 1997) und dem Essay »Feindbilder« (1999). Schwerpunkt ihrer Arbeiten für das Bayerische Fernsehen sind Filmporträts: »Wilhelmine. Ulrike. Marie. Henriette – Heinrich von Kleists Suche nach dem Glück«; »Chapeau Claque – Frank Wedekind in München«; »Isadora Duncan und Sergej Jessenin«; »Georg Büchner – Was ist das, was in uns lügt, stiehlt, mordet«; »Karoline von Günderode – die Wirklichkeit tötet den Traum«; »Annette von Droste-Hülshoff«.

Heinrich von Kleists unvermindert lebendiges Werk in seiner Intensität und Widersprüchlichkeit zugänglich zu machen, Neugier zu wecken auf seine Gratwanderungen und Grenzüberschreitungen ist das Anliegen des Bandes. Kleist, der kompromißloseste Realist, ist gleichzeitig der verstiegenste Träumer. Er raubt uns jede Illusion über die menschliche Natur und riskiert dennoch das Märchen, in dem das Gute siegt, die absolute Liebe und die absolute Treue. Was ihn mit unserer Zeit verbindet, ist die Erfahrung von Krieg und Gewalt.

Sybil Wagener, zu deren frühester Lektüre Kleist gehörte und die sich immer wieder produktiv mit ihm auseinandergesetzt hat, präsentiert alle Stücke von dem Erstling »Die Familie Schroffenstein« bis zum Schauspiel um den eigenmächtigen »Prinzen von Homburg«. Die großen Erzählungen »Michael Kohlhaas«, »Die Marquise von O…« und »Die Verlobung in St. Domingo« führen den Leser in eine Welt unerhörter Begebenheiten. Angesichts der »gebrechlichen Einrichtung der Welt« behaupten sich Menschen mit den ihnen zur Verfügung stehenden Mitteln, die weit entfernt von jeder Moral sind.

Sybil Wagener

Kleist für Eilige

Aufbau Taschenbuch Verlag

Zu dem Kleist-Bild vgl. auch die Publikation »Kleist-Bildnisse von Peter Friedel bis André Masson«, Kleist-Museum, Frankfurt (Oder) 2000

ISBN 3-7466-1997-1

1. Auflage 2003

Einbandgestaltung Preuße & Hülpüsch Grafik Design
unter Verwendung eines fotos von www.schein-berlin.de
mit freundlicher Unterstützung von »Das Geheimfach am Alexanderplatz«
Druck Elsnerdruck GmbH, Berlin
Printed in Germany

www.aufbau-taschenbuch.de

Heinrich von Kleist

Gefangenschaftsbild, 1807
Schiller-Nationalmuseum/Deutsches Literaturarchiv Marbach a.N.

Heinrich von Kleist

Gefangenschaftsbild, 1807
Schiller-Nationalmuseum/Deutsches Literaturarchiv Marbach a. N.

Sybil Wagener

Kleist für Eilige

Aufbau Taschenbuch Verlag

Zu dem Kleist-Bild vgl. auch die Publikation
»Kleist-Bildnisse von Peter Friedel bis André Masson«,
Kleist-Museum, Frankfurt (Oder) 2000

ISBN 3-7466-1997-1

1. Auflage 2003

Einbandgestaltung Preuße & Hülpüsch Grafik Design
unter Verwendung eines fotos von www.schein-berlin.de
mit freundlicher Unterstützung von »Das Geheimfach am Alexanderplatz«
Druck Elsnerdruck GmbH, Berlin
Printed in Germany

www.aufbau-taschenbuch.de

Inhalt

Werk und Leben

Anhang

Kleist ist keine Lektüre für Ängstliche

Es gibt Zeiten und Landstriche, in denen man so friedlich vor sich hin lebt, daß man glauben könnte, dies sei der normale Zustand der Welt. Doch wir brauchen nur den Fernseher einzuschalten, um belehrt zu werden, daß die Wirklichkeit anderswo aus Krieg, Terror, Unglücksfällen, Naturkatastrophen besteht, in denen Unzählige eines mehr oder weniger zufälligen Todes sterben. Es gibt keine Sicherheit; das, unter anderem, ist die Botschaft des 11. September. Wenn Menschen damit konfrontiert werden, daß die Systeme, in denen sie es sich gemütlich gemacht haben, verwundbar sind, neigen sie dazu, Schuldige zu suchen, um sie ihrerseits zu vernichten; als ob man auf diese Weise die Wirklichkeit von ihrer tödlichen Komponente heilen könnte. Gewalt erzeugt Gegengewalt, Kränkung provoziert Rache. Das ist die Welt des Heinrich von Kleist (1777–1811).

Sicher auch deswegen: weil er in seinen Dramen und Erzählungen den gewöhnlichen Rückversicherungen der Menschen – Familie, Nation, Tradition, Religion – nicht traut, sondern die »gebrechliche Einrichtung der Welt« in immer neuen Konstellationen zur Sprache bringt, wurde und wird Kleists Werk als befremdend und provokativ empfunden. Von seinen Zeitgenossen wurde es ignoriert, ein ganzes bürgerliches Jahrhundert lang mißverstanden und zensiert, erst um 1900 hatte die Zeit es so weit eingeholt, daß es als atemberaubend modern erkannt wurde. Für mich ist Kleist mit seiner Sprachgewalt, seiner Unbestechlichkeit, seinem schwarzen Humor, seiner Faszination durch die Kräfte der Zerstörung und seiner Sympathie für alle

Formen der menschlichen Selbstbehauptung der größte deutsche Dichter. Wenn einer den Tod als Teil des Lebens begreift und keinerlei Sinnstiftung damit verbindet, steht er außerhalb aller Ordnungen, die sich dem Chaos entgegenzustemmen versuchen. Das erschwert denen, die von der Literatur verlangen, daß sie ihnen Halt und Trost bietet, den Zugang. Kleist ist keine Lektüre für Ängstliche.

Schwer machen es dem Leser auch das kompakte äußere Bild des Textes, die schier endlosen, durch eine Überfülle von Satzzeichen rhythmisierten Perioden, die Atemlosigkeit, mit der die Handlung vorwärtsstürzt, an irgendeiner Stelle stockt und in die Breite fließt, um wieder an Tempo zu gewinnen. Die Überfülle der Bilder, die blitzschnell veränderten Konstellationen, die Gleichzeitigkeit unterschiedlichster Wahrnehmungen erzeugen das unbehagliche Gefühl, nicht mitzukommen. Die Stücke sind keine einfachere Lektüre, weil die Figuren in ihrer Rede und Gegenrede alles, was zwischen Himmel und Hölle möglich ist, oft in einem Atemzug zusammenfügen; kurz – Kleist ist nichts für Eilige.

Die – scheinbare – Unzugänglichkeit des Werkes rechtfertigt auch das Unternehmen, es durch Nacherzählung sozusagen mundgerecht zuzubereiten, indem man es in die Alltagssprache herunterholt. Nicht mehr ist beabsichtigt, als ein Vorverständnis zu geben, das die Fremdheitsschwelle überspringen hilft – so wie man eine Filmhandlung erzählt, ohne dem Film damit Abbruch zu tun, denn was wir auf der Leinwand sehen, ist etwas ganz anderes. Der Vergleich mit dem Film liegt nahe, weil Kleists Dichtung durch die Fülle und den raschen Wechsel der Bilder oft einem Drehbuch ähnelt. Die Sprache, hat man sich erst eingelesen, erweist sich als klar und schnörkellos, sie kommt direkt zur Sache, benennt Peinliches und Schmerzhaftes unumwunden; auch dies hat Kleist mit unserer Zeit gemeinsam, die keine Tabus mehr kennt. Er erzählt Unerhörtes, das die Weltordnung ins Wanken bringt, aus vergangenen Zeiten – doch könnten diese Vorgänge auch heute stattfinden, denn die Quellen sind dieselben geblieben: Der Krieg. Die Gewalt von Menschen gegen Menschen. Die Unbarmherzigkeit der Natur.

Der Leser ist eingeladen, seine Gewohnheiten zu ändern und nicht nur öfter Kleist, sondern Kleists Texte mehr als einmal zu lesen. Er wird bei diesem Dichter, der 34jährig Selbstmord beging, weil ihm »auf Erden nicht zu helfen war«, mehr über unsere Welt erfahren als bei den meisten, die heute über sie schreiben.

DRAMEN

Die Familie Schroffenstein

Mißtrauen zerstört, Vertrauen aber auch

Schon das erste Bild täuscht. Die Trauerfeier in der Schloßkapelle von Rossitz scheint ein Akt der Frömmigkeit zu sein. Ein Kind ist gestorben. Ein Mädchenchor ertönt: »Niedersteigen, / Glanzumstrahlet, / Himmelshöhen zur Erd herab, / Sah ein Frühling / Einen Engel.« Dann die Dissonanz: »Nieder trat ihn ein frecher Fuß.« Was die Mädchen mit so viel Andacht besingen, als stünden sie um die Krippe in Bethlehems Stall, ist ein Mord. »Bat, ein Kindlein, / Bat um Liebe. / Mörders Stahl gab die Antwort ihm.« – »Rache!« antwortet der Chor der Jünglinge, »Rache! Rache!« Das Hochamt ist in Wirklichkeit eine Schwarze Messe, die über der Hostie ein Blutbad heraufbeschwört. Rupert, Graf von Schroffenstein, klagt seinen Vetter Sylvester, Graf von Schroffenstein, als den Mörder seines neunjährigen Sohnes an.

Zwei Linien ein und derselben Familie haben sich verfeindet. Rupert sitzt auf Rossitz, Sylvester auf Warwand. Das Stück spielt angeblich in Schwaben, den Naturbeschreibungen nach aber in den Alpen. Man muß sich eine dieser Vorgebirgslandschaften vorstellen, wo in geringen Abständen Raubritterburgen auf Felsen thronen, zwischen denen tiefe, wasserdurchtoste Schluchten den Verkehr erschweren. Heinrich von Kleist, ein Kind der norddeutschen Tiefebene, verlegt sein erstes Theaterstück in die Kulisse seines Gastlandes Schweiz. Hier hielt sich der Berufsoffizier, der den Dienst in der preußischen Armee quittiert hatte, um Schriftsteller zu werden, 1802 mit der Absicht auf, einen Bauernhof zu erwerben. In einem Häuschen auf der Aare-Insel im Thuner See schrieb der 24jährige sein Drama vom Familienkrieg. Die Natur, von der er umgeben war, gab nicht nur den Schauplatz der Handlung vor, sie drang auch in deren Struktur ein, denn die Wildnis bietet Raum für Liebe und Glück, während in der Enge der Burgen der Haß regiert.

Sippenhaft ist angesagt, Auge um Auge, Kind um Kind. Rupert nimmt darauf das Abendmahl, wie man einen Toast begießt. Als sich Ottokar, Ruperts ältester Sohn, der Bruder des Toten, mit der Nennung Sylvesters begnügen will, korrigiert ihn der Vater: »Sprich nicht / Sylvester, sprich sein ganzes Haus, so hast / Du's sichrer.« Ottokar windet sich, er hat seine Gründe, schließlich schwört er »Rache! / Dem Mörderhaus Sylvesters« und empfängt das Abendmahl. Eustache, die Mutter des toten Kindes, versucht sich herauszureden: Rache sei Männersache. Rupert trägt ihr sein Credo von der pervertierten Menschennatur vor. »Vertrauen, Unschuld, Treue, Liebe, / Religion, der Götter Furcht« seien Ammenmärchen. Die Menschen hätten »mit Tieren die Natur gewechselt«, nicht einmal Kinder seien mehr geschützt. Liebe sei »nicht üblich«, deshalb solle sich auch Eustache dem Haß weihen. Rupert kündet der Familie und dem Anhang seines Bruders Mord und Totschlag an – nicht als »ehrlich offner Krieg« nach Regeln, sondern als Lynchjustiz, ausgeübt vom Mob. Nicht wie Menschen sollen die Gegner behandelt werden, sondern wie Schlangen, und ihre Leichen sollen unbestattet bleiben, »daß von fernher / Gestank die Gattung schreckt«. Er schickt Sylvester einen Boten: »Sag, ich dürste / Nach sein und seines Kindes Blute, hörst du? / Und seines Kindes Blute.«

Ruperts Reaktion ist maßlos, doch noch erscheint sie verständlich, da sein Kind tot ist und er annehmen muß, daß es ermordet wurde. Später wird er sich zu einem von Kleists grundbösen Monstren entwickeln, die alles, was sich ihrer Macht widersetzt, mit Vernichtung bedrohen, ohne daß man ihre Motive erfährt. Ein Gast des Hauses, der entfernt verwandte Jeronimus, zeigt sich denn auch angesichts der Vorgänge befremdet. Er war kürzlich auf Warwand und will nun seine Hand dafür ins Feuer legen, daß Graf Sylvester mit anderen Dingen beschäftigt ist als der Anstiftung zum Kindermord. Seine Zeugenschaft wird, von Ruperts Sohn Ottokar, sofort der Parteilichkeit verdächtigt – es sei ein offenes Geheimnis, daß er ein Auge auf Sylvesters schöne Tochter Agnes geworfen habe. Jeronimus weist persönliches Interesse weit von sich; es sei sein »Gefühl des Rechts«, das für Sylvester spreche. Ottokar setzt dem sein eigenes Rechtsgefühl entgegen: Wenn er nicht innerlich von Sylvesters Schuld überzeugt wäre, würde er das der Rache geweihte Schwert doch nicht »so mit Wollust tragen«.

Auf das Gefühl kann man sich nicht verlassen. Jeronimus versucht, die Tatsachen zu recherchieren. Er befragt den alten Kirchenvogt, der ihm von einem Erbvertrag zwischen den Grafenhäusern Schroffenstein und Schroffenstein berichtet. Im Fall des Aussterbens eines der beiden Geschlechter sei das andere berechtigt, den ganzen Besitz zu übernehmen. Jeronimus ist der Meinung, das gehöre nicht zur Sache. Doch, doch, widerspricht der Alte – der Vertrag verhalte sich zu dem Verbrechen wie der Apfel zum Sündenfall. Schon vor zwanzig Jahren, versichert er, sei die böse Saat aufgegangen. Rupert, Herr auf Rossitz, sei plötzlich erkrankt, habe zwei Tage im Koma gelegen, sich dann aber wieder erholt, womit niemand gerechnet habe. Seither habe Sylvester nach Rossitz geschielt wie die Katze nach dem Knochen, an dem der Hund nagt. »Tat er das!« kommentiert Jeronimus ironisch. Das sei Klatsch, was er da zu hören bekomme, Gerede, Gerücht. Jedesmal, wenn dem Grafen Rupert ein Sohn geboren wurde, fährt der Kirchenvogt fort, sei Sylvester erblaßt. Jeronimus: »Wirklich?« So sei es gekommen, wie es habe kommen müssen: Der Herr auf Warwand habe »vorderhand« den jüngsten der drei Rossitz-Söhne, den neunjährigen Peter, ermorden lassen.

Es wird sich herausstellen, daß der Vertrag für die Entwicklung der Tragödie nur eine indirekte Rolle spielt. Weder lauert Rupert darauf, Warwand zu übernehmen, noch ist Sylvester darauf erpicht, Rossitz an sich zu bringen. Was wie eine plausible Erklärung klingt, ist eine Täuschung. Um Habgier geht es nicht, das wäre zu einfach. Der Haß wächst aus einer anderen Wurzel: dem Mißtrauen. Weil der Vertrag geeignet ist, Habgier zu entwickeln, vermutet jeder beim anderen ein derartiges Motiv. Dem Augenschein nach liegt es vor, denn niemand im Hause Rossitz zweifelt daran, daß Sylvester hinter dem Verbrechen steckt. Zwei Männer aus Warwand, berichtet der Kirchenvogt, seien von Rupert mit blutigen Messern neben dem toten Kind überrascht worden. Rupert habe sie sogleich mit dem Schwert niedergemacht, der eine sei sofort tot gewesen, der andere aber habe noch genug Leben in sich gehabt, um unter der Folter den Auftraggeber zu nennen: Sylvester. Auch Jeronimus, der zuvor noch seine Hand für den Herrn von Warwand ins Feuer legen wollte, verfällt nun dem Augenschein. Er gibt zu, daß er daran gedacht hatte, Agnes zu heiraten, doch sich mit Mördern zu verschwägern, habe er nicht vor. Er versteht nicht, warum Ottokar ihm plötzlich, zu Tränen gerührt, um den Hals fällt. Der Grund ist: Ruperts Sohn hat in der Zwischenzeit erfahren, daß die namenlose Nymphe, die nackt im Bach zu baden pflegt und in die er verliebt ist, Agnes Schroffenstein ist. Es ist sein Halbbruder Johann, der dieses Geheimnis aufdeckt, denn ihm hat Agnes kürzlich nach einem Reitunfall Erste Hilfe geleistet. Er ist ihr bis Warwand nachgegangen und hat sich dort nach ihr erkundigt. Auch Johann ist offenbar in sie verliebt. Es sind also drei, die um Agnes werben: Ottokar, Johann und Jeronimus.

Inzwischen ist Ruperts Bote in Warwand angekommen, das nicht weniger im Zeichen des Mißtrauens lebt als Rossitz. Auch hier ist ein Kind gestorben, Philipp, der Erbe, und seine Mutter Gertrude hegt und pflegt den Verdacht, es sei kein natürlicher Tod gewesen. Sylvester scheint der einzig Vernünftige zu sein, er weist Gertrude zurecht: »Das Mißtraun ist die schwarze Sucht der Seele, / Und alles, auch das Schuldlos-Reine, zieht / Fürs kranke Aug die Tracht der Hölle an.« Den Herold, der ihm die Morddrohung der Rossitzer überbringt, hält er für verrückt. Er will auf der Stelle zu Rupert reiten: »Denn hören muß / Ich's doch aus seinem Munde, eh ich's glaube.« Jeronimus wird gemeldet, von dem er Aufklärung erhofft, statt dessen wird er von ihm beschimpft. Jeronimus ist nicht zimperlich – »hier in deiner Nähe stinkt es, wie / Bei Mördern«. »*Sylvester fällt in Ohnmacht*«, lautet die Regieanweisung.

Als er wieder zu sich kommt, hat sich das Rad des Schicksals ein Stück weitergedreht; der Warwander Mob, kein Deut besser als der Rossitzer, hat den Herold gesteinigt. Das nimmt Sylvester auf sich: »Ganz rein, seh ich wohl ein, kann's fast nicht abgehn, / Denn wer das Schmutz'ge anfaßt, den besudelt's.« Jeronimus ist in der Zwischenzeit wieder anderen Sinns geworden; vielleicht hat ihn Sylvesters Ohnmacht von dessen Unschuld überzeugt, denn plötzlich hält er sein Rechtsgefühl wieder für verläßlicher als den Augenschein: »Wenn du / Mich brauchen kannst, so sag's, ich laß mein Leben / Für dich«. Später wird er erklären, daß es die »würdige« Art war, mit der Sylvester die ihm vorgeworfene Schuld zurückwies, die ihn erneut von ihm überzeugt habe. Der Herr von Warwand ist in einer schwierigen Lage. Gertrude hat sich informiert: »Ruperts jüngster Sohn ist wirklich / Von deinen Leuten im Gebirg erschlagen.« Ob nun ein »Betrug« durch das eigene Personal dahintersteckt oder nicht – der Verdacht, das sieht Sylvester jetzt ganz klar, fällt auf ihn. Um so dringender erscheint es ihm, mit Rupert zu sprechen.

Agnes, die beim Auftreten des Boten zugegen war, hat sich, obwohl sie weiß, daß sie gefährdet ist, aus dem Schloß geschlichen, zu dem Ort ihres heimlichen Stelldicheins mit Ottokar, dessen Name ihr bisher genauso verborgen geblieben ist wie ihm der ihre. In einer »Gegend im Gebirge« sitzt sie vor einer Höhle und flicht einen Kranz. Ottokar hat Johann mitgenommen, um die Identität des Mädchens zweifelsfrei zu klären; beide belauschen sie. Agnes spürt, daß da jemand ist, es kann nur Ottokar sein, sie redet ihn an, indem sie tut, als spreche sie mit sich selbst. Er versteckt sich vor ihr, sie schützt ein Selbstgespräch vor – wenn auch spielerisch, leisten die Liebenden ihren Beitrag zum Geflecht der Täuschungen, in dem sich alle verstricken. Ottokar stellt Agnes eine Fangfrage: Wie sie es habe wagen können, sich ausgerechnet heute aus ihrem »Vaterhaus« zu entfernen? Er kennt es also. Agnes verleugnet sich nicht länger. Sie versichert, »in meines Vaters Sälen liegt der Staub / Auf allen Rüstungen«, von Vorbereitungen zu einer Fehde könne keine Rede sein. Ottokar platzt heraus: »O / Mein Gott, so brauch ich dich ja nicht zu morden!« Er fordert die verschreckte Agnes paradoxerweise auf, ihm rückhaltlos zu vertrauen. Unter diesen Umständen fällt ihr das nicht ganz leicht: »Du sprachst von Mord.« Ottokar: »Von Liebe sprach ich nur.«

Johann kommt, von Eifersucht getrieben, aus seinem Versteck. Agnes will fliehen, denn Johann ist ihr als Rossitzer bekannt. Sie werde nie wieder hierherkommen, sagt sie, wenn Ottokar ihr nicht auf der Stelle seinen Namen nenne. Nicht »vor diesem Fremden« lügt er, der Vertrauen ohne Gegengabe verlangt, und bittet sie, später wiederzukommen. Sie verspricht es. Kaum ist sie fort, greift Johann den Bruder an – er habe ihn zu dem Mädchen geführt und Ottokar habe nichts Besseres zu tun, als sie ihm abspenstig zu machen. Ottokar verheimlicht ihm, daß er Agnes schon länger kennt. Johann, der Bastard, ist offenbar ein selbstquälerischer Mensch, er will nicht edel sein, er will mit dem Bruder um Agnes kämpfen, doch der zieht sein Schwert nicht, sondern will ihn umarmen. Johann stößt ihn zurück: »Noch gibt's ein andres Mittel.« Er verfolgt Agnes bis vor das Burgtor von Warwand, zeigt ihr seinen Dolch, angeblich, um sie zu veranlassen, ihn damit zu töten, doch interpretiert sie diese Geste selbstverständlich als Anschlag auf ihr Leben, schreit laut um Hilfe und fällt in Ohnmacht. Jeronimus eilt mit den Eltern herbei und streckt Johann zu Boden. Wieder täuscht der Augenschein. Die schlimmsten Befürchtungen scheinen sich zu bewahrheiten, denn was sollte Johann anderes im Sinn gehabt haben, als Ruperts Mordauftrag auszuführen. Aufklärung ist von Johann nicht zu erwarten, der, als er wieder zu sich kommt, wirres Zeug redet. Er hat ein für allemal den Verstand verloren.

Gertrude stellt Agnes zur Rede: wie sie sich »so einsam und so weit« habe ins Gebirge wagen können! Das Mädchen sagt fast die Wahrheit, als es erwähnt, es habe dort einen Ritter getroffen. Das könne doch nur ein Rossitzscher gewesen sein, meint Gertrude. Jeronimus fällt ein, »daß Ottokar oft ins Gebirge geht«. Agnes leugnet zwar, daß sie Ruperts ältesten Sohn kennt, aber nun ist sie im Bilde. Jeronimus warnt sie, Ottokar habe ihr gestern beim Abendmahl »den Tod geschworen«. Gertrude verbietet ihr, noch einmal allein spazierenzugehen. Sie solle nichts anfassen und nichts zu sich nehmen, was ihre Mutter nicht vorher geprüft habe. Agnes verhält sich jedoch anders, als ihre Eltern es von ihr erwarten. Sie beschließt, Ottokar zu vertrauen, auf die Gefahr hin, daß es sie das Leben kostet. In der Höhle wartet sie auf ihn, doch als er erscheint, fährt sie zusammen. Ottokar bewegt sich in Zweideutigkeiten. Er bezeichnet Johann, ohne von seinem Angriff auf Agnes zu wissen, als seinen Freund. Agnes wird übel. Ottokar holt ihr in seinem Hut Wasser aus der Quelle, das sie tapfer trinkt, obwohl sie annimmt, daß es vergiftet ist. Wie alle Frauenfiguren Kleists liebt sie bedingungslos. Während, wie sie glaubt, das Gift seine Wirkung entfaltet, hält sie Ottokar vor, wer er sei und daß er ihr den Tod geschworen habe. Das kann er nicht leugnen. Als er das Wort »Gift« hört, trinkt er selbst von dem Wasser, um mit ihr zu sterben. Für Kleist wird dies, in seiner Dichtung wie in seinem Leben, der höchste Liebesbeweis bleiben: die Bereitschaft, mit dem geliebten Menschen in den Tod zu gehen.

Der Irrtum klärt sich auf. Da sie, nach diesem gemeinsamen Blick in den Abgrund, einander nun vertrauen, können sie angstfrei nach der Wahrheit suchen. Beide verteidigen ihre Väter, denen sie auf Gedeih und Verderb ausgeliefert sind. Ottokar: »Wirst nicht verlangen, daß / Ich meinem Vater weniger, als du / Dem deinen, traue.« Agnes: »Und so umgekehrt.« Doch ist da ein Unterschied. Agnes ist überzeugt, daß Sylvesters »Seelengüte« einen Kindermord ausschließe. Ottokar jedoch muß einräumen, daß seinen Vater »blinde Rachsucht« treibe. Agnes: »Es muß ein böser Mensch doch sein, dein Vater.« Ottokar begreift, daß dies die Wahrheit ist, schränkt sie aber dennoch ein: »Auf Augenblicke, ja.« Dann solle er doch zu seinem Vater gehen und das Schlimmste zu verhindern suchen, schlägt Agnes vor. Ottokar hält das für zwecklos. Hilfe könne nur die Wahrheit bringen. So wie Johanns angeblicher Mordversuch an Agnes, die er doch liebt, eine Täuschung sei, so stecke hinter dem Anlaß des Familienkrieges möglicherweise auch ein Fehlurteil. »So wie einer, / Kann auch der andre Irrtum schwinden«. Ihm fällt ein, daß man einem seltsamen Umstand auf den Grund gehen müsse: An der Leiche des kleinen Peter fehlten der linke und der rechte kleine Finger. »Läßt / Sich was erforschen, ist's nur an dem Ort / Der Tat.« Für einen Moment sieht es so aus, als werde alles gut, als liege in dem guten Willen der Kinder eine Chance, dem Wahnsinn der Eltern Einhalt zu gebieten.

Doch der Fluch der bösen Tat zeugt unaufhaltsam weitere Untaten. Rupert hat erfahren, daß sein Herold in Warwand gelyncht und Johann verwundet wurde. Der Fall Johann weist Parallelen zu dem Mord an Ruperts Sohn auf, und Rupert nimmt an, Sylvester habe sich durch einen Anschlag auf Johann an ihm rächen wollen. Für Sylvester sieht es umgekehrt so aus, daß Johann, angestiftet von Rupert, einen Mordversuch an Agnes unternahm – was Rupert, aus Verachtung, auf sich sitzen läßt. Sylvesters ihm durch Jeronimus vermitteltes Entgegenkommen hält er für den Gipfel der Hinterhältigkeit. Jeronimus überbringt Rupert das Verhandlungsangebot des Herrn von Warwand auf eigene Verantwortung. Der geht zum Schein darauf ein, liefert Jeronimus aber, als Revanche für die Ermordung seines Herolds, dem Rossitzer Mob aus. Den ersten Kleistschen Live-Kommentar – ein Mittel, das der Dichter in allen seinen Dramen anwendet, um Vorgänge zu schildern, die auf der Bühne nicht darstellbar sind – erstattet Eustache. Sie steht am Fenster und berichtet Rupert, in der Absicht, ihn zum Eingreifen zu bewegen, wie »das Volk mit Keulen« über Jeronimus herfällt. »Ein Schlag – – er taumelt, ah! Noch einer – – Nun / Ist's aus. – Nun fällt er um. – Nun ist er tot.« Rupert rührt keinen Finger. Sie findet heraus, daß er der Auftraggeber der Gewalttat ist. »O pfui! Das ist kein schönes Werk, / Das ist so häßlich, so verächtlich, daß / Selbst ich, dein unterdrücktes Weib, es kühn / Und laut verachte. [...] / Du bist ein Mörder.«

Rupert sieht sich gezwungen, seiner Frau etwas vorzumachen, damit sie wieder an ihn glaubt. Er verurteilt demonstrativ den ersten, der auf Jeronimus einschlug, zum Tod und läßt seinen Handlager Santing zum Schein in den Schloßturm werfen. Eustache ist beeindruckt: »O mein / Gemahl, ein Weib glaubt gern an ihres Mannes / Unschuld«. Da stürzt Eustaches Kammerjungfer herein, deren Verlobter der Delinquent ist, und schreit Rupert ins Gesicht, daß sie selbst gehört habe, wie er Santing den Auftrag gab, Jeronimus ermorden zu lassen. Rupert begnadigt den Totschläger. Dann läßt er sich in einen Sessel fallen, ein Moment der Schwäche, den Eustache falsch deutet: »Reue ist die Unschuld der Gefallnen«, und: »Nie besser ist / Der Mensch, als wenn er es recht innig fühlt, / Wie schlecht er ist.« Daran fehlt es Rupert im Moment nicht. Er sei sich selbst ein Ekel, sagt er. Doch ist es nicht Reue, was ihn lähmt. »Und wer hat mich so häßlich / Gemacht? O hassen will ich ihn.« Ein anderer ist schuld daran, daß er böse ist. Er überläßt sich seinem Haß auf alle einschließlich sich selbst.

Eustache hat offenbar schon wieder vergessen oder erträgt es auf Dauer nicht, wer Rupert in Wirklichkeit ist. Sie macht einen furchtbaren Fehler – sie vertraut ihm an, was Jeronimus ihr, bevor er zu Rupert ging, unter dem Siegel der Verschwiegenheit erzählt hat: daß Agnes und Ottokar Liebende sind und sich heimlich im Gebirge treffen. Sie fleht Rupert an: »O mache diesem / Unselig-bösen Zwist ein Ende, der / Bis auf den Namen selbst den ganzen Stamm / Der Schroffensteine auszurotten droht.« Die Liebe der Kinder sei eine Chance der Versöhnung. Rupert aber hört nur das eine: Sie sehen sich im Gebirge? »Das freilich ist ein Umstand von Bedeutung.« Er erkundigt sich: Ottokar ist noch nicht zurück vom Spaziergang? Er verlangt nach Santing. Eustache ahnt das Schlimmste, das »selbst für einen Teufel fast zu boshaft« wäre. Nicht für Rupert. Sie hat dem Falschen vertraut. Das ist ein Beispiel für Kleists Umgang mit dem Paradoxen. Aus dem Mißtrauen wächst alles Böse, das die Menschen einander antun. Aber das Vertrauen, das mit Recht eingefordert wird, um die menschlichen Beziehungen auf eine sichere Grundlage zu stellen, ist auch kein verläßliches Rezept, denn es kann mißbraucht werden.

Das Schicksalsrad dreht sich weiter. Sylvester hat von dem Lynchmord an Jeronimus erfahren und ist am Ende seiner Langmut; mit fünf Vasallen und fünfzig Mann bricht er auf, um Rossitz zu überfallen. Ottokar, auf der Suche nach einer Erklärung für des toten Brüderchens Verstümmelung, gerät in eine Hexenküche, wo unter Zaubersprüchen ein heilkräftiger Brei gerührt wird, zu dessen Ingredienzien der kleine Finger einer Kinderhand gehört. Barnabe, die Tochter der Totengräberswitwe und deren Assistentin in der Schwarzen Kunst, erzählt Ottokar treuherzig, sie hätten den Finger kürzlich von der linken Hand eines ertrunkenen Kindes abgeschnitten. Zwei Männer aus Warwand seien dazugekommen und hätten den kleinen Finger von der rechten Hand gelöst, der aber nichts wert sei, weil er nichts helfe. Ottokars Freude ist grenzenlos: »Wie / Gewaltig, Glück, klopft deine Ahndung an / Die Brust!« Eine Selbsttäuschung.

Er schickt Barnabe zu Agnes mit der Botschaft, sie möge heute noch zu der ihr bekannten Höhle kommen. Barnabe läuft ausgerechnet Rupert über den Weg, der mit Santing im Gebirge unterwegs ist, um das Liebespaar aufzustöbern. Genauso naiv, wie sie Ottokar Auskunft erteilt hat, verrät sie den beiden Herren aus Rossitz, daß sie Agnes aus Warwand abholen und ins

Gebirge führen soll. Rupert: »So führ ein Gott, / So führ ein Teufel sie mir in die Schlingen«. Für den Fall, daß Ottokar zufällig in Rossitz vorbeischaut, hat der Vater vorgesorgt; er läßt ihn in den Schloßturm locken und einsperren. Eustache sucht ihn dort auf und berichtet ihm, daß Rupert vorhabe, Agnes zu töten. »Wenn sie in dem Gebirge jetzt, / Ist sie verloren«. In seiner Verzweiflung springt Ottokar, in einen dicken Mantel gehüllt, der den Aufprall abmildern soll, aus einem unvergitterten Fenster des Turms.

»Das Innere einer Höhle. Es wird Nacht, Agnes mit einem Hute, in zwei Kleidern. Das Überkleid ist vorne mit Schleifen zugebunden.« Mit dieser präzisen Regieanweisung bereitet Kleist den Kleidertausch vor, die Szene – wie Kleists Freund Ernst von Pfuel berichtet –, die Kleist zuerst einfiel und um die herum er die übrige Handlung arrangierte. Die Szene nimmt in der Tat so viel Raum ein, daß ihr ein besonderer Stellenwert zuerkannt werden muß. Eine sogenannte Schlüsselszene ist sie dennoch nicht, es sei denn, man betrachtet sie als Kumulation des Geschäfts der Täuschungen, das in diesem Drama als eine Art Naturgesetz vorgeführt wird. Einer täuscht den anderen, jeder täuscht sich selbst, am unzuverlässigsten aber ist die Wirklichkeit, deren Erscheinungsformen so oder so interpretiert werden können, also nicht objektiv »wahr« sind.

Barnabe leistet der verängstigten Agnes Gesellschaft. Jemand kommt – Ottokar, der den Sprung aus fünfzig Fuß Höhe, in seinem weiten Mantel vermutlich flatternd wie eine Fledermaus, unverletzt überstanden hat. Die Mädchen berichten, zwei Ritter schlichen schon den ganzen Tag um diese Höhle. Ottokar stellt Barnabe an den Eingang zum Aufpassen und sagt nun nicht etwa zu Agnes, paß auf, wir tauschen die Kleider, du gehst in meinem Helm und Mantel hinaus und wirst vermutlich in Ruh gelassen – sondern er leitet eine Verführungsszene ein: Er spricht von Heiraten, Hochzeitsnacht, Umarmung, Küssen, er küßt sie in Wirklichkeit und unterbricht, um Barnabe zu befragen, ob sie etwas sehe. Die zwei Gestalten, antwortet diese, kämen näher. Ottokar kehrt zu Agnes zurück, die wie hypnotisiert ist, und fährt mit der Schein-Verführung fort: »Dann kühner wird die Liebe, / Und weil du mein bist – bist du denn nicht mein? / So nehm ich dir den Hut vom Haupte, *er tut's*, störe / Der Locken steife Ordnung, *er tut's*, drücke kühn / Das Tuch hinweg, *er tut's* [...] – schnell / Lös ich die Schleife, schnell noch eine, *er tut's*, streife dann / Die fremde Hülle leicht dir ab. *Er tut's*.«

Es ist höchste Zeit. Die Männer nähern sich dem Eingang zur Höhle. Er hängt Agnes seinen Mantel um, setzt ihr den Helm auf, schlüpft in ihr Kleid, nimmt ihren Hut. Agnes: »Ottokar, / Was machst du?« Ottokar: »Mein Vater kommt.« Er schickt die beiden Frauen hinaus, die tatsächlich an Rupert und Santing vorbeigelangen, denn Ottokar spricht die Ritter in diesem Moment mit verstellter Stimme an: »Sucht ihr Agnes? Hier bin ich.« Rupert durchbohrt die Person, die er für Agnes hält und die in Wirklichkeit sein Sohn ist, mit seinem Schwert. Danach fragt er sich, warum er sie ermordet hat, was sie ihm eigentlich getan hat – zweifelt er etwa an sich? Santing: »Das Mädchen ist Sylvesters Tochter.« Richtig. Sie trifft die Sippenhaft für den Tod des kleinen Peter, des Herolds und Johanns (der in Wirklichkeit lebt). Rupert ist uneingeschränkt böse: »Rechtmäßig war's.« Monstren wie er vernichten aus Menschenverachtung. Er versetzt dem Körper seines Sohnes in Frauenkleidern einen Fußtritt.

Die Mörder sehen einen Fackelzug, der sich von Warwand hinüber nach Rossitz bewegt, erraten, daß Sylvester seine Streitmacht mobilisiert hat, und brechen schnell auf. Agnes und Barnabe, erschreckt durch den Anblick eines »Heeres von Geistern«, kehren in die Höhle zurück, aus der sie die beiden Ritter haben hinausgehen sehen. In Ottokar ist noch ein Rest Leben, das er in Agnes' Armen aushaucht. Für Sylvester, der in diesem Augenblick die Höhle betritt, sieht es so aus, als halte Ottokar die tote Agnes in den Armen. »Wer ruft?« fragt Agnes in Ottokars Kleidern; der Vater erkennt ihre Stimme nicht. »Die Hölle ruft dich, Mörder!« antwortet er und ersticht seine eigene Tochter. Es entsteht ein Tumult, denn Sylvesters Leute haben Rupert und Santing gefangengenommen und bringen sie in die Höhle. Die Tragödie entwickelt sich jetzt vollends ins Groteske. »*Rupert stürzt über Agnes' Leichnam hin*: Ottokar!« Die ganze Familie Schroffenstein versammelt sich, Eustache, Gertrude, Johann, der blinde Großvater Sylvus. Wie eine Parodie auf Shakespeare mutet der Auftritt des Wahnsinnigen mit dem Blinden an: Sie sind es, die herausfinden, daß jeder sein eigenes Kind umgebracht hat. Die Mörderväter reagieren auf ihre spezifische Weise, »*Sylvester bedeckt sich das Gesicht*«, Rupert beschimpft seinen toten Sohn: »Höllisch Gesicht! Was äffst du mich?« Zu guter Letzt wirft auch noch Ursula, die hexende Totengräberwitwe, einen Kindesfinger in die Runde. Sie klärt die Umstände des Todes des kleinen Peter auf. »Wenn ihr euch totschlagt, ist es ein Versehen.«

Die irrenden Väter versöhnen sich, doch ist dies nicht etwa der Einbruch der Vernunft, die dem Wahnsinn zuletzt noch einen Sinn verleiht. Die aus den Fugen geratene Welt der »Schroffensteine« ist nicht mehr zu kitten. Das Ende ist ein Hexensabbat, in dem Johann den Zeremonienmeister spielt. »Bringt Wein her! Lustig! Wein! Das ist ein Spaß zum / Totlachen! Wein! Der Teufel hatt im Schlaf die beiden / Mit Kohlen die Gesichter angeschmiert, / Nun kennen sie sich wieder. Schurken! Wein! / Wir wollen eins drauf trinken!«

Kein Wunder, daß Kleists Freunde, denen er »Die Familie Schroffenstein« vorlas, mit Heiterkeit reagierten. Das »allseitige Gelächter« – in das der Dichter einstimmte – wurde »im letzten Akt [...] so stürmisch und endlos, daß, bis zu seiner letzten Mordszene zu gelangen, Unmöglichkeit wurde«.[1] Kleist verleugnete das Werk, ließ es anonym erscheinen (1802); niemand sollte seine Autorschaft herausfinden. Doch machte er nicht ohne Stolz seine Schwester Ulrike auf eine Rezension aufmerksam, die, obwohl sie das Stück verriß, trotzdem große Hoffnung in den »neuen Dichter« setzte. »Es darf es überhaupt niemand als etwa meine allernächsten Verwandten erfahren; und auch unter diesen nur die verschwiegenen. – Auch tut mir den Gefallen und *leset das Buch nicht*. Ich bitte Euch darum. [danach gestrichen: Es ist eine elende Scharteke.]«[2] Dieses Urteil hat die Nachwelt ein wenig zu ernst genommen und erst sehr spät entdeckt, daß dieser Erstling, so unvollkommen er ist, bereits die Handschrift des Genies trägt. Immerhin wurde sein erstes Werk am 9. Januar 1804 in Graz uraufgeführt. Ob Kleist je davon erfahren hat, wissen wir nicht.

Der zerbrochne Krug

Gerechtigkeit mit Pferdefuß

Der Vorhang öffnet sich auf die Gerichtsstube eines niederländischen Dorfes, das Huisum heißt und zwischen Holla und Hussahe liegt. (Man braucht sich nur die Betonung auf der letzten Silbe zu denken und ein Ausrufezeichen dahinter, und schon wird klar, daß da jemand im Galopp von Ort zu Ort reist. Es ist das Verhängnis in menschlicher Gestalt.) Die Handlung spielt in Kleists Zeit, also zu Beginn des 19. Jahrhunderts. Es ist früh am Morgen des wöchentlichen Gerichtstags. In der Stube sitzt ein grauslicher blankköpfiger Kerl, der einen Klumpfuß hat wie der Teufel persönlich, und verbindet sich das Bein. Das Gesicht verunstalten eine klaffende Wunde und ein blaues Auge – er muß einen Unfall gehabt haben oder verprügelt worden sein. Aus dem Bett sei er gefallen, erklärt der Zugerichtete, der niemand anders ist als der Dorfrichter Adam, dem Gerichtsschreiber Licht. Dieser heißt nicht zufällig so, denn er ist clever und wird als der eigentliche Sieger aus dem Spiel hervorgehen. Auch daß der Dorfrichter den Namen Adam führt wie der Urvater der Menschheit, ist wohlüberlegt. Der biblische Sündenfall kommt Licht sofort in den Sinn und über die Zunge, als er den ramponierten Richter erblickt. Kein Zweifel, Licht kennt seinen Adam. Er wittert auch gleich Unrat. Mit seinen nur scheinbar naiven Fragen treibt er den Dorfrichter in den Erklärungsnotstand hinein, aus dem dieser sich mit den abstrusesten Auskünften zu befreien versucht. Wie kommt man zu einem blauen Auge, wenn man aus dem Bett fällt?

»Der zerbrochne Krug« ist Kleists bekanntestes Werk, sein »Markenzeichen« wie der »Faust« für Goethe, zugleich das meistgespielte deutsche Theaterstück. Ein literarisches Meisterwerk, das zugleich populär ist – nur wenige Dramen haben sich diesen doppelten ersten Platz in der Literaturgeschichte und in der Publikumsgunst erobert. Erfolg bei Lebenszeit und Nachruhm klaffen gewöhnlich weit auseinander; erst die Zeit sondert die Spreu vom Weizen. Sie hob Kleists Werk postum in den Olymp; zu seinen Lebzeiten blieb er erfolglos. Nicht immer wissen wir, wie ein Dichter zu seinem Stoff kommt. In diesem Fall ist es überliefert. Kleists Phantasie wurde von einem zeitgenössischen Kupferstich angeregt, dem er während seines Schweizer Aufenthaltes 1802 begegnete. In Bern hatte er Freunde, ehrgeizige junge Dichter wie er, die sich gegenseitig aus ihren Arbeiten vorlasen. Sie trafen sich in der Wohnung von Heinrich Zschokke, der jenen Kupferstich von Jean Jacques Le Veau, betitelt »Le Juge, ou La cruche cassée«, besaß.

Eine Reproduktion ist erhalten, der wir eine Vorstellung des Raumes entnehmen können, den Kleist vor Augen gehabt haben mag. Die Wohnung des Richters ist integriert in eine riesige, strohgedeckte Halle, in deren Hintergrund Männer, Frauen, kleine Kinder herumstehen, streitende Parteien vermutlich, die darauf warten, daß ihr Fall zur Verhandlung kommt. Um seines Amtes zu walten, braucht der Richter nur durch die Verbindungstür zu kommen. Der Gerichtssaal ist ein öffentlicher Ort, die Rechtsprechung findet vor aller Augen statt. Im Dorf weiß ohnehin jeder (fast) alles von jedem. Kleist hat dieses Bild beschrieben und allen darauf abgebildeten Personen ihre Rollen zugeteilt. Interessant ist, daß er den Richter mit Ödipus vergleicht. Der Dichter ist bei den antiken Dramatikern in die Lehre gegangen. Es ist die Struktur des analytischen Dramas, die er der Ödipus-Tragödie entnimmt. Das übereinstimmende Schicksal von Griechenkönig und Dorfrichter ist, daß sie sich selbst den Prozeß machen müssen. Im Unterschied zu Ödipus, der nicht weiß, daß er der Täter ist, will

Adam dies nur nicht wahrhaben. Ödipus stellt sich der Wahrheit, Adam versucht, sie zu vertuschen. Da Adam kein großer König ist, den die Götter ins Verderben stürzen, sondern nur ein kleiner Beamter, der sich selbst den Strick dreht, verurteilt ihn das Schicksal nicht zum physischen Tod, wie in der Tragödie, sondern »nur« zur gesellschaftlichen Vernichtung durch Lächerlichkeit.

Adam lügt – phantasievoll in jedem Detail. Das blaue Auge? Das muß der Ziegenbock an seinem Ofenplatz gewesen sein. Während er, Adam, das Gleichgewicht verlor und in der Luft herumruderte, habe er die zum Trocknen aufgehängten Hosen zu fassen gekriegt, deren Bund gerissen sei, »und häuptlings mit dem Stirnblatt schmettr' ich auf / Den Ofen hin, just wo ein Ziegenbock / Die Nase an der Ecke vorgestreckt«. Glaubt Licht ihm das? Wohl kaum. Er lacht ihn aus. Auch wir, die Zuschauer, merken sofort, daß Adam lügt. Die Frage ist: Was hat er zu verbergen? Und warum zieht er sich nicht geschickter aus der Affäre? Dumm ist er ja nicht, er hat so seine Tricks, mit denen er gewöhnlich durchkommt. Nein, er ist dreist. Er hat nicht wirklich etwas zu befürchten. Er lügt nicht aus Scham, sondern stellt im Gegenteil seine Schamlosigkeit zur Schau, indem er die anderen zwingt – oder zwingen will –, ihm die absurdesten Erfindungen abzunehmen.

Vermutlich wäre er mit seinem blauen Auge davongekommen, hätte das Schicksal ihm nicht einen unbestechlichen Prüfer ins Haus geschickt, den Gerichtsrat Walter. Das Verhängnis arbeitet in der Komödie nicht weniger zielstrebig als in der Tragödie – es naht unaufhaltsam, wenn auch mit kleinen Verzögerungen, wie um dem gefallenen Adam noch eine Chance zu geben. Die Nachricht, daß der Revisor zu erwarten ist, regt ihn zunächst nicht auf, er glaubt den Herrn zu kennen, »der selbst / Sein Schäfchen schiert«, eine Krähe hackt der anderen kein Auge aus. Licht klärt ihn auf, es handle sich keineswegs um den vertrauten Rat Wachholder (man sieht förmlich die Schnapsnase), sondern um seinen Nachfolger, den Rat Walter –

dieser Name ist neutral wie der ganze Mann. Auch der, meint Adam, könne kein Problem sein: »Der Mann hat seinen Amtseid ja geschworen, / Und praktisiert, wie wir, nach den / Bestehenden Edikten und Gebräuchen«, mit anderen Worten, er ist bestechlich.

Licht ist da anderer Meinung, denn aus dem Dorf Holla, wo der Revisor gestern unangemeldet erschien, wird berichtet, daß nach der Prüfung von Kassen und Registraturen Richter und Schreiber unverzüglich suspendiert worden seien, ja, jener Richter habe sogar versucht, sich aufzuhängen, und seine Lage dadurch noch verschlimmert. Adam, nachdenklich: »Ein liederlicher Hund war's / – Sonst eine ehrliche Haut, so wahr ich lebe«. Doch ist keine Zeit zu verlieren. Adam versucht, den Schreiber, von dem er wohl weiß, daß er darauf brennt, ihn im Richteramt abzulösen, zu seinem Komplizen zu machen; er bittet ihn zu schweigen, dann werde er sich erkenntlich zeigen. Ein wenig zu entrüstet, um überzeugend zu sein, leugnet Licht, daß er auf Adams Posten aus sei.

Um noch Ordnung in die Aktenberge zu bringen, die sich stapeln »wie der Turm zu Babylon«, ist es zu spät. Der Gerichtsrat Walter ist bereits in Huisum und nur deshalb noch nicht auf der Schwelle, weil seine Kutsche einen Unfall hatte und die Deichsel repariert werden muß. Verzweifelt sucht der Richter einen Ausweg aus der Situation, er beauftragt die Mägde, »Kuhkäse, Schinken, Butter, Würste, Flaschen« herbeizuschaffen und die Perücke zu suchen. Die Magd Margrete kehrt mit leeren Händen zurück; die Perücke sei nicht im Bücherschrank. Sie erinnert den Richter daran, daß er am Vorabend kahlköpfig, mit blutendem Schädel nach Hause gekommen sei. Licht wird stutzig: »Habt Ihr die Wund seit gestern schon?« Adam improvisiert auf der Stelle eine seiner phantastischen Lügen – die Katze habe in der Nacht in die Perücke gejungt: »Fünf Junge, gelb und schwarz, und eins ist weiß.« Er fragt sogar, ob jemand eines dieser Kätzchen haben wolle? Die Mägde kichern. Margrete solle zum Küster gehen und sich dessen Zweitperücke borgen. Sein eigener Ersatzkopfputz ist unglücklicherweise gerade beim Perückenmacher in Utrecht und kann nicht herbeigeschafft werden. Adam ahnt Böses. Er erzählt Licht von einem prophetischen Traum. Auf dem Richtstuhl habe er gesessen und sich selbst »den Hals ins Eisen judiziert«. Licht tröstet ihn. Wenn er in der Gegenwart des Revisors vorschriftsmäßig Recht spreche, könne ihm nichts passieren.

Adams Galgenfrist ist abgelaufen. Der Gerichtsrat Walter steht in der Tür. Was sich dem Theaterzuschauer sofort erschließt, ist das dramaturgische Prinzip der Einheit von Ort und Zeit, das hier eingehalten wird. Spielzeit ist gleich Echtzeit, würde man heute sagen. Dadurch wird »Der zerbrochne Krug« der Absicht nach zu einem realistischen Stück; so sieht die Wirklichkeit aus, ist die implizite Behauptung. Was dem entgegensteht, ist Kleists kunstvolle Sprache. Wir jedenfalls empfinden sie als kunstvoll, obwohl er versucht, seine Personen so natürlich wie möglich sprechen zu lassen, Dialektwendungen in den Dialog einarbeitet, Ausrufe verwendet und Sätze zerhackt, indem er sie unter verschiedene Sprecher aufteilt, die sich wechselseitig unterbrechen. Diese Unmittelbarkeit dürfte einer der Gründe dafür sein, daß dieses Stück so populär werden konnte – obwohl es nicht weniger abgründig und vieldeutig ist als andere seiner Werke.

»Ich komm ein wenig schnell, ich weiß«, sagt der Rat und überspielt damit, daß Überraschung das Funktionsprinzip seiner Arbeit ist. Er reist im Auftrag der Justizbehörden in Utrecht, die sich vorgenommen haben, die Rechtspflege auf dem platten Land zu verbessern. Seine Absicht sei nicht, Mißbräuche zu bestrafen, sondern sich einen Überblick zu verschaffen: »Und find ich gleich nicht alles, wie es soll, / Ich freue mich, wenn es erträglich ist.« Ein umgänglicher Mann. Freilich ein wenig ungeduldig, weil er es eilig hat. Daß in Huisum Gerichtstag ist, ist ihm nur recht. Er wird dem Procedere beiwohnen und die Prüfung von Registratur und Kassen anschließend vornehmen. Etwas irritiert reagiert er allerdings auf die Sache mit der Perücke. Denn Margrete ist zurück und meldet, der Küster bedaure: die eine brauche er für die Morgenpredigt, die andere sei ramponiert und müsse zum Perückenmacher. Ein Richter mit blankem Schädel – das geht nicht an. Ob nicht der Prediger Adam aushelfen könne? fragt Walter. Oder der Schulmeister? Jede Standesperson in Huisum scheint zwei Perücken zu besitzen. Doch weder auf den einen noch auf den anderen kann Adam rechnen, denn er hat mitgeholfen, den Sackzehnten abzuschaffen, die Abgabe der Bauern an Lehrer und Pfarrer in Höhe eines Zehntels ihrer Kornernte. (Womit sich der Richter politisch als ein Mann des Volkes ausweist.) Also soll er sich den Kopf einpudern, entscheidet der Revisor, und zwar schnell. Er sei in Eile.

Adam unternimmt noch einen letzten Versuch, die Situation unter Kontrolle zu bekommen: »Kann ich inzwischen / Mit einem guten Frühstück, Wurst aus Braunschweig, / Ein Gläschen Danziger etwa –« Walter dankt. Er hat bereits gefrühstückt. Der Dorfrichter muß sich geschlagen geben, er läßt, den Büttel anraunzend, die Kläger rufen und zieht sich in seine Wohnung zurück. Herein fegt die wortgewaltige Frau Marthe, tobt über ihrem zerbrochenen Krug: »Ihr krugzertrümmerndes Gesindel, ihr! / Ihr sollt mir büßen, ihr!« Gemeint sind Ruprecht und sein Vater Veit, der zu retten versucht, was zu retten ist, denn Marthe ist Ruprechts Schwiegermutter in spe. Selbstverständlich werde er den Krug ersetzen, wenn sich herausstellen sollte, daß Ruprecht ihn zerbrochen habe. »Ersetzen!« höhnt Marthe. Den Krug könne man nicht ersetzen.

Zunächst redet Ruprecht Tacheles. Es gehe Marthe in Wirklichkeit ja gar nicht um den Krug, hält er ihr vor: »Die Hochzeit ist es, die ein Loch bekommen«. Aus dem Angeklagten wird ein Kläger: »Verflucht bin ich, wenn ich die Metze nehme«. Hochdeutsch: Er nennt seine Braut, Eve, eine Hure. Marthe rastet aus: Die Hochzeit würde sie ihm glatt »am Kopf entzwei«schlagen, wäre sie ein Gegenstand wie ihr Krug! Gar nichts hält sie von dem »Flaps«, hat wohl nie viel von ihm gehalten. Eve erwacht aus ihrer Erstarrung, beschwört ihren »liebsten Ruprecht«, ihr zu vertrauen, gibt ihm einen Hinweis: »Du gehst zum Regimente jetzt [...] / Krieg ist's, bedenke, Krieg, in den du ziehst: / Willst du mit solchem Grolle von mir scheiden?«

Dies ist die dunkle Folie von Kleists Lustspiel, das Damoklesschwert, das über Eves und Ruprechts jungem Leben hängt und es zu zerstören droht, die Tragödie, der die Protagonisten um Haaresbreite entrinnen. Kleist weiß, wovon er redet; er kennt den Krieg. Als 14jähriger trat der älteste Sohn einer Offizierswitwe aus Frankfurt an der Oder in das preußische Regiment Garde in Potsdam ein. Sein Jahrgang wurde in den »Rheinfeldzug« gegen die französischen Revolutionsheere geschickt, die 1792 das linke Rheinufer und Mainz besetzt hatten. Der Krieg, den er als halbes Kind erlebte, hat Kleist geprägt. Wie gut er sich beim Militär auskennt, geht aus Marthes Reaktion auf die Abfuhr hervor, die Ruprecht ihrer Tochter erteilt. Sie hat längst einen anderen Freier für Eve im Sinn, einen Korporal und Veteranen, der zwar ein Holzbein hat, dafür aber einen höheren Rang – ein Prügler, »der seinen Stock im Militär geführt«, nicht ein Prügelkandidat wie Ruprecht, der einfache Soldat, »der dem Stock / Jetzt seinen Rücken bieten wird«.

Adam tritt auf, im Ornat, jedoch ohne Perücke. Er erschrickt, als er Eve, Ruprecht, »die ganze Sippschaft« erblickt: »Die werden mich doch nicht bei mir verklagen?« Eve will auf der Stelle den Rückzug antreten: »O liebste Mutter, folgt mir, ich beschwör Euch«. Eve und Adam – sie können kein Paar sein, Eve ist fast noch ein Kind, Adam ein alternder Junggeselle. Doch Adam versucht, sich heimlich mit Eve zu verständigen. Er setzt sie unter Druck. In der Tasche habe er einen Bescheid: »Hörst du es knackern, Evchen?« Sie könne sich schon einmal die Trauerkleidung zuschneiden, da es in einem Jahr heißen wird, »der Ruprecht in Batavia / Krepiert' – ich weiß, an welchem Fieber nicht, / War's gelb, war's scharlach, oder war es faul«. Schlimmeres als der Militärdienst steht Eves Verlobtem bevor. Er soll in die Kolonien geschickt werden, aus denen keiner lebend zurückkehrt.

Rat Walter greift ein: Der Richter möge gefälligst nicht vor der Sitzung »mit den Partein zweideut'ge Sprache führen«. Wieder extemporiert Adam eine seiner wahnwitzigen Erklärungen. Sein Lieblingsperlhuhn habe den Pips (eine Verstopfung der Atemwege) und müsse genudelt werden, er habe sich bei Eve nur erkundigen wollen, wie man das macht. Der Revisor treibt ihn an, nun endlich mit dem Prozeß zu beginnen. »Nach den Formalitäten, oder so, / Wie er in Huisum üblich ist«? fragt Adam. Das ist keine dumme, sondern eine subversive Frage. Denn unausgesprochen ist der Besuch des Revisors auch ein Übergriff der Stadt auf das Land. Dieser Herr aus Utrecht soll fühlen, daß er ein Fremder ist. »Wir haben hier [...] / Statuten, eigentümliche, in Huisum, / Nicht aufgeschriebene, muß ich gestehn, doch durch / Bewährte Tradition uns überliefert. / Von dieser Form, getrau ich mir zu hoffen, / Bin ich noch heut kein Jota abgewichen.« Das ist der kritische Punkt. Genau aus diesem Grund ist Rat Walter im Lande unterwegs, um dem verfassungsmäßigen Recht Geltung zu verschaffen, das ein Stadtrecht ist, ein Bürgerrecht. Nach den Landesfürsten werden die Dorftyrannen entmachtet; das ist der Gang der Demokratie.

Endlich hat Marthe ihren großen Auftritt. »Seht ihr den Krug, ihr wertgeschätzten Herren? / Seht ihr den Krug?« – »O ja, wir sehen ihn«, sagt Adam. »Nichts seht ihr, mit Verlaub, die Scherben seht ihr«, fährt Marthe ihm über den Mund. Und nun erzählt sie, was auf dem Krug nicht mehr zu sehen ist, weil da ein großes Loch ist: Es ist sozusagen ein Lehrkrug der holländischen Geschichte, und herausgeschlagen ist ausgerechnet die Szene, in der Karl V. seinem Sohn Philipp II. die niederländischen Provinzen überträgt, die seitdem ein eigenständiges Land sind. Die Geschichte des Kruges ist eine Fortsetzung der auf dem Krug dargestellten Geschichte, er ging von Hand zu Hand und Generation zu Generation, wurde geraubt, aus dem Fenster geworfen, verbrannt – und überstand alles unversehrt, bis

Ruprecht, »der Schlingel«, ihn vom Sims stieß. Adam ist ganz Ohr: »Erzählt den Hergang, würdige Frau Marthe.« Gegen elf Uhr gestern abend sei sie von lauten Männerstimmen in der Kammer ihrer Tochter am Einschlafen gehindert worden: »Als ob der Feind einbräche«. Sie sei die Treppe hinabgelaufen, habe die Tür aufgesprengt gefunden und wüste Schimpfreden gehört. Doch nicht der verstörten Tochter, nicht der Tatsache, daß Ruprecht so spät noch bei ihr war, galt ihre Aufmerksamkeit, nein: »Den Krug find ich zerscherbt im Zimmer liegen, / In jedem Winkel liegt ein Stück«. Sie habe den Bräutigam sogleich zur Rede gestellt, doch der habe behauptet, »es hab ein anderer den Krug / Vom Sims gestürzt – ein anderer, ich bitt Euch, / Der vor ihm aus der Kammer nur entwichen«. Es sei jedoch kein anderer als Ruprecht da gewesen, das habe Eve ihr bei Joseph und Maria zugeschworen.

Eve erregt sich, »nichts schwor ich, nichts, nichts hab ich geschworen«. Was sie nicht sagt, was wir aber ahnen und was sich bald bestätigen wird – sie hat gelogen. Aber diese Lüge durch einen Schwur zu verschärfen, so weit würde sie dann doch nicht gehen. Und zum Beweis schwört sie nun, daß sie gestern nicht geschworen hat. »Der zerbrochne Krug« ist auch eine Partitur über das Verhältnis von Lüge und Wahrheit. Adam lügt, Eve lügt. Aus sehr unterschiedlichen Motiven, doch ist es eine gemeinsame Verstrickung, die beide die Wahrheit scheuen läßt. Adam versucht, Ruprecht, der seine Unschuld beteuert, einzuschüchtern. »Wenn Ihr selbst / Den Krug zerschlagen hättet, könntet Ihr / Von Euch ab den Verdacht nicht eifriger / Hinwälzen auf den jungen Mann, als jetzt«, rügt ihn Rat Walter. Manchmal kennt man die Wahrheit, ohne es zu wissen.

Kleist weist Ruprecht eine Sprache zu, die ihn als einfachen Bauernjungen charakterisieren soll. Treuherzig schildert er seinen Heiratsantrag: »Da sagt' ich: willst du? Und sie sagte: ach! / Was du da gakelst. Und nachher sagt' sie, ja.« Eine künstliche, fast karikierende »Volkssprache«, die Kleist da erfindet. Sie reizt nicht nur zum Lachen, sie bringt uns diese Figuren auch nahe. – Jedenfalls erfahren wir, daß Ruprecht seinen Vater um Erlaubnis fragt, ehe er seine Braut besucht, daß er um elf Uhr zu Hause sein und außerdem versprechen muß, nicht zu Eve in die Kammer zu gehen. Um zehn Uhr schließt sie gewöhnlich die Gartenpforte zu, weil sie danach nicht mehr mit Ruprecht rechnet. Bildhaft schildert der Junge, wie er gestern zu einer Zeit, als er nicht mehr erwartet wurde, bei Eves Haus ankam und feststellen mußte, daß sie nicht allein war. Adam will wissen, wer bei ihr war, das kann Ruprecht ihm nicht sagen. Den Lebrecht habe er im Verdacht, den Rivalen um die Gunst des Mädchens. Er traut Eve wohl doch nicht so ganz. Er hörte Laute, die er falsch deutete: »Gefispre«, »Scherzen«, »Zerren«– und wartete als Voyeur hinter den Büschen ab, wie es weiterging. »Mein Seel, ich denk, ich soll vor Lust –«, sagt er. Kleist kennt keine Tabus. – Das Pärchen verschwand also im Haus, und Ruprecht lief Amok, trat Eves verschlossene Zimmertür ein, behielt die Türklinke in der Hand, der Krug stürzte vom Sims, jemand sprang zum Fenster hinaus, blieb im Weinspalier hängen, und Ruprecht donnerte ihm die Klinke zweimal über den Schädel.

Jetzt wissen wir, woher Adam seine Verletzungen hat. Dieses Wissen teilen wir vorläufig nur mit Adam und Eve. Leider, bekundet Ruprecht, habe er nicht erkennen können, ob es wirklich der Lebrecht war, einmal wegen der Dunkelheit und zum anderen weil ihn eine Handvoll Sand ins Gesicht traf. Adam, zufrieden: »Verdammt! Der traf!« Es ist schon merkwürdig, wie er sich ständig selbst verrät, ohne daß es jemandem auffällt. Ruprecht saß auf dem Boden von Eves Zimmer und weinte, als nach Frau Marthe die Nachbarn eintrafen. Ralf und Hinz und Sus' und Liese und »Knecht und Mägd und Hund und Katzen« wurden Zeugen des Skandals. Das Leben im Dorf ist öffentlich. Adam müßte eigentlich wissen, daß es kaum möglich ist, hier ein Geheimnis zu bewahren. Vielleicht würde er gar keinen Wert darauf legen, wenn nicht der Revisor anwesend wäre. Der will nun endlich Eve anhören. Sie tritt zur Vernehmung vor, doch statt ihrer redet Adam. Sie solle sich ja hüten, »dumme Namen« zu nennen, denn: »In Huisum, hol's der Henker, glaubt dir's keiner, / Und keiner, Evchen, in den Niederlanden, / Du weißt, die weißen Wände zeugen nicht«.

Wieder rügt ihn Walter. Höhnisch belehrt ihn Adam, er sei nun mal kein Studierter, und wenn er den »Herrn aus Utrecht nicht verständlich« sei – das Volk hier verstehe ihn jedenfalls recht gut. »Die Jungfer weiß, ich wette, was ich will.« Eve ist allein. Ihre Mutter ist imstande, sie aus dem Haus zu jagen, falls da wirklich ein anderer Mann im Spiel war. Eigentlich ist es Ruprecht, der ihr beistehen müßte, schließlich haben sie sich für den Bund des Lebens versprochen. Warum sagt er ihr zuliebe nicht einfach, er habe den Krug zerschlagen? »Pfui, Ruprecht, pfui, o schäme dich, daß du / Mir nicht in meiner Tat vertrauen kannst.« Vertrauen ist in Kleists Universum das einzige Mittel, das menschliche Beziehungen stabilisieren könnte. Ruprecht kann sich besser auf Eve verlassen als sie sich auf ihn. Sie entschließt sich, ihn zu entlasten. Nein, sagt sie, er sei es nicht gewesen. Sie habe Marthe gestern angelogen.

Nun ist es heraus. Marthe: »Hör, dir zerschlag ich alle Knochen!« Adam hilft nach: Dann war es doch sicher der Lebrecht? Eve geht auf ihn los: »Er Unverschämter, Er! Er Niederträcht'ger! / Wie kann Er sagen, daß es Lebrecht –« Das bringt den Rat Walter gegen sie auf: Wo bleibe der Respekt, den sie dem Richter schuldig sei? Ausnahmsweise hat Eve die besseren Karten – der Lebrecht ist, daran erinnert sich nun auch Ruprecht, gestern zu Fuß nach Utrecht aufgebrochen, pikanterweise im Auftrag des Richters Adam, und konnte abends noch nicht zurück sein. Wer also war's, wenn nicht der Lebrecht? Adam deutet – ganz gegen den Augenschein – an, daß Eve noch ein Kind und »twatsch«, also ein bißchen zurückgeblieben sei, aber Walter will es endlich wissen: »Ich spüre große Lust in mir, Herr Richter, / Der Sache völlig auf den Grund zu kommen. –«

Eve zeigt, daß sie genau weiß, wem sie Respekt schuldet und wem nicht. »Mein lieber, würdiger und gnäd'ger Herr«, spricht sie den Rat an. Wer der nächtliche Besucher war, verrät sie freilich auch ihm nicht. Sie sei bereit, zu beeidigen, daß Ruprecht den Krug nicht zerschlagen hat. Damit wäre der Streitfall doch beigelegt? Aber Marthe, die jetzt nachgeben müßte, hat einen neuen, gar nicht so unrealistischen Verdacht. An einen zweiten Liebhaber glaubt sie trotz allem nicht, so gut kennt sie ihre Tochter. Es muß etwas anderes dahinterstecken. Ruprecht, argumentiert sie, sei doch eingezogen worden und müsse in den nächsten Tagen in Utrecht den Eid auf die Fahne leisten. Wie, wenn er habe desertieren und Eve überreden wollen, mit ihm und Marthes Ersparnissen durchzubrennen?

Nun will sich plötzlich auch Vater Veit an Verdächtiges erinnern. Warum habe Ruprecht gestern gepackt, »Röcke, Hosen, ja, und Wäsche«? Weil er zum Regiment müsse, erwidert Ruprecht. Falls Flucht und Verräterei im Spiel sei, solle der Teufel ihm den Hals brechen, tobt der Alte. Nur allzu rasch wenden sich diese Eltern von ihren Kindern ab. Kleists Figuren sind, im Rahmen ihrer Möglichkeiten, jederzeit zu allem fähig. Andererseits kann, wer Böses beabsichtigt, dennoch Gutes bewirken. So bringt Marthe, um den Beweis dafür anzutreten, daß Ruprecht schuldig ist, seine Tante Brigitte ins Spiel. Die könne bezeugen, daß er es war, der um halb elf im Garten, »kosend bald, bald zerrend, / Als wollt er sie zu etwas überreden«, mit Eve zugange war. Adam, erleichtert: »Verflucht! Der Teufel ist mir gut.« Den Teufel beschwört man, indem man ihn nennt. Adam wird ihn nicht mehr los; er hat zu viel mit ihm gemeinsam.

Der Schreiber Licht wird ausgeschickt, um die »Muhme« zu holen. Walter nutzt die Zeit für ein paar eigene Recherchen. Überraschend bittet er Adam um ein Glas Wein. Der ist beglückt, daß er sich endlich seinem Vorgesetzten als großzügiger Gastgeber präsentieren darf. Französischen? Oder Rheinwein? »Von unserm Rhein«, sagt der Niederländer. Dazu bittet er um ein Stück trockenes Brot mit Salz. Ach was, trocknes Brot! wendet Adam ein. Ein Stück Limburger Käse doch mindestens.

Gut. Der Revisor akzeptiert den Käse, mehr aber nicht. Die Mahlzeit ist ein Ablenkungsmanöver, denn während Adam ihm ein Gläschen Niersteiner nach dem anderen einschenkt, fragt Walter ihn aus. »Wie kamt Ihr doch zu Eurer Wund, Herr Richter?« Verletzungen vorn und hinten und das bei einem Sturz aus dem Bett? Adam: Vorn mit der Stirn sei er auf die Ofenkante geschlagen und dann rückwärts auf den Boden geprellt. Und all diese Kratzer im Gesicht? Adam ist nicht in Verlegenheit zu bringen: von Zweigen, die zum Trocknen am Ofen hingen. Und die verlorengegangene Perücke? Sie habe Feuer gefangen, als Adam beim Aktenstudium der Kerze zu nahe kam. Das Katzenwochenbett wird nicht erwähnt.

Walter wendet sich nun an Frau Marthe. Adam sei wohl ab und zu bei ihr? Er hat das richtige Gespür und trifft doch daneben, denn Frau Marthe hat den »Herrn Vetter« seit drei Monaten nicht gesehen und wenn, dann nur im Vorübergehen. Und diese Geschichte mit dem Perlhuhn? Unglaublich, aber wahr. Eve hat tatsächlich schon einmal ein krankes Tier, das Adam gehörte, vom Pips gerettet und gerade wieder eines in Pflege. Die Schlinge, die sich um Adams Hals zu schließen drohte, hängt wieder locker. Doch in der Tür steht Frau Brigitte mit einer Perücke in der Hand. Die hat sie im Spalier unter Eves Fenster gefunden. Walter begreift. Und ganz plötzlich verliert er das Interesse an der Aufklärung des Falles. Von jetzt an versucht er, Adam daran zu hindern, daß der sich um Kopf und Kragen redet. Der ist freilich ganz davon absorbiert, der Vorsehung Kontra zu geben. Das sei seine Perücke, kein Zweifel. Die habe er dem Ruprecht vor einer Woche mitgegeben, als dieser nach Utrecht ging. Gewiß, erwidert Ruprecht, er habe eine Perücke auftragsgemäß in der Werkstatt des Meisters Mehl (!) zum Auftoupieren abgeliefert. Wie komme sie dann, empört sich Adam, in das Weinspalier bei Marthens? »Dahinter steckt mir von Verkappung was, / Und Meuterei«. Frau Brigitte nimmt den Ruprecht in Schutz: Ein anderer war's. Sie hat ihn gesehen. Ein Kerl, »kahlköpfig, / Mit einem Pferdefuß, und hinter ihm / Erstinkt's wie Dampf von Pech und Haar und Schwefel«. Der Teufel persönlich.

Walter kann nicht länger an sich halten: »Blödsinnig Volk, das!« Doch Frau Brigitte hat einen Gewährsmann – den Schreiber Licht. Der will zwar nicht behaupten, daß es der Teufel war, doch mit Pferdefuß und Glatze habe es schon seine Richtigkeit. Detailreich spinnt Frau Brigitte ihre Teufelsgeschichte aus. Der Spur im Schnee – »Rechts fein und scharf und nett gekantet immer, / Ein ordentlicher Menschenfuß, / Und links unförmig grobhin eingetölpelt / Ein ungeheurer klotz'ger Pferdefuß« – seien Licht und sie gefolgt. An einem Baum im Lindengang habe der Höllenfürst ein besonders teuflisches, übelriechendes Denkmal hinterlassen, über das Gerichtsrat Walter nichts Näheres erfahren möchte, während Adam murmelt: »Verflucht mein Unterleib«, so daß kein Zweifel bleibt, worum es sich handelt. Kleist verleiht, ohne Rücksicht auf den »guten Geschmack«, einem höchst profanen Vorgang eine metaphysische Dimension. »Menschenfuß und Pferdefuß« führten die Spurenleser über Feld, Steg und Friedhof direkt zum Dorfrichter. Adam sieht sich um: »Sollt er vielleicht hier durchpassiert –?« Die Teufelserscheinung kommt ihm gerade recht. Welcher Täter ist schon so ungreifbar wie der Höllenfürst. Er beantragt, »im Haag bei der Synode anzufragen / Ob das Gericht befugt sei, anzunehmen, / Daß Beelzebub den Krug zerbrochen hat«. Walter, ironisch: »Ein Antrag, wie ich ihn von Euch erwartet.«

Als Rationalist fragt er nach, ob jemand im Dorf verstümmelte Füße habe. Nur auf einen trifft das zu – Dorfrichter Adam. Gibt er nun endlich auf? Keineswegs. Er versteckt den Klumpfuß unter dem Tisch. Walter bedrängt ihn, er solle auf der Stelle die Sitzung schließen. Es geht ihm um die Würde des Amtes, auf der Adam mit Menschenfuß und Pferdefuß herumtrampelt. Zu retten ist da allerdings nichts mehr, denn die Perücke, die Licht ihm jetzt von hinten überstülpt, paßt Adam wie angegossen. In der Volksseele brodelt es. Eine letzte Schurkerei versucht er noch, schnell spricht er Ruprecht schuldig und verurteilt ihn zu einer Gefängnisstrafe und Einschluß ins Halseisen draußen am Pranger. Rat Walter, der Korrekte, der Überparteiliche, der Botschafter des Rechtsstaats, nimmt es hin, obwohl er weiß, daß Ruprecht unschuldig ist. Nicht die Gerechtigkeit vertritt er, sondern die Justiz. Es ist ihm wichtiger, das Ansehen der Behörde und seines Standes zu wahren, als dem Angeklagten zu seinem Recht zu verhelfen. Das Verfahren muß ordnungsgemäß abgeschlossen werden, auch wenn es Opfer kostet. Ruprecht möge an die Instanz in Utrecht appellieren, empfiehlt er und übersieht dabei, daß dieser dann bereits den Hals im Eisen hat. Eve kocht vor Empörung. Sie ruft Ruprecht zu, Adam selbst habe den Krug zerbrochen. »Geh schmeiß ihn von dem Tribunal herunter.« Adam wird aus dem Saal geprügelt und flieht.

Eve aber wirft sich dem Gerichtsrat zu Füßen, denn sie muß glauben, daß alles verloren ist, weil Ruprecht der Konskription nach Ostindien nun nicht entgehen werde. Es stellt sich heraus, daß Adam die angebliche Instruktion der Regierung, die Landmiliz werde nach Bantam geschickt, gefälscht hatte. Mit einem »Krankheitsattest« für Ruprecht war er zu Eve gekommen, um von ihr ein Schäferstündchen zu erpressen. Zum Glück stürmte der eifersüchtige Verlobte gerade noch rechtzeitig ihre Kammer. Aus der Endfassung hat Kleist einen langen Monolog Eves herausgestrichen, der in vielen Inszenierungen in Auszügen verwendet wird, um zu verdeutlichen, mit welcher Drohung Adam Eve in die Hand bekommen konnte. Eine Kolonialmacht wie die Niederlande schickte regelmäßig einen Teil ihrer Dienstpflichtigen nach Ostasien, um – in Eves Worten – den »eingebornen Kön'gen dort, von Bantam, / Von Java, Jakatra, was weiß ich? Raub / Zum Heil der Haager Krämer abzujagen«. Eve, die glauben mußte, daß Ruprecht dieses Schicksal drohte, zu Walter: »Das ist ja keine offen ehrliche / Konskription, das ist Betrug, Herr Richter, / Gestohlen ist dem Land die schöne Jugend, / Um Pfeffer und Muskaten einzuhandeln.« Auch wenn Rat Walter ihr versichert, es existiere keine solche

Instruktion, will Eve ihm nicht recht glauben. Mehr Hoffnung macht ihr sein Versprechen, Ruprecht gegebenenfalls freizukaufen.

Adam ist auf der Flucht. Die Liebenden umarmen sich. Pfingsten soll Hochzeit sein. Nur Marthe ist unzufrieden. Nach Utrecht will sie, zur Regierung, denn immer noch ist ihrem Krug kein Recht geschehen. Ist dies nun ein Happy-End? Wird danach die Ordnung der Dinge wiederhergestellt sein? Nicht, wenn man genau hinsieht. Adams Macht ist zwar gebrochen, er wird in seinem Amt von Schreiber Licht abgelöst, doch hat er, vorausgesetzt, die Kassen stimmen, keine Sanktionen zu befürchten. Der Lächerlichkeit preisgegeben zu sein ist Strafe genug. Und Ruprecht und Eve – sind sie wirklich sicher? Ausgehoben wird zur Zeit der Handlung jeder zehnte Landessohn, weil die Spanier wieder einmal zum Krieg gegen die abtrünnigen ehemaligen Provinzen rüsten. Auch wenn Eve der Landesverteidigung uneingeschränkt zustimmt, weil Freiheit »des Streites wert« sei und jeder Niederländer bereit sein müsse, für sie mit seinem Leben einzustehen, ist und bleibt der Krieg das Chaos, das die Ordnung der Menschen über den Haufen wirft. Kein Kleist-Text ohne Sub-Text. Die Annahme, daß die Vernichtung der Ordnung ein Lebensgesetz ist wie die Herstellung von Ordnung, die dem Werk – ein Jahrhundert vor ihrer Formulierung – immanente Chaos-Theorie, macht Kleist zu einem herausragenden Dichter der Moderne.

Goethe hatte den »Zerbrochnen Krug« für das Weimarer Hoftheater angenommen und selbst inszeniert, obwohl er es eigentlich für unspielbar hielt. Es ist keineswegs so, daß er Kleists Talent nicht erkannt hätte. Er schrieb voll Bewunderung über das Manuskript, das er 1807 erhalten hatte: »Der ›zerbrochne Krug‹ hat außerordentliche Verdienste, und die ganze Darstellung dringt sich mit gewaltsamer Gegenwart auf.«[3] Doch fehlte Goethe das Werkzeug einer realistisch arbeitenden Regie; seine handwerklichen Mittel stammten aus dem 18. Jahrhundert. Er war es gewohnt, Handlungen zu inszenieren, nicht Dialoge, die Einheit von Ort und Zeit empfand er als undramatisch, die »Prozeßform« als »stationär«.[4] Nicht nur inhaltlich, auch formal bedeutete Kleists Werk einen Vorgriff auf die Zukunft; die ihm gemäßen Theaterformen existierten noch nicht. Am 2. März 1808 fand die Uraufführung statt. Goethe ruinierte das Stück, indem er drei Akte mit zwei Pausen daraus machte. Der Dialog, der als fulminanter Schlagabtausch kommen muß, wurde zelebriert; die Schauspieler waren angehalten, das Spiel gelegentlich zu unterbrechen, damit die Zuschauer Zeit zum Lachen hätten. »So etwas Langweiliges und Abgeschmacktes« habe sie dem Mitarbeiter jener »charmanten« Dresdener Literaturzeitung »Phöbus« (die von Kleist herausgegeben wurde) nicht zugetraut, schrieb Henriette von Knebel, eine Besucherin der Premiere, und fügte hinzu: »Der moralische Aussatz ist doch auch ein böses Übel.«[5] Sicher kein Urteil, das aus dem Rahmen fiel. Doch verrät uns die junge Dame eine Generationserfahrung: »Ich glaube, bei diesen Herrens hat sich das Blut, was sie sich im Krieg erhalten haben, alles in Dinte verwandelt.«[6] Was auch immer sie damit meinte – die Kombination von »Blut« und »Tinte« trifft den Sachverhalt.

Amphitryon

Wie Götter Menschen täuschen

Es ist stockfinstere Nacht – so stockfinster, wie eine Bühne nur sein kann. Hätte Sosias, der da oben herumtappt, keine Laterne, würde man ihn vielleicht gar nicht sehen. Seit Mitternacht ist er unterwegs vom Feldlager seines Gebieters Amphitryon zu dessen Schloß in Theben, wo Gattin Alkmene wohnt, und wünscht sich sehr, daß es endlich Tag würde. Allerdings hat er das Zeitgefühl verloren und ahnt nicht, daß die Nacht schon 17 Stunden dauert. Das ist Jupiters Werk, der Alkmene in Gestalt ihres Ehemannes Amphitryon erschienen und gerade dabei ist, mit ihr die Ehe zu brechen, ohne daß sie es weiß. Sosias soll Alkmene die Botschaft Amphitryons überbringen, daß dieser, nach fünf Monaten militärisch bedingter Abwesenheit, den Gegner nun besiegt habe und auf dem Weg zu ihr sei. Als der Diener endlich das Schloß erkennt, setzt er die Laterne ab und übt seine Ansprache an Alkmene. Er findet seine Repliken so überwältigend geistreich, daß er sich ständig selbst lobt: »Ein Blitzkerl! Seht die Suade!«

»Amphitryon« ist ein sogenanntes »Hahnrei-Stück«, heute würden wir neutraler sagen: ein Stück über eine Dreiecksbeziehung – Ehemann, Ehefrau, Liebhaber. Im 18. Jahrhundert, als der Absolutismus auf seinem Höhepunkt war, entstanden eine Reihe von Komödien, die das Recht des Fürsten auf alle Frauen seines Landes, verheiratet oder nicht, spaßhaft-subversiv thematisierten; »Figaros Hochzeit« behandelt diesen Gegenstand, ebenso Molières »Amphitryon«. Ob nun der Hoffriseur seine Braut lieber für sich allein behalten möchte oder ein General aus dem Hochadel das Ehebett nicht gern mit seinem König teilt, ist nur ein gradueller Unterschied. Molières Stück, das Kleist als Vorlage diente, ist eine Gratwanderung zwischen Loyalität und Subversion; denn Ludwig XIV., der mehr als einen seiner hochadligen Hofschranzen zum Hahnrei gemacht hat, war gleichzeitig Molières Mäzen und erster Zuschauer.

Da es sich um einen antiken Stoff handelte – Jupiter hatte in der Zeit, als er sich auf der Erde noch ebenso selbstverständlich bewegte wie im Olymp, mit der verheirateten Alkmene den gewaltigen Herkules gezeugt, und Stiefvater Amphitryon war keineswegs eifersüchtig, sondern dankbar für das prächtige Geschenk –, ging Molière kein Risiko ein. Sein Vergleich mit Jupiter, dem das Recht zugesprochen wird, sich der Last seines Amtes gelegentlich in den Armen einer schönen Frau zu entäußern, kann dem König nur geschmeichelt haben. Dem betrogenen Ehemann redet der Gott im Finale aus seinem Wolkenhimmel gut zu: Mit Jupiter zu teilen sei in keiner Weise unehrenhaft; im Gegenteil. Wenn jemand Grund habe, eifersüchtig zu sein, dann er, der Herr des Olymps, weil er keine Chancen bei der tugendhaften Alkmene gehabt hätte, wäre er ihr nicht in der Gestalt des Amphitryon erschienen. Alle von Ludwig XIV. gehörnten Ehemänner konnten, wenn sie wollten, daraus Trost beziehen. Kritisch sieht das nur Sosias, der von Molière selbst gespielt wurde. Der Diener ironisiert Jupiters »Großzügigkeit«, am besten gehe man nach Hause und verliere kein Wort darüber.

Kleist hat sich in seiner »Amphitryon«-Bearbeitung eng an Molières Lustspiel angelehnt, doch in der Substanz etwas ganz anderes daraus gemacht. Der Zeitgenosse der Französischen Revolution und Untertan zumeist gutbürgerlich lebender preußischer Könige hat die Ausschweifungen absolutistischer Höfe nicht aus eigener Anschauung kennengelernt. Jupiter ist für Kleist nicht der Repräsentant der Feudalmacht, sondern ein Gott, der auf der Suche nach Liebe menschliche Gestalt annimmt. (Die Analogie mit der Fleischwerdung Christi ist nirgendwo explizit, aber als Kulturtopos erkennbar.) Sein Jupiter ist viel mächtiger, anmaßender und grausamer als Molières absoluter Herrscher. Das Spiel, das er mit den Menschen treibt, geht weit über die Listen und Kniffe hinaus, die Molières Jupiter anwendet, um die tugendhafte Alkmene ins Bett zu kriegen. Dort wird, im Rahmen der höfischen Hierarchie, Amphitryons Ehre ein wenig beschädigt, ein Schicksal, das er mit anderen teilt; eine großzügige Abfindung ist ihm sicher. Bei Kleist hingegen gerät durch das gnadenlose Verwirrspiel Jupiters die ganze Welt aus den Fugen.

Daß Sosias vor seiner Laterne Bücklinge macht: »Ich bin zu Euern Diensten, gnäd'ge Frau«, hat Kleist von Molière übernommen, und wenn dann einer aus dem Haus kommt, der Sosias zum Verwechseln ähnlich sieht, in Wirklichkeit aber Merkur ist, Jupiters olympischer Begleiter in der Gestalt des Dieners, so ist auch dies Molières Einfall. Eine doppelte Verdoppelung, zwei Zwillingspaare, irdisch und himmlisch besetzt: Amphitryon und Jupiter, Sosias und Merkur. Im Film ist es kein Problem, jemanden sich selbst und seinen Doppelgänger spielen zu lassen; auf der Bühne ist es so gut wie unmöglich. Denn Merkur-Sosias müßte ja nicht nur die gleiche Figur und Maske, sondern auch die gleiche Stimme wie Sosias haben; ebenso hätte Jupiter-Amphitryon die gleichen Eigenschaften wie Amphitryon. Zwei schlechte Doubles aus dem Olymp täuschen vier wache Erdbewohner, Alkmene und Amphitryon, Sosias und seine Frau Charis – das kann nur psychologisch begründete Blindheit sein, wie im Märchen von »Des Kaisers neuen Kleidern«. Wir Zuschauer wundern uns (und lachen darüber), mit wie billigen Mitteln sich die Menschen von den Göttern täuschen lassen.

Merkur-Sosias also entdeckt den »richtigen« Sosias auf dem Weg ins Haus und muß sich etwas einfallen lassen, damit Jupiters und Alkmenes Glück nicht gestört wird. Er rempelt den Diener an: »Halt dort! Wer geht dort?« Nun könnte Sosias antworten: »Sosias. Amphitryons Diener.« Doch er sagt: »Ich.«

Merkur: »Was für ein Ich?« Das Spiel mit der Identität ist nicht Kleists Erfindung, er bleibt in dieser Szene sehr nah an der Vorlage, mit der für ihn typischen Verschärfung einer komischen in eine grausame Situation. Merkur schlägt Sosias, um ihn davon abzubringen, sich Sosias zu nennen. Molières Merkur nimmt dazu seine Hände; Kleists Merkur prügelt den armen Diener mit einem Stock windelweich. Man merkt die preußische Erziehung. Schließlich gibt Sosias nach, freilich nur aus taktischen Gründen, um seine Haut zu retten: »Befiehl, was ich / Soll sein, dein Stock macht dich zum Herren meines Lebens.« Doch kaum läßt Merkur den Stock sinken, begehrt Sosias auf. Er beruft sich auf die unleugbaren Fakten: »Halt ich nicht die Laterne? Fand ich dich / Vor dieses Hauses Tür herum nicht lungern, / [...] / Nahmst du den Stock zur Hand nicht, und zerbläutest / Auf das unmenschlichste den Rücken mir«. Sosias ist Ich, weil er in Sosias' Körper steckt.

Merkur macht sich daran, ihm zu beweisen, daß nicht Sosias, sondern er, der Doppelgänger, Sosias ist. Er weiß Dinge, die nur der echte Sosias wissen kann. Zum Beispiel, daß der Feldherr ein kostbares Geschenk für Alkmene vorbereitet hat, das Diadem seines besiegten Kriegsgegners Labdakus, in das er den eigenen Namen gravieren ließ. Listig fragt Sosias nach einer eigenen Heimlichkeit am Rande der Schlacht, doch selbst den kleinen Mundraub, ein Stück Schinken und einen Schluck Wein, gibt Merkur-Sosias als seine Tat aus. Sosias muß passen. Bleibt die Frage: »Da ich Sosias nicht bin, *wer* ich bin? / Denn *etwas*, gibst du zu, muß ich doch sein.« Merkur geht es nur um den Aufschub; sobald er aufhöre, Sosias zu sein, dürfe Sosias wieder damit anfangen. Dem wird es zu bunt, er will sich den Weg ins Schloß erzwingen, gibt aber unter einem Hagel neuer Schläge auf und kehrt zurück ins Lager.

Jupiter-Amphitryon erscheint, Arm in Arm mit Alkmene, vor dem Haus, um Abschied zu nehmen. Er müsse in den Krieg zurück. Alkmene klagt: »Ach was das Vaterland mir alles raubt, / Das fühl ich, mein Amphitryon, erst seit heute, / Da ich zwei kurze Stunden dich besaß.« Siebzehn Stunden sind ihr vergangen wie zwei. Wenn das kein Kompliment für den göttlichen Liebhaber ist! Kein Wunder, daß Jupiter entzückt ist. Doch er möchte es genau wissen, er unterscheidet haarspalterisch zwischen ehelicher Pflicht und echter Leidenschaft, er dringt, in seiner olympischen Eitelkeit, in sie: Ob sie, ihrem Gefühl nach, die Nacht mit ihrem Gemahl oder ihrem Geliebten verbracht – mit anderen Worten, ob sie den qualitativen Unterschied bemerkt habe? Alkmene versteht nicht, wovon er redet. Für sie gibt es keine Leidenschaft außerhalb der Ehe. Jupiter hat seine Eifersucht nicht mehr unter Kontrolle, er will nicht länger für den gehalten werden, dessen Gestalt er angenommen hat. Sie muß doch gemerkt haben, daß er die vollkommenere Variante des Amphitryon ist – kein Mensch, sondern ein Gott. Sie soll ihm versprechen, »daß du den Göttertag, den wir durchlebt, / Geliebteste, mit deiner weitern Ehe / Gemeinen Tag'lauf nicht verwechseln willst«. – »Nun ja. Was soll man dazu sagen?« antwortet die Ahnungslose. Sie zieht den Schluß, Jupiter-Amphitryon sei berauscht. Und sie wohl auch. Später wird von der Flasche »Ortolan« die Rede sein, der Jupiter und sie beim Liebesmahl allerdings nur mäßig zugesprochen hätten.

Die Dienerin Charis, Sosias' Frau, hat das vermeintliche Ehepaar neidisch beobachtet; genauso stellt sie sich die Liebe vor. Das ist es, was Sosias ihr vorenthält. Gleich trägt sie ihm ihre Beschwerde vor, freilich ist der Adressat nicht Sosias, sondern Merkur-Sosias, und wenn der Ehemann »ein Klotz« ist, so ist der Himmelsbote ein unübertrefflicher Grobian. Merkur hat alle Hände voll zu tun, sich Charis' vorwurfsvollem Liebeswerben zu entziehen, er macht sie unverblümt darauf aufmerksam, daß sie ja nicht mehr die Jüngste sei, und empfiehlt ihr – als vulgäre Hahnrei-Variante – den »freundlichen Thebaner«, welcher ihr »abends auf der Fährte schleicht«, doch zu erhören. Damit empfiehlt er sich.

Der echte Sosias hat inzwischen Amphitryon Bericht erstattet – und obwohl Herr und Diener den Rückweg vom Feldlager nach Theben bereits hinter sich haben, kann Amphitryon sich immer noch nicht beruhigen: »Mir solche Märchen schamlos aufzubürden!« Auch in diesem Stück wahrt Kleist die Einheit des Ortes, die Handlung spielt ausschließlich vor Amphitryons Schloß, doch simuliert er nicht, wie im »Zerbrochnen Krug«, die Echtzeit. »Es ist Tag«, heißt es hier lapidar. Sosias bringt Amphitryon zur Raserei, weil er etwas, das jener nur als Wahnsinn betrachten kann, als so real schildert, wie es ihm begegnet ist. »Dies Ich war früher angelangt, als ich, / Und ich war hier, in diesem Fall, mein Seel, / Noch eh ich angekommen war.« Amphitryon bleibt nichts anderes übrig, als zu glauben, Sosias habe den Verstand verloren. Der freilich kann einen Beweis liefern – seinen zerbleuten Rücken. Den Diener schlagen darf im Prinzip nur sein Herr, und Amphitryon empört sich sogleich: »Wer – wer schlug dich? / Wer unterstand sich das?« – »Ich.« Amphitryon erklärt das Ganze definitiv für Unsinn und befiehlt, ihm die Pforte zu öffnen, da erscheint Alkmene mit Charis. Sie ist früh aufgestanden, um den Göttern ein Opfer zu bringen, damit diese »den besten Gatten« auch in Zukunft beschützen, erblickt ihn in Fleisch und Blut und ruft aus: »O Gott! Amphitryon! / [...] / So früh zurück –?«

Das ist für einen Ehemann, der fünf Monate im Krieg war, eine ziemlich schockierende Begrüßung, ein kalter Guß auf seiner »Liebe Flammen«. Er beschwert sich über ihre Kälte. Alkmene, verletzt, erinnert ihn an den gestrigen Abend: »Kannst du noch mehr dir wünschen, mehr begehren«? Sie stellt ihm vor Augen, wie er in ihr Zimmer geschlichen sei, als sie am Spinnrad saß, sie auf den Nacken geküßt habe und sie ihm an die Brust geflogen sei. Amphitryon: »Was? Mir wagst du zu sagen, daß ich gestern / Hier um die Dämmrung eingeschlichen bin? / Daß ich dir scherzend auf den Nacken – Teufel!« Alkmene: »Was? Mir wagst du zu leugnen, daß du gestern / Hier um die Dämmrung eingeschlichen bist? / Daß du dir jede Freiheit hast erlaubt, / Die dem Gemahl mag zustehn über mich?«

Das ganze Drama in einer Replik. Amphitryon findet sich in der Situation des betrogenen Ehemanns und fängt an zu drohen, Alkmene fühlt sich auf üble Weise vorgeführt. Sie zitiert die »ganze Dienerschaft« als Zeugen, die »Hunde, die deine Knie umwedelten«, schließlich zeigt sie den Gürtel mit dem Diadem des Labdakus vor, den der falsche Ehemann ihr überreicht hat. Sosias, sehr überlegen: »Das sind schlechte Kniffe«. Er zieht den Behälter mit dem Schmuck, der ihm anvertraut ist, aus der Tasche. Das Siegel ist unverletzt, stellt Amphitryon fest, und dennoch trägt Alkmene das Diadem. Das Kästchen wird geöffnet; es ist leer. Nun endlich ahnt Amphitryon, mit welcher Art von Täuschung er es zu tun hat. Sosias erkennt die Parallele zu seinem eigenen Doppelgänger-Erlebnis, doch noch ist Amphitryon nicht aufnahmefähig für die Feststellung, er sei doppelt. Zwar habe er von Wundern und unnatürlichen Erscheinungen aus einer anderen Welt schon einmal gehört, meint er, »doch heute knüpft der Faden sich von jenseits / An meine Ehre und erdrosselt sie«.

Er läßt sich von Alkmene das Tête-à-tête mit seinem Doppelgänger in allen Einzelheiten erzählen. Molières Alkmene ist allerdings viel direkter als ihre züchtige preußische Variante, sie spricht von vielen tausend Küssen, heißer Glut, Zärtlichkeit, Leidenschaft und daß sie zusammen ins Bett gingen. Die preußische Alkmene beläßt es bei Andeutungen. In beiden Fällen wird Amphitryon rot vor Wut: »Treulose! Undankbare!« Alkmene ist nicht weniger empört. Einer solchen »feigen List« habe es nicht bedurft, falls er sich »einer andern zugewendet« habe – für sie die einzig plausible Erklärung seines Verhaltens. Verletzt, zieht Alkmene sich zurück; sie will allein sein. Amphitryon eilt zurück ins Feldlager, um Zeugen herbeizuholen, die beschwören können, daß er die letzte Nacht dort verbracht hat. Charis erklärt Amphitryon für verrückt, wenn er behaupten wolle, daß er nicht hier gewesen sei. Sosias ist nachdenklich geworden; wie, wenn sein eigener Doppelgänger es auf Charis abgesehen hatte? Er fürchtet sich vor seiner temperamentvollen

Frau, und mit gutem Grund, denn sie wirft dem echten Sosias nun die Unverschämtheiten des Merkur-Sosias vor. Doch er hört nur heraus, daß er sich ihrer Treue wegen keine Sorgen zu machen braucht, auch wenn ihm Charis den thebanischen Verehrer auftischt, den er ihr sogleich ausredet. Der Diener hat zwar himmlische Prügel bezogen, aber seine Welt ist intakt geblieben.

Um so härter trifft es die Herrschaften – Alkmene ist verzweifelt. Sie kommt mit dem Diadem des Labdakus, ihrem Beweisstück für des echten Amphitryon Besuch – war nicht sein Namenszug eingraviert? Charis' Blick ist unvoreingenommen – kein A steht da. Da steht ein J. »Man irrt nicht.« Diese Szene hat Kleist hinzugefügt. Molières Alkmene ist solchen Zusammenbrüchen ihrer Wirklichkeitswahrnehmung nicht ausgesetzt. Sie reagiert auf Jupiter-Amphitryons Zumutungen mit Zorn, weigert sich, die von ihm gewünschte Unterscheidung von Ehemann und Geliebtem nachzuvollziehen; wenn es denn zwei sind, sagt sie, haßt sie alle beide, weil sie ihr weh tun, und selbst als sie schließlich dem kniefällig um Milde bittenden Jupiter-Amphitryon verzeiht, gibt sie nichts von sich auf. Wer auch immer behaupte, er habe Amphitryon substituiert – sie kenne nur einen, der so heißt und so aussieht und den sie deshalb auch nicht habe betrügen können. Das ist ihr Abgang; sie bleibt moralisch unversehrt.

Kleists Alkmene aber wird in Jupiters grausames Spiel genauso verwickelt wie Amphitryon selbst. Dieser Gott ist ein Sadist, er will Alkmene, deren Liebe er nicht ausschließlich auf sich lenken kann, so weit treiben, daß sie auch Amphitryon nicht mehr liebt. Das J auf dem Diadem muß sie rational als einen Hinweis darauf deuten, daß es tatsächlich einen Doppelgänger gibt. Doch noch verläßt sie sich auf ihre Sinne: »Nimm mir / Das Aug, so hör ich ihn; das Ohr, ich fühl ihn; / Mir das Gefühl hinweg, ich atm ihn noch; / Nimm Aug und Ohr, Gefühl mir und Geruch, / Mir alle Sinn und gönne mir das Herz: / […] / Aus einer Welt noch find ich ihn heraus.« Die Substitution war zweifellos perfekt. Und mehr als das. Amphitryon, vertraut sie Charis weiter an, sei ihr gestern tatsächlich so schön wie nie erschienen, wie ein Bild seiner selbst, »ins Göttliche verzeichnet«, sie hätte ihn fragen mögen, »ob er mir aus den Sternen niederstiege«. Ein Gott hat eben doch mehr Charisma.

Amphitryon erscheint – nicht der echte, der wutentbrannt aus dem Haus gerannt ist, sondern Jupiter-Amphitryon; er verhält sich sehr viel liebenswürdiger, was aber bei Alkmene keinen Verdacht erregt. Sie hat nur eine Frage: »Warst du's? Warst du es nicht? O sprich! Du warst's!« Jupiter: »Ich war's. Sei's wer es wolle.« Mehr braucht Alkmene nicht zu wissen. Das Ganze war also ein schändliches Spiel ihres Gatten, dem sie zu so etwas keine Gelegenheit mehr geben wird. Sie schickt ihn fort; sie will ihn verlassen: »Geh! Nicht in deinem Haus siehst du mich wieder. / Du zeigst mich keiner Frau in Hellas mehr.« Jupiter-Amphitryon bleibt nichts anderes übrig, als sich zu enttarnen. Alkmene glaubt ihm kein Wort, denn es handle sich um einen Frevel, und dessen seien die Olympischen nicht fähig. Das Wort ärgert Jupiter sehr; er verbietet ihr den Mund. »Schweig, sag ich, ich befehl's.« Alkmene: »Verlorner Mensch!« Kleists Humor ist etwas für Theologen.

So wenig kann Jupiter sie mit der Offenbarung seiner Göttlichkeit beeindrucken, daß er in Zorn gerät. Wer, glaubt sie wohl, ist er! Er hat die Welt erschaffen. Er duldet keine anderen Götter neben sich. Doch sie, Alkmene, die ihren ganzen Sinn auf ihn richten sollte, steigt »in des Herzens Schacht hinab«, um ihren Götzen anzubeten! Entsetzt verteidigt sich Alkmene, frömmer und kindlicher als sie könne man Gott nicht verehren, doch Jupiter läßt sich nichts vormachen; nicht ihn bete sie an, wenn sie zu den Göttern bete, sondern den geliebten Amphitryon. Kleist skizziert uns, worunter Gott leiden könnte, wäre er leidensfähig (sein Jupiter ist es): darunter, daß er von uns nicht in seinem Wesen wahrgenommen und geliebt wird, sondern auf dem Weg einer Übertragung. Wir können nur Menschen lieben und benutzen sie als Medium, um Gott anzurufen. Diese theologische Aporie erklärt Jupiters Grausamkeit. Er kommt an die Menschen nicht heran. Auch nicht, wenn er als Idealausgabe eines geliebten Gatten die schöne Alkmene umarmt.

Ach, er gibt nicht nach. Von sich, dem Gott, sagt Jupiter: »Er kam, *wenn* er dir niederstieg, / Dir nur, um dich zu *zwingen* ihn zu denken, / Um sich an dir, Vergessenen, zu *rächen.*« Alkmene erschrickt, doch ist diese Drohung nur ein Druckmittel, damit sie verspricht, vor dem Altar an ihren Gott im Olymp zu denken und nicht an ihren Gott auf Erden. Alkmene macht ihm das Zugeständnis, sich »in jeder ersten Morgenstunde« ausschließlich auf Jupiter zu konzentrieren, danach allerdings werde sie ihn vergessen. Sie behandelt ihn, als sei er eine Rolle, in die Amphitryon geschlüpft ist, und als spiele sie das Theater um des lieben Friedens willen mit. Jupiter durchlebt einen Moment der Wahrheit: »Verflucht der Wahn, der mich hieher gelockt!« Alkmene bleibt dabei: Dem Gott gehört ihre Ehrfurcht, dem Mann ihre Liebe. Das sagt sie zu Jupiter, den sie als Amphitryon in ihren Armen hält. Und wenn, insistiert er, in diesem Moment der andere Amphitryon einträte? »Ja – dann so traurig würd ich sein, und wünschen, / Daß er der Gott mir wäre, und daß du / Amphitryon mir bliebst, wie du es bist.« Jupiter verbucht es als Sieg.

Der echte Amphitryon ist zurück und wartet auf seine Feldherren. Waffenbrüder sind nicht unbedingt Freunde: »Wie widerlich mir die Gesichter sind / Von diesen Feldherrn. Jeder hat mir Glückwunsch / Für das erfochtne Treffen abzustatten, / Und in die Arme schließen muß ich jeden, / Und in die Hölle jeden fluch ich hin.« Kleist vergißt nicht, uns darauf hinzuweisen, daß auch diese Geschichte von der Liebe und Eifersucht eines Gottes vor dem Hintergrund des Krieges spielt. Der Kriegserfahrung entstammen die Bilder, die Amphitryon einfallen, um zu illustrieren, wie unwahrscheinlich es ist, daß eine Frau ihren lebenden, intakten Ehemann nicht erkennt: »Augen, / Aus ihren Höhlen auf den Tisch gelegt, / Von Leib getrennte Glieder, Ohren, Finger, / Gepackt in Schachteln, hätten hingereicht, / Um einen Gatten zu erkennen«. In Zukunft müsse man die Ehemänner wohl brennen oder ihnen Glocken um die Hälse hängen. Doch traut er Alkmene nicht zu, ihn bewußt zu betrügen. In sein Haus, wohin sein Nebenbuhler Alkmene geführt hat, gelangt er nicht, denn Merkur macht sich einen Spaß daraus, ihm in der Gestalt des Sosias den Eintritt zu verwehren. Die Rolle von Herr und Knecht kehrt sich um. Merkur-Sosias bietet Amphitryon die wohlbekannten Prügel an und erkundigt sich, ob er vielleicht ein Glas zuviel getrunken habe. Amphitryon, für den er sich ausgebe, sei drinnen bei Alkmene. »Geh, sag ich noch einmal, und hüte dich / Das Glück der beiden Liebenden zu stören«.

Amphitryon weiß nicht mehr aus noch ein, da kommt der echte Sosias mit den Feldherren. Sein aufgebrachter Dienstherr will ihn auf der Stelle töten, weil er ihn für den »weggeworfnen Knecht« hält, der ihm die Tür verweigert und »schamlose Red' in Strömen« über ihn ausgeschüttet habe, doch die Heerführer fallen ihm in den Arm – sie können bezeugen, daß Sosias die ganze Zeit über bei ihnen war. Gut, daß sie da sind. Nun kann Amphitryon endlich vor Alkmene und der Welt seine verletzte Ehre einklagen. Er hat die Rechnung ohne Jupiter gemacht, der soeben aus der Haustür tritt. »Zwei Amphitryonen«, stammelt der Zweite Feldherr. »Zwei so einander nachgeformte Wesen, / Kein menschlich Auge unterscheidet sie.« (Wir Zuschauer müssen das glauben, obwohl wir den Unterschied durchaus sehen.) Sosias entscheidet sich – für Jupiter. Er mutmaßt, der echte Amphitryon habe »den Bauch / Sich ausgestopft, und das Gesicht bemalt, / Der Gauner, um dem Hausherrn gleich zu sehn«. Das menschliche Original wirkt, neben dem göttlichen Imitat, wie die schlechtere Kopie. Da ist niemand, der Amphitryon noch für Amphitryon hielte, soviel er auch wütet, droht und beschwört. Schließlich soll Alkmene entscheiden, wer von den beiden ihr Gatte sei. Amphitryon spricht sie in den zärtlichsten Tönen an, er ist ihrer Liebe ganz sicher. Alkmene zögert. »Gib, gib der Wahrheit deine Stimme, Kind«, wird sie von Jupiter ermahnt. Sie wählt – ihn. Und nicht nur das. Die Wahrheit, die Jupiter ihr abverlangt, läuft auf die Ernüchterung hinaus, die eintritt, wenn wir einen Menschen nicht mehr durch die idealisierende Brille der Liebe betrachten. Sie fällt mit den häßlichsten Beschimpfungen über Amphitryon her: »Du Ungeheuer! Mir scheußlicher, / Als es geschwollen in Morästen nistet!« Wie habe sie »solch einen feilen Bau gemeiner Knechte« nur verwechseln können mit dem »Prachtwuchs dieser königlichen Glieder«! Götter haben es eben leichter, vollkommen zu sein.

Jupiter hat gewonnen. Nach dieser Desillusionierung wird sie Amphitryon nie wieder lieben können. Sie wird dem idealen Geliebten nachseufzen, wenn er in seine olympischen Gefilde zurückkehrt. Vorher aber unterzieht der Gott Amphitryon noch einer Reifeprüfung. »Glaubst du nunmehr, daß ich Amphitryon?« Der präzisiert: Er glaube, daß er für Alkmene Amphitryon sei. Er gibt sich geschlagen, verzichtet auf Alkmenes Liebe; mehr will der Gott nicht von ihm. Nun kann er das grausame Spiel beenden. »Du bist Amphitryon«, teilt er ihm mit. »Ich bin's!« bestätigt dieser. »Und wer bist du, furchtbarer Geist?« – »Amphitryon.« So wie Gott eben alles ist, alle Menschen, Griechenland, das Licht, der Äther, das Flüssige: »Das was da war, was ist, und was sein wird«.

Blitz, Donnerschlag und eine Wolke. Wie bei Molière offenbart sich Jupiter mit Donnerkeil und Adlerbegleitung. Alkmene fällt in Ohnmacht. Laut Regieanweisung werfen sich alle auf die Knie, nur Amphitryon nicht. Jupiter und er reden von Mann zu Mann. Der Gott spricht als Theologe: »Was du, in mir, dir selbst getan, wird dir / Bei mir, dem, was ich ewig bin, nicht schaden.« Wenn Gott (unter anderem) Amphitryon ist, dann hat umgekehrt Amphitryon auch Anteil an Gott. Und es ist in Ordnung, daß er ihn um einen Sohn bittet. »Es sei. Dir wird ein Sohn geboren werden, / Dess' Name Herkules«. Der biblische Tonfall ist unverkennbar. Komödien mit griechischen Göttern, die den Menschen recht ähnlich sind, mögen komisch sein. Nimmt Jupiter aber Züge des christlichen Gottes an, hört das Leben auf, der höchste Wert zu sein. Was wird nun aus dem Ehepaar Alkmene und Amphitryon? Er darf sie behalten – das heißt ihre Hülle. Ihre Seele hat Jupiter. Sie erwacht aus ihrer Ohnmacht. Amphitryon redet sie an: »Alkmene!« Was bleibt ihr als ein Seufzer – das berühmte »Ach!«

Auch mit »Amphitryon« hatte Kleist kein Glück, obwohl die Qualität des Stückes von denen, die es zu lesen bekamen, sofort erkannt und gerühmt wurde. Nachdem er im Januar 1807 als ehemaliger preußischer Offizier in Kriegsgefangenschaft geraten und ins französische Fort Joux deportiert worden war, suchten Freunde einen Verleger für das Manuskript. Publiziert wurde »Amphitryon« im Mai 1807; uraufgeführt aber erst 1899. Sehr oft gespielt wird es nicht. Vielleicht, weil dem Zuschauer allzuoft das Lachen im Halse steckenbleibt.

Penthesilea

Lieben heißt töten

Während der Proben zum »Zerbrochnen Krug« im Januar 1808 schickte Kleist Goethe das erste Heft des »Phöbus«, jenes von ihm und Adam Müller herausgegebenen, ehrgeizigen »Kunstjournals«. Darin abgedruckt waren Auszüge aus »Penthesilea«. Die Zerfleischungsszene, die dem deutschen Theaterpublikum als die Überschreitung alles Denk- und Darstellbaren ein Ärgernis war und geblieben ist, war weggelassen. Aber auch so konnte sich Goethe, der wenige Tage später brieflich reagierte, nicht »mit der Penthesilea [...] befreunden. Sie ist aus einem so wunderbaren Geschlecht und bewegt sich in einer so fremden Region, daß ich mir Zeit nehmen muß, mich in beide zu finden.«[7] Dem edlen Bild der Antike, das er in seinen eigenen Dramen zeichnete, stand Kleists anarchisches Szenario diametral entgegen.

Dieses Trauerspiel sei »ebensowenig für die Bühne geschrieben, als jenes frühere Drama: der Zerbrochne Krug«[8], räumte Kleist ein. Daran ist etwas Wahres. Was kommt nicht alles in der »Penthesilea« vor! Formationen von Griechen und Trojanern in blinkenden Rüstungen, die sich erbitterte Schlachten liefern. Ein Amazonenheer, begleitet von Elefanten und Bluthunden, Sichelwagen und Feuerbränden. Achilles mit seiner vierspännigen Quadriga. Das läßt sich gar nicht anders realisieren als in der Sprache. Also stehen die Protagonisten immer wieder auf Aussichtspunkten und schildern, was die Zuschauer nicht sehen: Wie in der Ebene des Flusses Skamandros »der Griechen und der Amazonen Heer, / Wie zwei erboste Wölfe sich umkämpfen«. Fassungslos müssen die Griechen, die mit der Belagerung Trojas alle Hände voll zu tun haben, zur Kenntnis nehmen, daß die Amazonen dem Feind Waffenhilfe leisten. So steht es auch in Benjamin Hederichs »Gründlichem Lexicon Mythologicum« (1724), aus dem Kleist den Stoff entlehnt hat. Unter ihrer Königin Penthesilea flößten die Amazonen den Trojanern, die nach dem Tod Hektors allen Mut verloren hatten, neuen Kampfgeist ein. Penthesilea hatte freilich ihre Kräfte überschätzt, als sie Achilles, den Sieger über Hektor, herausforderte. Er tötete sie im Zweikampf mit der Lanze. Als er der Toten den Helm abnahm, sah er, wie schön sie war, verliebte sich postum in sie und trauerte um sie. Aus dieser tragischen Begegnung von Held und Amazone, die ein Liebespaar hätten sein können, entwickelt Kleist sein Drama von Liebe und Tod auf dem Schlachtfeld.

Kleists Amazonenheer zieht zwar ebenfalls gegen die Griechen in die Schlacht, wechselt aber plötzlich die Fronten und greift die Trojaner an, was aus der Sicht der Kriegerinnen nicht unlogisch ist, da ihr Feldzug ja einer Beute gilt, die auf beiden Seiten zu haben ist: Männern. In Abständen machen sich die jungen Frauen des männerlosen Staatswesens auf, um sich in der Bewährungssituation des Kampfes die Stärksten und Schnellsten unter den Gegnern zu unterwerfen, sie als Gefangene in ihre Heimat Themiscyra zu führen und zwecks Fortpflanzung ein paar Monate zu behalten, bis sie dann »am Fest der reifen Mütter« nach Hause geschickt werden. Konsequent eliminiert der Frauenstaat alle männlichen Wesen kurz nach der Geburt.

Auf einem solchen Reproduktionsausflug befinden sich Kleists Amazonen. Zum Staunen der Griechen üben sie sich zwar im Männerhandwerk Krieg, halten sich aber nicht an die üblichen Bündnisverpflichtungen. Auch der Krieg ist ja ein Regelwerk. »Sie muß zu einer der Partein sich schlagen«, fordert Odysseus von Penthesilea. Zur griechischen am besten, zumal es ja zu dieser Begegnung mit Achilles gekommen ist, die man nur als coup de foudre deuten kann. Sie wird von Odysseus augenzwinkernd erzählt: Die beiden Helden seien der Königin unerwartet gegenübergetreten, und ihr zerstreuter Blick sei auf Achilles gefallen. »Und Glut ihr plötzlich, bis zum Hals hinab, / Das Antlitz färbt, als schlüge rings um ihr / Die Welt in helle Flammenlohe auf.« Er habe angefangen, von Heerführer zu Heerführer mit ihr zu verhandeln, die Nützlichkeit eines Bündnisses zu erörtern etc., doch Penthesilea habe ihm gar nicht zugehört. Wie eine Sechzehnjährige habe sie sich einer Freundin zugewandt und ausgerufen, solch einem Mann sei ihre Mutter nie begegnet! Das kann nur heißen, daß Achilles das Bild männlicher Verfügbarkeit sprengt, das die Amazonen ihrem Umgang mit dem anderen Geschlecht zugrunde legen. Denn sie haben, das klingt in der »Penthesilea« ganz ohne Ironie immer wieder an, den Spieß umgedreht und setzen sich selbst als das starke Geschlecht, das vom schwachen (männlichen) Unterwerfung verlangt.

Für die Griechen freilich sind Frauen auch in Rüstung Frauen, also traditionsgemäß Beute. Die wilde Kämpferin schmilzt beim Anblick des unwiderstehlichen Helden dahin wie ein kleines Mädchen. »Achill und ich, wir sehn uns lächelnd an«, kommentiert Odysseus. Höflich weist Achilles die Amazonenkönigin darauf hin, daß sie dem Griechenführer die Antwort schuldig geblieben sei. Was nun kommt, läßt die Griechen verstummen und in »grimmiger Beschämung« vom Platz gehen: »Sie sei / Penthesilea, kehrt sie sich zu mir, / Der Amazonen Königin, und werde / Aus Köchern mir die Antwort übersenden!« Todespfeile statt Höflichkeiten. Wütend fällt Penthesileas Heer anschließend über die Trojaner her, als die den Fehler machen, die Abfuhr für die Griechen als Parteinahme für sich selbst zu interpretieren. Und Odysseus bringt auf den Punkt, worum es eigentlich geht: »Soviel ich weiß, gibt es in der Natur / Kraft bloß und ihren Widerstand, nichts Drittes. / Was Glut des Feuers löscht, löst Wasser siedend / Zu Dampf nicht auf und umgekehrt. Doch hier / Zeigt ein ergrimmter Feind von beiden sich«. Penthesilea setzt alle Zivilisationsgesetze außer Kraft, die hier als Naturgesetze erscheinen. Sie ist unberechenbar – nicht wie die Natur, sondern wie eine Instanz jenseits der Natur. Sie ist das personifizierte Chaos.

Während dieser Schlacht machen die Amazonen viele Gefangene; zu welchem Zweck, wissen wir. Penthesilea ist in rastloser Bewegung. Auf allen Schlachtfeldern sucht sie Achilles. »So folgt, so hungerheiß, die Wölfin nicht, / Durch Wälder, die der Schnee bedeckt, der Beute«. Achilles begreift das als Todesdrohung, nicht als Liebeswerben, doch völlig unerwartet durchbricht Penthesilea die Kriegsregel. In einer Kampfsituation mit den Trojanern rettet sie Achilles das Leben, mit dem Ergebnis, daß er sie sofort angreift, was sie lächelnd pariert. Es herrscht eine merkwürdige Form der Verständigung zwischen ihnen. Du willst mich töten, also liebst du mich, lautet die Botschaft, die auch umgekehrt gelesen werden kann: du liebst mich, also willst du mich töten. Und wieder werden wir, durch den Mund eines Sprechers, Zeuge einer Szene, die zwar hochdramatisch, aber nicht bühnentauglich ist. Sie spielt im Gebirge. Die Amazonen greifen die Griechen an und treiben sie vor sich her. Achilles auf seinem vierspännigen Kampfwagen gerät an einen Abgrund, die Pferde straucheln und fallen, das Geschirr verwirrt sich, er ist gefesselt. Penthesilea auf der anderen Seite der Kluft sieht das und will die Gunst des Augenblicks nutzen. Auf ihrem Pferd klettert sie die steile Felswand hinauf, stürzt mit losem Geröll ab, bleibt unversehrt – und findet einen Übergang. Doch Achilles' Pferdegespann ist inzwischen wieder auf den Beinen und galoppiert auf die Griechen zu.

Eine Visualisierung wie im Film: »Seht! Steigt dort über jenes Berges Rücken, / Ein Haupt nicht, ein bewaffnetes, empor? / Ein Helm, von Federbüschen überschattet? / Der Nacken schon, der mächt'ge, der es trägt?« Die Köpfe der Pferde wachsen ins Bild, ihre Schenkel, ihre Hufe, schließlich das »ganze Kriegsfahrzeug«. Im Filmjargon ist dies eine Totale: ein Pferdegespann, das über eine Ebene rast, dahinter eine Staubwolke, Penthesilea an der Spitze ihrer Amazonen, sie löst sich aus dem Feld, schnell wie ein Pfeil holt sie zu Achilles' Pferdegespann auf: »An seiner Seite fliegt sie schon! Ihr Schatten, / Groß, wie ein Riese, in der Morgensonne, / Erschlägt ihn schon!« Doch der Kriegsheld ist der Situation gewachsen. Er reißt das Gespann im Galopp herum, Penthesilea schießt an dem Fuhrwerk vorbei, stürzt, und die nachfolgenden Reiterinnen fallen über sie – »das Chaos war, / Das erst', aus dem die Welt sprang, deutlicher«. Achilles erreicht die Griechen und ist (vorläufig) gerettet. Aber auch Penthesilea ist unversehrt, sie holt im Schatten einer Eiche Atem. Ein Grieche: »Die Katze, die so stürzt, verreckt; nicht sie!«

Inständig versuchen die Heerführer, Achilles wieder für sein eigentliches Handwerk zu begeistern. Odysseus erinnert ihn daran, daß die Eroberung von Troja das Ziel sei, das sie nicht aus den Augen verlieren dürften. Er schlägt eine neue Taktik vor, wie man die Amazonen zur belagerten Dardanerburg locken und sie zwingen könnte, sich zwischen den Gegnern zu entscheiden. Er ist dagegen, sich mit ihnen auf eine weitere Schlacht einzulassen, »bevor wir wissen, *was* sie von uns wollen, / Noch überhaupt nur, *ob* sie uns was wollen«. Doch Achilles denkt und handelt nicht mehr vernünftig. Eine fixe Idee hat ihn gepackt, ein Wahn. Leidenschaft kann man das nicht nennen; es ist die Wut des Sieggewohnten, der auf Widerstand stößt – ein Machtkampf, wie er gewöhnlich nur unter Männern ausgetragen wird. Penthesilea aber, die wehrhafte Herausforderin, ist eine Frau, eine sehr schöne dazu, also kann der Sieg des Mannes über sie nur in einer tödlichen Umarmung bestehen. Die Freunde sollten schon ins Griechenlager gehen; er werde ihnen nicht eher folgen, »als bis ich sie zu meiner Braut gemacht, / Und sie, die Stirn bekränzt mit Todeswunden, / Kann durch die Straßen häuptlings mit mir schleifen«.

Ähnlich finstere Schwüre legt Penthesilea gegenüber ihren Gefährtinnen ab, die vergeblich versuchen, sie von Achilles abzulenken. Es seien ja nun ausreichend Gefangene gemacht worden, und man könne schon einmal mit dem Rosenfest beginnen, das im Amazonenstaat der rituelle Rahmen für die Vereinigung der vom Kriegsglück zufällig zusammengefügten Paare ist. Die Zufälligkeit ist übrigens ein Grundpfeiler dieser Staatsverfassung, denn »echte« Liebesbeziehungen mit dem Wunsch, zusammenzubleiben und die Kinder gemeinsam aufzuziehen, würden die weibliche Monokultur gefährden. Penthesilea verstößt schon allein dadurch gegen ein Tabu, daß sie sich ihren Freier selbst wählt. Sie würde den Staat, den sie als Königin repräsentiert, ins Wanken bringen, wenn sie den zukünftigen Vater ihrer Kinder nicht aus dem Staub auflesen und mit gebundenen Händen in ihr Lager führen würde. Es bleibt ihr gar nichts anderes übrig, als den Zweikampf mit Achilles zu suchen. Gleichzeitig fühlt sie etwas, zum erstenmal in ihrem Leben – und das macht ihr Angst. »Fühl ich [...] / Bei dieses einz'gen Helden Anblick mich / Gelähmt nicht, in dem Innersten getroffen?« Und ist dieses Gefühl allein nicht schon eine Art von Niederlage? »Ins Schlachtgetümmel stürzen will ich mich, / Wo der Hohnlächelnde mein harrt, und ihn / Mir überwinden, oder leben nicht!«

Die Amazonen diskutieren noch darüber, ob sie in die Heimat zurückkehren sollen oder nicht, da kommt die Nachricht: Achilles naht. Um sie zum Zweikampf zu fordern, was sonst, schlußfolgert Penthesilea und verlangt nach Lanze und Schwert. Ihren wehrhaften »Jungfraun« verbietet sie, dem Griechen auch nur ein Haar zu krümmen. Er gehört ihr. So siegessicher ist sie, daß sie der Oberpriesterin im Vorüberreiten den Befehl erteilt, das Rosenfest vorzubereiten. Junge Mädchen sammeln Rosen in Körben und flechten Kränze daraus, mit denen sie die Gefangenen schmücken, die ein härteres Schicksal erwartet hatten als die bevorstehende Orgie: »War je ein Traum so bunt, als was hier wahr ist?« Nun übernehmen die jungen Mädchen die Rolle, zu kommentieren, was wir nicht sehen können. Das gibt Kleist die Gelegenheit, Achilles' Bild schwärmerisch zu überhöhen: »Auf einem Hügel leuchtend steht er da, / In Stahl geschient sein Roß und er, der Saphir, / Der Chrysolith wirft solche Strahlen nicht!« Aber auch Penthesilea kann sich sehen lassen: »Seht, wie sie in dem goldnen Kriegsschmuck funkelnd, / Voll Kampflust ihm entgegen tanzt!« Man könnte die Augen schließen und sähe beim Zuhören lauter Bilder.

Achilles und Penthesilea führen die Lanzen gegeneinander. Achilles' Stoß ist härter; Penthesilea fällt vom Pferd. »Und während, von Entsetzen noch gefesselt«, die Amazonen sich nicht von der Stelle rühren, da ihnen verboten wurde, einzugreifen, tut Achilles, was niemand für möglich gehalten hätte, »er beugt / Sich über sie, Penthesilea! ruft er, / In seinen Armen hebt er sie empor, / Und laut die Tat, die er vollbracht, verfluchend, / Lockt er ins Leben jammernd sie zurück!« Penthesileas Vertraute Prothoe entreißt sie ihm und führt sie, da sie wieder auf den Beinen stehen kann, schnell fort. Sie ist wieder bei Bewußtsein, aber noch nicht bei sich, vielmehr: noch nicht wieder in ihrer Rolle als Amazonenkönigin. »Was will ich denn, wenn ich das Schwert ihm zücke? / Will ich ihn denn zum Orkus niederschleudern? / Ich will ihn ja, ihr ew'gen Götter, nur / An diese Brust will ich ihn niederziehn!« Allgemeines Entsetzen. Und das Rosenfest? Penthesilea zerhaut die Blütenkränze. »Daß der ganze Frühling / Verdorrte!« Kein Zweifel: Sie hat den Verstand verloren. Sie ignoriert die Warnungen ihrer Getreuen, vor Achilles zu fliehen, der ihr auf den Fersen ist. »Ich will hier bleiben.« Doch ihre Kapitulation kann sie sich nur vorstellen als tiefste Erniedrigung: »Laßt ihn mit Pferden häuptlings heim mich schleifen, / Und diesen Leib hier, frischen Lebens voll, / Auf offnem Felde schmachvoll hingeworfen, / Den Hunden mag er ihn zur Morgenspeise, / Dem scheußlichen Geschlecht der Vögel, bieten.« Das kommt davon, wenn man in einer Gesellschaft groß wird, in der Liebe auf den Zeugungsakt reduziert ist. Penthesilea weiß nichts von den Ritualen der Hingabe, sie kennt nur Gewalt. Sie fürchtet, Achilles werde ihre Seele so erniedrigen, wie er den Körper des Hektor erniedrigt hat, als er den Toten um die Mauern Trojas schleifte. Sie weiß, in wen sie sich verliebt hat.

Als Achilles erscheint, fällt sie in Ohnmacht. (Alle Kleistschen Frauen, aber auch einige Männer fallen in kritischen Momenten in Ohnmacht.) Die Amazonen schießen Pfeile auf ihn ab, aber so, daß sie ihn nur streifen. Sie drohen mit den Elefanten, mit den Hunden. Er gibt sich unwiderstehlich: »Du mit den blauen Augen bist es nicht, / Die mir die Doggen reißend schickt, noch du, / Die mit der seidenweichen Locke prangt.« Wieder dieses Mißverständnis der weiblichen Natur. Eine Amazonenfürstin scheint Ernst zu machen; Achilles läßt sie auf der Stelle von einem Griechen niederschießen. Zu spaßen ist mit ihm nicht. Es ist die Stunde der Griechen. Die Heerführer stürmen auf und über die Bühne, die Amazonen – bis auf Prothoe, die bei Penthesilea zurückbleibt – fliehen. Der Held Diomedes will sich der Königin bemächtigen. Sie gehöre Achilles, sagt Prothoe in ihrer Not. Der eilt herbei: »Mein ist sie! Fort! Was habt ihr hier zu suchen –« – »So! Dein! [...] Mit welchem Rechte?« fragt Diomedes und bekommt links und rechts eine hinter die Ohren. Männer unter sich. Odysseus gratuliert zu der Eroberung: »Glück auf, Achill! Glück auf!«

Achilles bemüht sich um die Ohnmächtige. »Wo traf ich sie?« Prothoe macht ihm klar, daß der Grund der Ohnmacht nicht der Lanzenstoß sei. Sie bittet ihn, sich zu entfernen, denn eines dürfe auf keinen Fall geschehen: daß Penthesilea mit dem »Todeswort« begrüßt werde, sie sei die Kriegsgefangene Achills. Dieser erklärt sich – doppeldeutig: Er habe vor, ihr Hektors Schicksal zuzufügen. Prothoe ist entsetzt, aber Achilles hat wohl auf seine Weise gescherzt. »Sag ihr, daß ich sie liebe.« Prothoe traut ihren Ohren nicht: »Wie? – Was war das?« Achilles: »Beim Himmel, wie! Wie Männer Weiber lieben; / Keusch und das Herz voll Sehnsucht doch, in Unschuld, / Und mit der Lust doch, sie darum zu bringen. / Ich will zu meiner Königin sie machen.« Prothoe ist wirklich eine Freundin, denn sie denkt jetzt nicht daran, welche Verwicklungen das für den

Amazonenstaat bedeuten würde, sondern bedankt sich mit einem Kniefall. Genau in diesem Moment öffnet Penthesilea die Augen. Achilles befolgt Prothoes Rat, sich vorläufig zu verstecken, bis sie die Königin auf seine Anwesenheit vorbereitet hätte.

Eine Traumerzählung stellt den Übergang zwischen Schlafen und Wachen her. Penthesilea hat geträumt, was in Wirklichkeit geschehen ist: den Stoß der Lanze, den Sturz vom Pferd, Achilles' Arme, die sie vom Boden aufhoben. Dieser Traum ist die Voraussetzung dafür, daß sie den Betrug nicht sofort erkennt. Denn nun wird sie von Prothoe in Komplizenschaft mit Achilles betrogen. Diese weiß, Penthesilea würde sich umbringen, wenn sie ihre Lage erkennen würde, und hofft darauf, daß Achilles' Liebeswerben zu einem guten Ende führt. Wenn zwei sich lieben, geht die Umgebung immer davon aus, daß sie zusammenkommen müssen – einfach weil sie sich nichts anderes wünschen. Doch Penthesileas Wunsch, Achilles anzugehören, ist alles andere als ein positiver Impuls. Sie fürchtet, zerstört zu werden, genauer: Sie fürchtet, zerstört werden zu wollen, wenn sie den Liebhaber nicht domestiziert. Nur einem Sklaven kann sie sich hingeben. Kleist, darauf sei noch einmal hingewiesen, hat das Verhältnis der Geschlechter umgedreht. Penthesilea benimmt sich wie ein Mann; sie besteht auf einem unterlegenen Liebesobjekt.

Erstaunlich ist freilich, daß sie einen Mann wie Achilles, dessen Ausstrahlung ihr selbst weiche Knie macht, glaubt in die Knie zwingen zu können. Allzugern ist sie bereit, die schöne Täuschung, die ihr Prothoe präsentiert, als wirklich anzunehmen. Und Achilles spielt mit, kniet vor ihr: »Ich ward entwaffnet; / Man führte mich zu deinen Füßen her.« Penthesilea gerät in eine Art Jubelrausch, fordert hier und sofort das Rosenfest mit Stieropfer, goldenen Pokalen, Tuben und Posaunen für »das Hochzeitsfest der krieggeworbnen Bräute«. Schon bereut Prothoe den Betrug, der ohnehin gleich auffliegen wird. Penthesilea sammelt Rosen auf, sie windet zusammen mit

Prothoe Kränze, läßt die »Hymne« des Rosenfestes singen, die einen eigenartigen Refrain hat: »Hymen! Wo weilst du? / Zünde die Fackel an, und leuchte! leuchte!«

Endlich wendet sie sich Achilles zu. Huldvoll herablassend fordert Penthesilea den »süßen Nereïdensohn« auf, sich ihr zu Füßen zu legen. Er tut es. Sein amüsiertes Lächeln müssen wir uns dazudenken. Die Amazonenkönigin behandelt den Weiberhelden wie einen schüchternen Knaben: »Sprich! Fürchtest du, die dich in Staub gelegt?« Achilles: »Wie Blumen Sonnenschein.« Die Ironie fällt ihr nicht auf. Sie entdeckt einen Kratzer an seinem Arm, entschuldigt sich dafür, er verzeiht ihr großzügig. Nun will sie wissen, wie er sich die Liebe vorstellt. Er wünscht, daß sie seine »rauhen Wangen« streichle. Penthesilea, stellt sich heraus, hat ihre zärtlichen Seiten. Der Kriegsheld zeigt sich verführbar, möchte verführen: »Wer bist du, wunderbares Weib?« Sie setzt ihm den Kranz von Rosen auf – und nun findet sie, daß er, »so weich und mild«, gar nicht mehr er selbst sei. Sie erkundigt sich, ob wirklich er es war, der Hektor tötete. »Hast du ihm wirklich, *du*, mit diesen Händen / Den flücht'gen Fuß durchkeilt, an deiner Achse / Ihn häuptlings um die Vaterstadt geschleift?«

Achilles wird nachdenklich, doch er spielt weiter mit. »Ich bin's«, bestätigt er. Penthesilea hat dennoch Zweifel, sie sieht ihn scharf an: »Er sagt, er sei's.« Prothoe beeilt sich, ihr seine Rüstung zu zeigen. Jetzt erst ist die Amazonenkönigin überzeugt, daß sie an den Richtigen geraten ist, küßt ihn und schenkt ihm einen Ring. Er erhält die Erlaubnis, sich im Heer der Amazonen frei zu bewegen, muß sich aber verpflichten, zu ihr zurückzukommen. Im Austausch werde sie für die Erfüllung aller seiner Bedürfnisse sorgen – die Travestie eines bürgerlichen Verlöbnisses. Penthesilea fährt fort, sich wie ein Mann zu benehmen, denn nun läßt sie ihn allein – »mich rufen mancherlei Geschäfte, / So laßt mich gehn«. Das ist ein Strich durch Achilles' Rechnung. Er habe noch so viele Fragen. Sie wehrt ab: »In Themiscyra, Freund, in Themiscyra – / Laß mich!« Und dann, sich erbarmend: »Nun so sei kurz.« (Eine der »hochkomischen« Stellen, die Goethe an der Tragödie als gattungsfremd tadelte. Kleist ist eben kein Purist.)

Penthesilea ist es, die ins Reden gerät und nicht mehr aufhören kann. Die Gründungsgeschichte des Amazonenstaats wird erzählt: Skythische Vorfahren, die über den Kaukasus herrschten, wurden von Fremden überfallen, die Männer getötet und die Frauen vergewaltigt, ein Genozid: »Das ganze Prachtgeschlecht der Welt ging aus.« Die Frauen jedoch verabredeten sich und töteten in einer Nacht »das gesamte Mordgeschlecht«. Pracht- oder Mordgeschlecht – die Frauen beschlossen, von nun an frei zu sein, »dem Geschlecht der Männer nicht mehr dienstbar«. Sie gründeten einen »mündigen« Staat, der »das Gesetz sich würdig selber gebe, / Sich selbst gehorche, selber auch beschütze«. Um die Waffen jener Zeit, Pfeil und Bogen, wie Männer einsetzen zu können, amputieren die Kriegerinnen seither die rechte Brust. Nicht die Verstümmelung macht Achilles zu schaffen, sondern die Vorstellung, daß damit der »Sitz der jungen, lieblichen Gefühle« entfernt worden sei. Penthesilea beruhigt ihn: »Sie retteten in diese linke sich, / Wo sie dem Herzen um so näher wohnen.« (Goethe fand das Bild »widerwärtig«.)

Die funktionale Lösung des Fortpflanzungsproblems stimmt Achilles nachdenklich. Zur Zeugung benutzt, dann abgeschoben – ein für den sieggewohnten Helden kaum nachvollziehbares Männerschicksal. Obwohl er in Wirklichkeit nicht in Penthesileas Gewalt ist, fühlt er sich dennoch in diese Situation hinein: »Und auch mich denkst du also zu entlassen?« So weit hat sie noch nicht gedacht, will sie vorläufig auch nicht denken: »Ich weiß nicht, Lieber. Frag mich nicht.« Den ganzen Überblick hat Achilles noch nicht. Wenn die Männerwahl nach dem Zufallsprinzip verläuft – wie kommt es dann, daß sie ihn so zielstrebig verfolgt hat? »Es schien, ich sei bekannt dir.« Wem nicht, da die Belagerung Trojas schon so lange dauert und der Ruhm der griechischen Helden bis in den Kaukasus gedrungen ist. Der junge Achilles ist bereits eine Legende. Penthesileas Mutter hat ihr, das Zufallsgesetz mißachtend, auf dem Totenbett prophezeit, »du wirst den Peleïden dir bekränzen«. Natürlich interpretiert Penthesilea diese Voraussage, die in Erfüllung gegangen ist, da Achilles rosengeschmückt zu ihren Füßen liegt, als zukunftweisende Glücksmetapher. Doch die Götter wollen es anders.

Die Griechen scheinen Achilles' Schäferstündchen aus diskreter Distanz zu bewachen, doch nun hört man »Waffengeräusch in der Ferne«. Prothoe mahnt: Achilles müsse sich Penthesilea auf der Stelle erklären. Nichts ist mehr, wie es eben noch war. Das Kriegsglück hat sich gewendet; die Griechen sind nicht mehr Herr der Lage, sie fliehen vor den angreifenden Amazonen, die ihre Königin befreien wollen. Achilles macht es kurz: »Du sollst den Gott der Erde mir gebären!« Aber nicht in ihrer Heimat Themiscyra, sondern bei ihm zu Hause, in Phtia. Ein Heiratsantrag. Penthesilea versteht kein Wort. Achilles verdeutlicht: »Zwar durch die Macht der Liebe bin ich dein, / Und ewig diese Banden trag ich fort; / Doch durch der Waffen Glück gehörst du mir«. Schlimmeres kann er Penthesilea nicht antun. Die Griechen dringen auf Aufbruch, es ist höchste Zeit. Der Angriff der Amazonen versetzt Achilles in die wohlbekannte Wut: »Die Waffen mir herbei! Die Pferde vor! / Mit meinem Wagen rädern will ich sie!« Penthesileas Lippen zittern. Schon sind ihre Gefährtinnen da und versuchen, sich zwischen sie und Achilles zu drängen, die einander nicht loslassen. Achilles will Penthesilea hinter sich herziehen. Penthesilea stemmt sich dagegen, zerrt ihrerseits mit aller Kraft an ihm: »Du folgst mir nicht? Folgst nicht?« Odysseus ist es, der eingreift und Achilles mit sich reißt. »Triumph! Triumph! Triumph! Sie ist gerettet!« rufen die Amazonen. Penthesilea sieht das anders. Warum hat Achilles sie nicht gezwungen, mit ihm zu gehen? »War ich, nach jeder würd'gen Rittersitte, / Nicht durch das Glück der Schlacht ihm zugefallen?« Die »Jungfraun« reden ihr ins Gewissen, erinnern sie an ihre königlichen Pflichten. Was den Ausschlag gibt, ist die Mitteilung, daß die Gefangenen, die sich schon auf dem Weg zum Rosenfest befanden, befreit worden sind, die Amazonen also ganz ohne nachwuchsfördernde Kriegsbeute dastehen. Der Feldzug war umsonst; die königliche Heerführerin hat versagt.

Auch Achilles scheint zu bereuen, daß er Penthesilea losgelassen hat. Schon tritt ein Herold auf, fordert die Königin zum Zweikampf. Sie kann es nicht fassen. Er weiß, daß sie ihm unterlegen ist, und fordert sie zum Kampf auf? Nach allem, was zwischen ihnen geschehen ist, will er sie töten? »Nun denn, / So ward die Kraft mir jetzo, ihm zu stehen: / So soll er in den Staub herab«. Sie ist außer sich. Mit »zuckender Wildheit« ruft sie nach Sichelwagen, Reiterscharen, Hundemeuten, dem »ganzen Schreckenspomp des Kriegs«. Sie kniet nieder, »während die Hunde ein gräßliches Geheul anstimmen«, und schwört beim Kriegsgott Ares, »wie ein Donnerkeil aus Wetterwolken, / Auf dieses Griechen Scheitel« niederzufallen. Ein Mißverständnis, denn Achilles, von der Liebe nicht weniger um den Verstand gebracht als Penthesilea, hat etwas ganz anderes vor: Er will sich ihr auf dem Schlachtfeld ergeben, damit dieses »wunderbare Weib, / Halb Furie, halb Grazie«, ihn aus dem Staub aufheben und in ihre Heimat führen kann. Für einen Monat oder zwei will er ihr zu Willen sein. Danach werde er nach Hause zurückkehren und überglücklich sein, wenn sie ihm folgte.

Achilles, der Held von Troja, als Liebessklave am Amazonenhof! Undenkbar. Vergeblich reden die Heerführer auf ihn ein. So fern ist ihm ihr »Helenenstreit« gerückt, daß er Mühe hat, mit dem Namen »Dardanerburg« irgend etwas zu verbinden. Er tobt. »Beim Hades! / Der ganzen Oberwelt und Unterwelt, / Und jedem dritten Ort: es ist mein Ernst«. Odysseus bittet Diomedes, ihn zurückzuhalten. Dieser, trocken: »Sei doch so gut, und leih mir deine Arme.« Auf der anderen Seite gibt die Oberpriesterin, die einzige der Königin übergeordnete Instanz, den Befehl, Penthesilea gefangenzusetzen; vergeblich.

Sie hetzt die Hunde auf jede, die sich ihr nähert. Inmitten ihrer Meute bricht sie auf: »Jetzt unter ihren Hunden wütet sie, / Mit schaumbedeckter Lipp, und nennt sie Schwestern, / Die heulenden, und der Mänade gleich, / Mit ihrem Bogen durch die Felder tanzend, / Hetzt sie die Meute, die mordatmende, / Die sie umringt, das schönste Wild zu fangen, / Das je die Erde, wie sie sagt, durchschweift.« Von ihrem Aussichtspunkt auf einem Hügel berichtet eine Amazone, was sie sieht: Achilles, von Penthesileas Pfeil getroffen am Boden liegend, wird von den Hunden zerrissen. Nicht nur von den Hunden. »Sie schlägt, die Rüstung ihm vom Leibe reißend, Den Zahn schlägt sie in seine weiße Brust, / Sie und die Hunde, die wetteifernden, / [...] als ich erschien, / Troff Blut von Mund und Händen ihr herab.«

Ein kannibalischer Akt. Der Geliebte wird gefressen. Das ist, für ein bürgerliches Publikum, die anstößigste Szene der ganzen deutschen Theaterliteratur. Die Literatur des Altertums hat Kleist ein anderes Antikenbild vermittelt als den Weimarer Klassikern. Penthesilea ist eine Barbarin, verwandt mit Furien und Mänaden, kein Muster »edler Einfall und stiller Größe« wie Goethes Iphigenie. Blutbeschmiert, mit einem Kranz aus Nesseln um den Kopf und dem Bogen über der Schulter, folgt sie der Leiche Achills, als hätte sie ihren Todfeind zur Strecke gebracht. Die Amazonen weichen ihr aus. Sie dreht und wendet den Pfeil, mit dem sie Achilles getötet hat, säubert ihn sorgfältig vom Blut, nimmt den Köcher von der Schulter, stellt den Pfeil in seinen Schaft zurück – eine gewohnte Verrichtung; sie hat ihre Waffen immer selbst gereinigt. Der Bogen fällt ihr aus der Hand und zerbricht. Eine Träne, die sich aus Penthesileas Auge löst, gewinnt ihr das Mitleid ihrer Gefährtinnen. Prothoe, die praktische: »Ach, wie man dir dein Handwerk ansieht, Liebe! / Nun freilich – Siegen geht so rein nicht ab«. Penthesilea hat einen schweren Weg vor sich, sie muß begreifen, was sie getan hat. Noch schützt sie eine totale Amnesie. Die Amazonen versuchen, Achills Leichnam vor ihr zu verstecken, doch sie verlangt, daß er abgedeckt werde. Sie klagt über die gräßliche Verunstaltung des Toten, will wissen, wer das getan hat, und erhält endlich die Antwort – sie selbst. »So war es ein Versehen«, sagt sie. »Küsse, Bisse, / Das reimt sich, und wer recht von Herzen liebt, / Kann schon das eine für das andre greifen.« Sie küßt den Leichnam – dies sei gemeint gewesen, sonst nichts. Liebe und Töten ist ein und dasselbe. Kann sie weiterleben? Wohl kaum. Die Gefährtinnen nehmen ihr den Dolch ab, doch einer Waffe bedarf sie nicht. Sie läßt den Jammer zu, die Reue, und diese Gefühle sind so stark, daß ihr das Herz bricht. Sie stirbt.

Die Amazonenkönigin ist alles andere als eine Allegorie, und dennoch gibt es eine Stelle, wo sie stellvertretend für das Chaos in der Welt auftritt, das für Kleist immer denselben Namen hat: »Der Krieg, der unter Bürgern rast, wenn er, / Die blutumtriefte Graungestalt, einher, / Mit weiten Schritten des Entsetzens geht, / Die Fackel über blühnde Städte schwingend, / Er sieht so wild und scheußlich nicht, als sie.«

Kleist pflegte seiner angeheirateten Cousine und Förderin Marie von Kleist seine Arbeiten zuerst zu zeigen. Als er ihre einfühlsame Reaktion auf die »Penthesilea« vorliegen hatte, schrieb er: »Es ist wahr, mein innerstes Wesen liegt darin, [...] der ganze Schmutz zugleich und Glanz meiner Seele.«[9] Der »Schmutz« wurde in der Kleist-Ausgabe von Tieck 1821 in »Schmerz« umgewandelt. Kleists Zeit hielt noch nicht einmal das Wort »Schmutz« aus, wieviel weniger erst die Spannweite einer Figur wie der Penthesilea.

»Penthesilea« wurde 1808 von Cotta wahrscheinlich nur deswegen als Buch veröffentlicht, weil der Verleger das Manuskript nicht kannte. Die Rezeption war durchgehend negativ. Auch in diesem Fall mußte fast ein Jahrhundert vergehen, ehe der Zeitgeist für Kleist reif war. In der Originalfassung wurde »Penthesilea« zum erstenmal 1892 am Münchner Hoftheater aufgeführt.

Das Käthchen von Heilbronn

Machtverzicht macht mächtig

Ein Mädchen aus dem Volk und ein Mann aus dem Adel verlieben sich ineinander und heiraten. Dazu mußte 1808, als Kleist das »Käthchen« schrieb, noch ein Wunder geschehen. Der Sproß einer alten preußischen Adelsfamilie wußte, daß man in diesen Kreisen standesgemäß heiratete oder gar nicht (er selbst blieb Junggeselle). Das Wunder ist ein Traum, den die beiden, die füreinander bestimmt sind – Friedrich Wetter, Graf vom Strahl, und Käthchen, die Tochter eines Waffenschmieds aus Heilbronn –, gleichzeitig träumen. In einer Silvesternacht fällt der an einer unbekannten Krankheit leidende, hochfiebernde junge Graf ins Koma. Als er daraus erwacht, erzählt er seiner Mutter, die an seinem Bett sitzt, er sei »bei ihr« gewesen, »bei der Braut, die mir der Himmel bestimmt hat«. Ein Engel habe ihn in ihr »Schlafkämmerlein« geführt, wo das Kind – eine Dreizehnjährige –, »mit nichts als dem Hemdchen« bekleidet, vor ihm auf die Knie fiel; der Engel habe ihn auf ein Muttermal in ihrem Nacken aufmerksam gemacht, das sie als Kaisertochter auswies, doch ihr Gesicht, das sie gesenkt hielt, habe er nicht sehen können, denn plötzlich sei eine Dienerin mit der Lampe gekommen und habe die Erscheinung zerstört.

Käthchen hatte in jener Silvesternacht den komplementären Traum: Sie sah den Grafen mit dem Engel eintreten; sie sah sein Gesicht – und erkennt ihn wieder, als sie ihm zwei Jahre später in Wirklichkeit begegnet, allerdings ohne zu wissen, woher sie ihn kennt. Käthchen fällt in Ohnmacht, als sie den jungen Ritter erblickt, der sich von ihrem Vater eine Brustschiene in der

Rüstung reparieren läßt. Strahl findet sie rührend, aber die Werkstatt eines Waffenschmieds ist nun mal nicht der Ort, wo man eine Kaisertochter anzutreffen erwartet. Als er sich wieder aufs Pferd schwingt, um gegen den Burggrafen von Freiburg ins Feld zu ziehen, springt sie aus dem Fenster und bricht sich beide Beine. Auch in dieser Geschichte, die so weit weg von Kleists Gegenwart, von der Wirklichkeit überhaupt zu sein scheint, ist der Krieg die Folie, vor der die Menschen handeln. Das erklärt vieles – Strahls Härte, Kunigundes Intrigen, Käthchens Unbedingtheit, die auf den Ritter vom Strahl setzt wie Jeanne d'Arc auf den Dauphin von Frankreich.

Sobald die Brüche verheilt sind, läuft sie von zu Hause fort, schließt sich dem Troß des Grafen an, als sei sie eine Marketenderin, schläft in seinem Pferdestall, wäscht seine Hemden, stopft seine Socken und wird von ihm aus Gleichgültigkeit geduldet. Einer seiner Knechte, der alte Gottschalk, paßt auf sie auf. Als sie in Straßburg, weit weg von ihrer schwäbischen Heimat, immer noch dabei ist, fragt der Graf sie schließlich, was sie eigentlich vorhabe, und sie antwortet: »Was fragt Ihr doch? Ihr wißt's ja!« Sie fühlt sich durch diesen Traum, auch wenn er ihr nicht bewußt ist, unauflöslich an ihn gebunden, es handelt sich für sie um göttliche Vorsehung, der sie sich widerstandslos unterwirft. Wie in einer Seifenoper ist dieser Mann ihr Schicksal, und sie ist seines, und es sind nur eine Menge Hindernisse zu überwinden, ehe sie sich kriegen.

Doch Kleists Drama ist weitaus hintergründiger, als die Grundstruktur ahnen läßt. Auch bei diesem »historischen Ritterschauspiel«, das einem volkstümlichen Genre der Zeit entspricht, lotet er die Abgründe der menschlichen Beziehungen aus. Käthchen tut etwas Unerhörtes, eigentlich Anstößiges: sie läuft einem Mann nach, wirft sich vor ihm auf die Knie, legt sich ihm zu Füßen, gehorcht ihm aufs Wort. Ihre Unterwürfigkeit ist nicht die einer Dienerin, sondern – wie ihr Vater Theobald voll Bitterkeit bemerkt – die eines Hundes, »der von seines Herren Schweiß gekostet«. Dennoch ist sie nicht so passiv, wie sie erscheint, sie läßt sich durch nichts und niemanden aus dem Konzept bringen und bekommt am Ende, was sie will. Ihre unbeirrbare Loyalität ist es, die ihr die Achtung des Grafen gewinnt, denn diese Treue weist in seinen Augen ihren Herzensadel aus, noch bevor er etwas von ihrem Geburtsadel erfährt. In diesem schwäbischen Käthchen steckt ein sehr preußischer Kern. Sich im Dienst einer Idee selbst aufzugeben ist eine Forderung der preußischen Staatsideologie, die Kleist auf die Idee der vollkommenen Liebe übertragen hat.

Das Geheimnis von Käthchens traumwandelnder Selbstverwirklichung enthüllt sich dem Zuschauer allerdings erst im Laufe der Handlung. Die Vorgeschichte erfährt man zunächst aus der Sicht derer, die dieses Verhalten verrückt und anstößig finden. Das Stück beginnt mit einem Gerichtsverfahren. Ein gruseliges Szenario: Die Richter sind vermummt, sie tagen bei Fackellicht in einer Höhle; es ist ein mittelalterliches Femegericht, das von Gefolgsleuten des Kaisers besetzt ist und Verbrechen verhandelt, für die keine andere Instanz zuständig ist. Einen freien Gebiets- und Gerichtsherrn wie Wetter Graf vom Strahl hätte Theobald, Käthchens Vater, nirgendwo anders zur Rechenschaft ziehen können. Im übrigen ist das Mittelalter, das Kleist da als historische Kulisse verwendet, eine ähnlich »mosaische« Angelegenheit wie die zusammengestoppelte Schönheit der Kunigunde. Der Burggraf von Freiburg kehrt von einem der Kreuzzüge zurück, die Ende des 13. Jahrhunderts aufhörten. Der Orden der Ursulinerinnen, in den Käthchen eintreten will, wurde erst im Jahr 1535 gegründet. Das Reichskammergericht gab es seit 1495, doch nach Wetzlar zog es 1693. Da war es mit den Femegerichten längst vorbei. Kleist geht es um nichts weniger als historische Genauigkeit, das »Käthchen« ist eine Märchenfigur, einer Nixe oder Elfe nachgebildet wie die böse Kunigunde einer Hexe. Und das Verbrechen, dessen der Graf vom Strahl vor der Feme angeklagt wird, ist nicht etwa die Verführung Minderjähriger, sondern Zauberei, Schwarze Kunst und »Verbrüderung mit dem Satan«. Käthchens Vater hat keine andere Erklärung für die plötzliche Verwandlung seiner sittsamen jungen Tochter, deren Begegnung mit dem Ritter ja in seiner Gegenwart stattfand, als Schwarze Magie – und um Magie handelt es sich tatsächlich, aber eben um Weiße, himmlische.

Nun sind diese Richter keine Mitglieder einer fundamentalistischen Inquisition, sondern Männer von Welt; für sie kann, bei allem Respekt vor dem Grafen, nur eine ganz vulgäre Stallmagdaffäre dahinterstecken. Um sie zu verführen, habe der junge Mann nicht unbedingt zu Zaubertricks greifen müssen, wendet der Vorsitzende ein. Da gebe es doch noch andere Mittel: Schmeicheleien, Geschenke. Das sei es ja, beharrt der Waffenschmied, gegen »solche Künste« sei die Tochter völlig immun. Der angeklagte Graf vom Strahl, streng befragt, kann nur bestätigen: »Wenn ich mich umsehe, erblick ich zwei Dinge: meinen Schatten und sie.« Erklären kann er es nicht. Warum er sie nicht fortgeschickt habe, zurück nach Heilbronn, in die Obhut ihres Vaters? Das ist Strahls schwacher Punkt. Er ist, ohne sich darüber Rechenschaft abzulegen, Käthchens Willenskraft längst erlegen. Sein Argument, er habe sie mitreisen lassen, weil sie vortäuschte, in Geschäften unterwegs zu sein, klingt nicht sehr überzeugend.

Das Käthchen wird mit verbundenen Augen hereingeführt. Nachdem man ihr das Tuch abgenommen hat, knickst sie, das Gericht ignorierend, vor dem Grafen. Er sei ihr Richter, erklärt sie, nicht jene, die »vermummt von Kopf zu Füßen […] / Wie das Gericht, am Jüngsten Tage«, dasäßen. Mit einer solchen Inszenierung kann man sie nicht beeindrucken. Als sie erfährt, daß Strahl der Angeklagte ist, fordert sie die »würd'gen Herrn« sogleich auf, ihren Platz zu räumen: »Wenn hier gesündigt ward, ist *er* der Richter, / Und ihr sollt zitternd vor der Schranke stehn!« Das ist kein seinen Trieben ausgeliefertes Geschöpf, das ist eine von ihrer Mission erfüllte junge Frau, die vom Gericht als »Närrin, jüngst der Nabelschnur entlaufen«, zur Ordnung gerufen wird. Nachdrücklich aufgefordert, Auskunft darüber zu geben, warum sie dem Grafen überallhin folgt, reagiert sie, als handle es sich um ein Geheimnis; auf Knien bittet sie darum, es nicht preisgeben zu müssen. Der Graf aber, der seine Richter kennt und weiß, daß ihm Ehrenrühriges unterstellt wird, verhört das Käthchen auf eine so infame und grausame Weise, daß der Zuschauer von diesem Ritter einen weitaus schlechteren Eindruck bekommt, als er ihn auf das verliebte Mädchen macht. Er versucht, aus ihr herauszulocken, was sie in ihrer Unschuld zunächst gar nicht einordnen kann. Damals, am Ufer des Rheins, wo das Heer ausruhte und er sie zu seinen Füßen schlafend fand, was da geschehen sei? »Ich aber nahm dich bei der Hand«. Käthchen: »Du hast mich niemals bei der Hand genommen.« Sie verbessert sich – doch, einmal, bei der ersten Begegnung in der Werkstatt ihres Vaters. Er läßt nicht locker: Er habe sie doch berührt? Am Kinn habe er sie einmal angefaßt, erinnert sie sich, als sie weinte, weil er sie fortschicken wollte. Der Graf besteht darauf, sie hin und wieder im Stall besucht zu haben. Endlich versteht sie: »Du hast mich niemals in dem Stall besucht, / Und noch viel wen'ger rührtest du mich an.«

Sie lügt. Wir glauben ihm nicht, als er ihr diesen Vorwurf macht, denn jemand wie Käthchen lügt nicht; nicht wirklich – sie hat den unangenehmen Vorfall vergessen; verdrängt, würde man heute sagen. Sie weint. Die Richter haben Mitleid mit ihr: »Ihr sollt das Kind befragen, ist die Meinung, / Nicht mit barbarischem Triumph verhöhnen.« Der Herr Graf regt sich sehr auf; nicht er ist schuld, sondern das Gericht, wenn er das Kind mit Fragen quält. Er fordert Käthchen auf, vor ihm niederzuknien und ihm ins Gesicht zu sagen, was an jenem fünf Tage zurückliegenden Abend, im Stall des Schlosses, wohin das Heer nach siegreichem Feldzug zurückgekehrt war, geschehen sei: »Heraus damit! Was stockst du? / Ich nahm, und herzte dich, und küßte dich, / Und schlug den Arm dir –?« Nein. Es war ganz anders. »Du stießest mich mit Füßen von dir.« – »Mit Füßen? Nein. Das tu ich keinem Hund.« Dem Käthchen aber doch. Vater Theobald, den Strahl endlich hatte benachrichtigen lassen, war an jenem Tag gekommen, um sie zu holen, und fand eine Tochter vor, die ihm den Rücken wandte und den Grafen bat, sie vor ihm zu beschützen. Das brachte Strahl so gegen sie auf, daß er sich berechtigt fühlte, sie zu bestrafen. Auch Käthchen ist nicht nur gut und rein, sondern ihrerseits sehr grausam gegenüber ihrem Vater.

Sie wird vom Grafen gezwungen, dem Gericht von einer eigentlich ungeheuerlichen Demütigung zu berichten. »Als du die Peitsche, flammenden Gesichts, / Herab vom Riegel nahmst, ging ich hinaus«. Wetter vom Strahl schämt sich nicht im geringsten dieser brutalen Geste. Und Käthchen ließ sich auch keineswegs verjagen. Vor dem Schloßtor, an der Mauer, unter Holunderbüschen hauste sie drei Tage, dann schickte der Graf ihr den Gottschalk zu weiteren Verhandlungen. Das hört sich wie ein Spiel an – in dem das Käthchen keine schlechten Karten hat. Ihr Trumpf ist ihr Vertrauen. Daß Strahl sie schlecht behandelt, entspricht, so würde sie es wahrscheinlich ausdrükken, wenn sie Worte dafür hätte, nicht seinen innersten Wünschen. Wir erfahren es im nächsten Akt, als der Graf nach seinem Freispruch durch das Femegericht im Wald freigelassen wird und sich allein findet. *»Er wirft sich auf den Boden nieder und weint«*, lautet die Regieanweisung. Er ist verliebt. »O du – – – wie nenn ich dich? Käthchen, Mädchen, Käthchen! Warum kann ich dich nicht mein nennen? Warum kann ich dich nicht aufheben, und in das duftende Himmelbett tragen, das mir die Mutter, daheim im Prunkgemach, aufgerichtet hat?« Ganz einfach: weil sie nicht von Adel ist. Er kann sie nicht heiraten, denn er ist der Ahnengalerie verpflichtet, den »grauen, bärtigen Alten« in ihren »goldnen Rahmen«. Schließlich wurde ihm eine Kaisertochter in Aussicht gestellt. Dennoch – wird er jemals eine Frau treffen, »von jeder frommen Tugend strahlender, makelloser an Leib und Seele, mit jedem Liebreiz geschmückter, als sie«? Die richtige Frau, um »ein Geschlecht von Königen« zu zeugen? Der Graf denkt in der Tradition seines Standes, aber er fühlt »modern«, er ist ein Geschöpf der Romantik, deren

Geist in diesem »großen historischen Ritterschauspiel« von allen Stücken Kleists am stärksten zu spüren ist. Es ist ganz und gar in Natur eingebettet, Höhlen, Grotten, Wald, Gebirge sind als Handlungsorte angegeben, den Bäumen, den Gräsern, der Quelle, den Felsen trägt Strahl seine Gefühle vor – »Empfindung« als Naturereignis. Man könnte das Käthchen, wäre es nicht noch so viel mehr, auch als Verkörperung eines vollkommen natürlichen Geschöpfes ansehen, das nur seinen Gefühlen folgt und daraus seine Lebenssicherheit bezieht. Kleist stellt freilich keine konzeptionellen Figuren auf die Bühne. Alle von ihm geschaffenen Frauen sind auf ihre Weise groß in der Liebe: Eve im »Zerbrochnen Krug«, die ihren Ruprecht schützt; Alkmene im »Amphitryon«, die ihrer Liebe treu bleibt, auch wenn sie mit dem Doppelgänger ihres Mannes schläft; Penthesilea, die Achill lieber aufißt, als daß sie ihn aufgibt. Ihr steht das Käthchen am nächsten. Kleist hat sie gegenüber Marie von Kleist als komplementäre Figuren bezeichnet; das Käthchen sei »die Kehrseite der Penthesilea, ihr andrer Pol, ein Wesen, das ebenso mächtig ist durch gänzliche Hingebung, als jene durch Handeln«.

Was Käthchen Macht über den Grafen verleiht, ist ihr grenzenloses Vertrauen. Ihre Hingabe besänftigt seinen Machtinstinkt; ein hübsches Kleistsches Paradoxon: Machtverzicht macht mächtig. Kleists Machtbegriff enthält das Gewaltmonopol wie die Macht des Staates oder die Macht Gottes. Die Macht, die der Mann über die Familie hat, der Herr über den Knecht, der Offizier über den Soldaten, ist in Kleists Welt – in der er lebte, die er auf die Bühne stellte – immer auch das Recht auf Gewalt. Wenn sich zwei auch gesellschaftlich ebenbürtige Personen begegnen, wie in der »Penthesilea«, trifft Macht auf Macht, Gewaltbereitschaft auf Gewaltbereitschaft, und die Liebenden, die nicht wissen, wie man sich hingibt, zerfleischen sich statt dessen. Käthchen, durch ihre Geburt, deren Geheimnis erst später enthüllt wird, Strahl ebenbürtig, unterläuft mit ihrer Gefügigkeit seine latente Gewalttätigkeit. Zur Peitsche greift er, weil er sie irrtümlich für eine Angehörige der dienenden Klasse hält, die sich erfrecht, seine Nähe zu suchen. Es bleibt ihr aber nichts anderes übrig, sie kann nicht in der Werkstatt ihres Vaters darauf warten, daß er wiederkommt; das wäre wohl vergeblich. Also riskiert sie alles, sie fällt ihm gleichzeitig zu Füßen und auf die Nerven – und sie gewinnt das Spiel. Ihre Hingabe ist der Ausdruck ihres totalen Vertrauens: in Wetter vom Strahl; in den Traum; in das Leben; in Gott. Deswegen kann sie auch nichts erniedrigen; Strahls Roheit, die Verachtung der Welt laufen an ihrer Selbstgewißheit ab wie Wassertropfen an einem Panzer.

Ihre Gegenspielerin hingegen, die intrigante Kunigunde von Thurneck, kennt nur das Machtspiel; die Liebe ist für sie nur Mittel zum Zweck. Graf Wetter vom Strahl wird nach seinem Sieg über den Burggrafen ohne Verzug in die nächste Fehde verwickelt, diesmal mit dem Rheingrafen. Wieder steckt dahinter Kunigunde, die einen Reichsritter nach dem anderen anstiftet, dem Strahl die Landschaft Stauffen abzujagen, bestehend aus drei Städtchen, siebzehn Dörfern und Vorwerken, auf die sie Anspruch erhebt. »Ich glaube, das ganze Reich frißt ihr aus der Hand!« tobt Wetter vom Strahl. Die attraktive Kunigunde weiß in der Tat, wie man mit den Männern umgeht. Sie verlobt sich jeweils mit dem, der sich für ihre Rechte zu schlagen bereit ist, aber wenn er verliert, wie der Burggraf, findet er sich sogleich abserviert. Kunigunde begegnet uns einen Auftritt später, allerdings nicht, wie wir erwarten würden, in ihrer Herrlichkeit hoch zu Roß, sondern gefesselt und geknebelt bei Blitz und Donner im Gebirge. Der wütende Burggraf hat sie entführt, er kennt sie wohl näher, denn er vermutet, sie stelle sich tot, »um ihre falschen Zähne nicht zu verlieren«. Rächen will er sich an ihr, sie bloßstellen vor aller Welt. »Ich liebte sie, und sie war dessen nicht wert.« Vorläufig suchen Entführer und Entführte Unterschlupf in einer Köhlerhütte. Kunigunde wäre nicht sie selbst, wenn sie sich nicht bei der ersten passenden Gelegenheit aus der unangenehmen Lage zu befreien verstünde.

Der Retter naht in Gestalt des Grafen vom Strahl, der in der gleichen Hütte Obdach sucht, das mißhandelte Fräulein, das heftig wimmert und blinzelt, befreien läßt und, nachdem er den Burggrafen niedergeschlagen hat, erstaunt die Identität der Dame zur Kenntnis nimmt.

Er lädt seine Erzfeindin auf sein Schloß ein, wo sie vorläufig einen so guten Eindruck macht, daß das Personal ihr das Familiengeheimnis anvertraut: Wetter vom Strahls Traum von der ihm bestimmten kaiserlichen Braut. Sie stamme tatsächlich von einem Kaiser ab, zwar nicht von dem herrschenden, aber von einem früheren, sagt Kunigunde; und damit ist eigentlich alles klar. Sie ergreift die Gunst der Stunde und bietet dem Grafen, als Dank für ihre Rettung, die Papiere an, die ihren Anspruch auf Stauffen belegen sollen. Der möchte diese eigentlich lieber bei dem dafür zuständigen Reichsgericht in Wetzlar prüfen lassen, doch Kunigunde zerreißt sie vor seinen Augen. Dann spielt sie auf der Klaviatur der Liebe, spricht von entflammten Gefühlen: »Ich *will*, die Scheidewand *soll* niedersinken, / Die zwischen mir und meinem Retter steht! / Ich will mein ganzes Leben ungestört, / Durchatmen, ihn zu preisen, ihn zu lieben.« Der Einsatz lohnt sich. Er will sie auf der Stelle heiraten. Zur Verlobung wird er ihr Stauffen zum Geschenk machen.

Derweil ist Käthchen mit dem Vater im Wald unterwegs, einem sehr romantischen Wald mit bemoosten Steinen, einem Kreuzweg mit einem Marienbild, einem Specht, der in den Eichen pickt. Sie hat dem Grafen versprochen, nach Heilbronn zurückzukehren, ist aber entschlossen, statt dessen in ein Ursulinerinnen-Kloster zu gehen. Das tut ihrem Vater so leid, daß er ihr anbietet, sie zur Strahlburg zurückzubringen und sie in ihrem Quartier unter dem Holunderstrauch mit allem Notwendigen zu versorgen. Käthchen, endlich eine gute Tochter, lehnt das Angebot ab. Schließlich klopfen sie an das Tor einer Einsiedelei, wo Käthchen einen Anlaß findet, sich ihrem geliebten Grafen wieder zu nähern. Zufällig fällt ihr ein Dokument in die Hände, aus dem hervorgeht, daß der enttäuschte vorletzte Verlobte der treulosen Kunigunde, der Rheingraf, ausgezogen ist, um sich an ihr zu rächen. Ein Verräter auf ihrer Burg Thurneck soll den Feinden heimlich ein Tor öffnen. Dort hält sich zur Zeit auch Wetter vom Strahl auf, dessen Verlobung mit Kunigunde inzwischen offiziell ist. Käthchen macht sich unverzüglich auf den Weg, um den Mann ihres Lebens zu retten.

Nichts könnte den Grafen mehr überraschen, nichts ihn heftiger ärgern als Käthchens Erscheinen in diesem Moment, an diesem Ort. »Schmeißt sie hinaus. Ich will nichts von ihr wissen.« Sein Zornesausbruch übersteigt jedes zivilisierte Maß. Den Brief will er nicht zur Kenntnis nehmen, sie soll ihn unten im Vorsaal abgeben. »Die Peitsche her! An welchem Nagel hängt sie? / Ich will doch sehn, ob ich, vor losen Mädchen, / In meinem Haus nicht Ruh mir kann verschaffen.« Der alte Diener Gottschalk greift ein, er liest den Brief, teilt Strahl den Inhalt mit: Um Mitternacht Schlag zwölf soll der Überfall des Rheingrafen stattfinden. Käthchen bestätigt, daß der Wald rund um die Burg vor feindlichen Reisigen nur so wimmelt. Plötzlich nimmt der Graf sie ernst. »Wie stark fandst du den Kriegstroß, Katharina?« – »Auf sechzig Mann, mein hoher Herr, bis siebzig.« Der Offizier Wetter vom Strahl fragt sie wie einen Kundschafter aus. Käthchen beherrscht den militärischen Jargon erstaunlich gut. Der Graf ist mit ihr zufrieden. Er entdeckt die von ihm angeforderte Peitsche auf dem Tisch: »Was macht die Peitsche hier?« Wütend wirft er sie durchs geschlossene Fenster, daß die Scheiben klirren: »Hab ich hier Hunde, die zu schmeißen sind?« Er weiß wohl auch nicht immer, was er tut.

Die Gegenwehr kommt zu spät. Schon ist der Rheingraf im Schloß, das an allen Ecken und Enden angezündet wird. Käthchen spielt jetzt den Adjutanten, sie bringt Strahl seine Waffen. »Du dringst dich schon wieder auf?« rügt er sie. Die Damen sammeln sich im Schloßhof, die alten Tanten von Thurneck, Käthchen, Kunigunde. Diese vermißt etwas – das Porträt Friedrichs samt Futteral. Käthchen bietet sich an, es zu holen. Strahl versucht, das zu verhindern, doch Kunigunde besteht energisch darauf, der Graf gibt nach, und Käthchen stürzt sich in das brennende Gebäude. Kunigunde hat falsche Angaben gemacht, was die Stelle betrifft, wo der Schlüssel zum Schreibtisch hängt. Käthchen fragt, von Rauch und Flammen umgeben, am Fenster nach. »Such!« befiehlt der Graf. »Such!« Er könnte auch rufen: »Rette dich!« Statt dessen verflucht er »die hündische Dienstfertigkeit« – wessen? Käthchens? Oder seine eigene? Viel zu spät fällt ihm ein, daß sie in Lebensgefahr ist, er verlangt eine Leiter, doch als sie aufgestellt ist, bricht das Gebäude zusammen. Und nun geschieht, was der Untertitel des Stückes besagt: »Das Käthchen von Heilbronn oder die Feuerprobe«. Ein Cherub begleitet Käthchen aus der Ruine; sie ist unversehrt und trägt eine Papierrolle in der Hand. Ihr Vertrauen gibt ihr sogar Macht über die himmlischen Heerscharen.

Kunigunde ist die erste, die bemerkt, daß die Rivalin überlebt hat. Freilich hat sie nur die Leinwand mit dem Porträt in der Hand, nicht das Futteral, auf das es Kunigunde doch ankam; wir werden später erfahren, weshalb: Es enthält das Verlobungsgeschenk des Grafen, die Schenkungspapiere von Stauffen. Die Handlung führt uns zurück zum Schloß Wetterstrahl. Ein baumbewachsener Platz an der Mauer: »*Vorn ein Holunderstrauch, der eine Art von natürlicher Laube bildet, worunter von Feldsteinen, mit einer Strohmatte bedeckt, ein Sitz. An den Zweigen sieht man ein Hemdchen und ein Paar Strümpfe usw. zum Trocknen aufgehängt.*« Hier schläft Käthchen, belauscht vom Grafen vom Strahl. Er hat erfahren, daß sie im Schlaf spricht, und will ihr nun die Fragen stellen, die sie, wenn sie wach ist, immer mit derselben Formel beantwortet: »Ihr wißt's ja!« Der Anschlag gelingt, sie plaudert den prophetischen Traum in allen Einzelheiten aus. Da erinnert er sich an seinen eigenen Silvestertraum, überprüft ihn Punkt für Punkt – das gleiche Geschehen am gleichen Ort, in Käthchens Schlafkammer. Der Graf ist erschüttert: »Nun steht mir bei, ihr Götter: ich bin doppelt! / Ein Geist bin ich und wandele zur Nacht!«

Jedenfalls darf das obdachlose Käthchen ab sofort auf der

Strahlburg wohnen. Bevor sich herausstellt, daß sie die Frucht eines Seitensprungs des derzeitigen Kaisers mit der verstorbenen Frau des Waffenschmieds ist – ein Sachverhalt, von dem wir nicht erfahren, welchen Eindruck er auf den guten Theobald macht –, überlebt sie noch einen Mordanschlag der bösen Kunigunde, die von ihr in einer Grotte beim Baden überrascht wurde. Die Dame zählt zur Familie der Hexen, die sich nach Belieben in schöne Frauen verwandeln können, allerdings sind ihre Mittel im aufgeklärten 19. Jahrhundert erdgebunden: »Ihre Zähne gehören einem Mädchen aus München, ihre Haare sind aus Frankreich verschrieben, ihrer Wangen Gesundheit kommt aus den Bergwerken in Ungarn, und den Wuchs, den ihr an ihr bewundert, hat sie einem Hemde zu danken, das ihr der Schmidt, aus schwedischem Eisen, verfertigt hat.« Da Käthchen ihr Geheimnis entdeckt hat, soll sie vergiftet werden, doch der Koch von Burg Wetterstrahl macht bei dem Komplott nicht mit. Um die Angelegenheit vollends zu klären, tritt der Graf zu unpassender Zeit in Kunigundes Schlafzimmer und entdeckt den Betrug, läßt die zusammengestückelte Braut darüber jedoch im unklaren.

Friedrich Graf Wetter vom Strahl wäre nicht er selbst, würde er die Gelegenheit verpassen, das leidgeprüfte Käthchen noch einmal auf die Folter zu spannen und die falsche Kunigunde dazu, die sich immer noch Hoffnungen macht. Die Räte des Kaisers, aus denen das Femegericht bestand, treten, diesmal unmaskiert, in der bekannten Höhle zusammen, um die uneheliche Tochter ihres Dienstherrn in seinem Auftrag zu legitimieren, wodurch sie für einen Adligen mariabel wird. Die Hochzeit – mit Kunigunde! – ist auf den nächsten Tag angesetzt. Der Graf bittet Käthchen, ein besonders schönes Kleid anzuziehen, das seine Mutter für sie zurechtlegen wird. Sie weint ein bißchen, aber sie gehorcht. Abgrundtief ist die Überraschung der triumphierenden Kunigunde, als der Herold den Namen der Braut bekanntgibt: Katharina, Prinzessin von Schwaben. »Ist dieser Mann besessen?« fragt sie ihre Zofe. Käthchen ahnt immer noch nichts. Sie sei die Braut, wird ihr mitgeteilt. »Wessen?« fragt sie. »Dessen, den dir der Cherub geworben«, antwortet der höchstpersönlich anwesende Kaiser, ihr leiblicher Vater. Dreimal wird sie gefragt, ob sie den Grafen vom Strahl heiraten wolle. Sie antwortet nicht, sondern sinkt ihrer zukünftigen Schwiegermutter in die Arme. Die Ohnmachten, in die Kleist seine Figuren fallen läßt, haben immer etwas Zweideutiges. Ist sie nun glücklich oder nicht? Der Kirchgang wird dadurch nicht verzögert. Kunigunde geifert »Pest, Tod und Rache!« und rauscht vom Platz. »Giftmischerin!« ruft der Graf ihr hinterher. – Ende.

»Das Käthchen von Heilbronn oder die Feuerprobe« ist das einzige von Kleists Dramen, dessen Uraufführung er erlebte – weit weg vom französisch besetzten Preußen: im März 1810 im Theater an der Wien. Es wurde dreimal gegeben und von den Bühnen in Graz (Dezember 1810) und Bamberg (September 1811) nachgespielt. Die Fassung war offenbar verstümmelt, die politische Zensur sorgte zum Beispiel in Wien dafür, daß aus dem Kaiser ein Herzog von Schwaben wurde. Die Kritik nahm das Stück zwiespältig auf, das Publikum aber scheint es geliebt zu haben. Jedenfalls war es lange Zeit Kleists populärstes Bühnenstück. Achim von Arnim, der Zeitgenosse Heinrich von Kleists, hat es 1825 in Berlin in einer unzulänglichen Aufführung im Brühlschen Theater gesehen und darüber getrauert, daß diese große Begabung Kleist, »kalt abkritisiert«, hat untergehen müssen. »Hätte er auch nur eine so verdrehte Aufführung des Stücks in Berlin erlangen können, ich glaube, er lebte noch.«[10]

Die Hermannsschlacht

Verbrannte Erde. Totaler Krieg

»Gebe uns der Himmel nur Frieden, um die Zeit, die wir hier so unmoralisch töten, mit menschenfreundlicheren Taten bezahlen zu können!«[11], hatte der 17jährige Heinrich von Kleist 1795 aus dem Rheinfeldzug an seine Schwester Ulrike geschrieben. Der Dreißigjährige verfaßt ein Stück, das zum Vernichtungskrieg aufruft und alle Regeln der Humanität mit Füßen tritt. Daß der Krieg – das Chaos, dem keine menschliche Ordnung standhalten kann – die Menschen deformiert, ist die implizite Botschaft aller seiner Dramen. »Die Hermannsschlacht«, ein Agitationsstück gegen die französische Besatzungsmacht, das Haß und blutige Rache predigt, wäre keiner Zeile wert, enthielte es nicht, wie alles, was Kleist schrieb, die ganze Wahrheit. Kleist hat darin nicht nur die Perversion des deutschen Nationalgefühls im 19. und 20. Jahrhundert vorweggenommen; er hat auch die Wurzeln seiner eigenen Misanthropie freigelegt. Woher rührt der menschenverachtende Haß, mit dem er so viele seiner Figuren ausgestattet hat? In der »Hermannsschlacht« findet man die Antwort.

Kleist reagierte auf die Zeitläufe. Sein ganzes Erwachsenenleben hat sich im Zeichen der Kriege abgespielt, mit denen Frankreich den Kontinent überzog. Die europäischen Königreiche und Fürstentümer hatten Napoleons Truppen nichts entgegenzusetzen. 1806 war Preußen an der Reihe. Die Niederlage der sieggewohnten preußischen Armee bei Jena und Auerstedt war ein Schock für das alte Europa. Im Oktober zog Napoleon in Berlin ein. König Friedrich Wilhelm III., der sich von seiner

Residenz Königsberg aus mit russischer Hilfe gegen die Franzosen zu behaupten versucht hatte, wurde 1807 zum zweitenmal besiegt und verlor im Frieden von Tilsit fast die Hälfte des Staatsgebietes. Das konnte einen Traditionspreußen und ehemaligen Offizier wie Heinrich von Kleist nicht kaltlassen. »Die Hermannsschlacht« hat er offenbar Mitte 1808 in Dresden zu schreiben begonnen, wo er die Möglichkeit, als Mitherausgeber der Zeitschrift »Phöbus« seine eigenen Werke zu veröffentlichen, nutzte, um sich als freier Schriftsteller einen Namen zu machen. Dresden war gleichzeitig ein Ort vielfältiger Konspiration gegen die Franzosen, in die Kleist nachweislich verwickelt war. Als die Nachrichten über die antinapoleonischen Erhebungen in Spanien nach Deutschland drangen, war das Wasser auf die Mühlen der Napoleon-Gegner. In diesem Kontext entstand das Stück, das in Kleists eigenen Worten »einzig und allein auf diesen Augenblick berechnet war«[12]. Es handelt sich um Agitationsliteratur, die keinen anderen Zweck hat, als die negativen Gefühle gegen die Eroberer aufzuputschen und Handlungsimpulse zu geben. Kleist hat Grausamkeit immer wieder zum Thema gemacht, doch besteht ein entscheidender Unterschied darin, ob man sie als einen unleugbaren Bestandteil der Realität zeigt – oder ob man sie als erlaubtes Mittel in einem »gerechten Krieg« geradezu empfiehlt. Das tut »Die Hermannsschlacht«.

Den Stoff entnimmt Kleist wenn nicht direkt den Annalen des Tacitus, dann der im 18. Jahrhundert in Deutschland weitverbreiteten Arminius-Literatur. Hermann der Cherusker, der im Jahre 9 den römischen Feldherrn Varus mit seinen Legionen in den sumpfigen Teutoburger Wald lockte und dort vernichtete, interessierte Kleist nur als Vorbild-Figur für den Widerstand gegen Fremdherrschaft, die historischen Fakten sind ihm gleichgültig. Er jongliert mit Stammes-, Siedlungs-, Fürstennamen; der Markomannenherzog Marbod zum Beispiel, den er als Anführer der Sueven zum Hauptverbündeten des Cheruskers macht, hat an der Schlacht im Teutoburger Wald überhaupt nicht teilgenommen. »Deutschland« war mit Sicherheit keine

Parole, auf die sich wandernde Germanenstämme verständigt hätten. Alle diese Katten, Sicambrier, Marsen, Brukterer, Cimbern, Nervier, Ubier, die Hermann für den Kampf gegen die Römer zu gewinnen versucht, reden wie mehr oder weniger national gesinnte Deutsche von 1808. Sie stehen für die deutschen Fürstentümer und Königreiche, die sich entweder Napoleon freiwillig unterworfen haben oder von ihm besiegt worden sind. So wurde das Stück von den Zeitgenossen auch gelesen – als eine Abrechnung mit der Uneinigkeit der deutschen Länder in der Frage der nationalen Verteidigung.

In einer »*Gegend im Wald, mit einer Jagdhütte*«, wirft sich ein Mann namens Wolf auf die Erde und klagt, daß die Römer bei ihrem Unternehmen, »uns Deutsche in den Staub« zu treten, auf so gar keinen Widerstand träfen – sogar Hermann, der »letzte Pfeiler« Germaniens, habe nichts Wichtigeres zu tun, als Jagden auf Hirsch und Ur zu veranstalten, noch dazu in Begleitung eines jungen römischen Delegierten, Ventidius, der seiner Gattin ziemlich unverfroren den Hof macht. Diese blondlockige Cheruskerfürstin trägt einen Namen, den sie verdient: Thusnelda, vom liebenden Gatten zu Thuschen verniedlicht, ist nach Kleists eigenen Worten »ein wenig einfältig und eitel, wie heute die Mädchen sind, denen die Franzosen imponieren«[13].

Französisch und römisch sind hier Synonyme. Dieser Ventidius ist ein Schlingel. Unter dem Vorwand schmachtender Verehrung gelingt es ihm, der Thusnelda, während sie auf der Harfe spielt und ein Lied dazu singt – eine der »germanischen« Bilderfindungen Kleists, die den Kitsch nicht nur streifen –, heimlich eine Locke abzuschneiden, mit der er Schlimmes vorhat. Seine Pläne sind nicht weniger heimtückisch als die seines Dienstherrn, des Kaisers Augustus, der den Feldherrn Varus beauftragt hat, mit List und schnellem Zugriff das Cheruskerland an sich zu bringen. Rom wendet dazu ein bewährtes (auch von Napoleon virtuos gebrauchtes) Verfahren an: Hermann wird ein Bündnis gegen die Sueven jenseits der Weser angeboten; gleichzeitig ergeht an deren Anführer Marbod ein

Angebot zu einem gemeinsamen Waffengang gegen Hermann. Divide et impera, teile und herrsche. Beiden Stammesfürsten verspricht Rom als Preis die Alleinherrschaft über »Deutschland«.

Hermann geht scheinbar darauf ein, dreht aber den Spieß heimlich um. Er schlägt dem Suevenführer vor, mit den Cheruskern zusammen gegen die Armee des Varus zu kämpfen. Als Gewähr dafür, daß er es ehrlich meint, schickt er Marbod seine beiden Söhne als Geiseln. Der Sueve akzeptiert das Angebot. Als guter »Deutscher« ist er leicht davon zu überzeugen, daß dies das Gebot der Stunde sei. Da sich fast alle Germanenhäuptlinge, die von den Römern gekauften und die von ihnen unterjochten, im Grunde einig sind, ist die Verschwörung schnell in Gang gebracht. Bevor Hermann sein Thuschen in den großen Plan einweiht, muß er ihr noch den charmanten Ventidius ausreden. »Ich glaub, du bildst dir ein, Ventidius liebt dich?« Sie ist zu eitel, um daran zu zweifeln. Hermann: »So, was ein Deutscher lieben nennt, / Mit Ehrfurcht und mit Sehnsucht, wie ich dich?« Später wird von der deutschen Ehrlichkeit die Rede sein, auf die sich Varus zu seinem Unglück verläßt. Das eigentliche Thema aber ist der deutsche Haß. Was den Ventidius betrifft, äußert Hermann die Vermutung, daß der Römer Thusneldas Locke gestohlen habe, um sie als Warenprobe nach Rom zu schicken. Die Römer brächen ihrer weiblichen Kriegsbeute die Zähne aus und scherten ihr die Haare ab, damit die römischen Damen sich damit schmücken könnten. Thusnelda weist das als ein Greuelmärchen zurück.

Varus mit seinen Legionen hat die Grenze zum Cheruskerland überschritten. Ihnen voraus eilen Gerüchte von Übergriffen, Siedlungen seien geplündert und verbrannt, heilige germanische Eichen gefällt worden. Doch die Römer, die in der »Hermannsschlacht« auftreten, sind keine Barbaren, sondern vollendet höflich und zuvorkommend, ganz als hätten sie »französische Manieren«. Schon steht der Feldherr Varus mit seinen Gefolgsleuten persönlich vor Hermanns Zelt, entschuldigt sich für die »Unordnungen« am Rande des Feldzugs, überreicht Thusnelda kostbaren Schmuck, den der Kaiser Augustus ihr senden läßt, nimmt dann aber doch den Ventidius beiseite und fragt ihn, ob dem Hermann denn zu trauen sei? Durchaus, sagt der, denn: »Er ist ein Deutscher!« Einem Hammel, der am Tiber grase, sei mehr Lug und Trug zuzutrauen als dem ganzen deutschen Volk.

Ventidius irrt sich. Hermann hat vor, Heimtücke mit Heimtücke zu vergelten, Vertragsbruch mit Vertragsbruch. Er weiß, daß die römische Armee den Germanenhorden militärtechnisch hoch überlegen ist. Das hält er auch seinen Häuptlingen vor: »An eines Haufens Spitze, / Zusammen aus den Waldungen gelaufen«, seien sie der gegliederten, disziplinierten Kohorte nicht gewachsen. In einer Feldschlacht würden die Römer »die ganze Kunst des Kriegs« entfalten und die Germanen mit Sicherheit schlagen. Nur ein Volksaufstand habe gegen diesen Gegner eine Chance: »Einen Krieg [...] will ich / Entflammen, der in Deutschland rasselnd, / Gleich einem dürren Walde, um sich greifen, / Und auf zum Himmel lodernd schlagen soll!«

Römische Legionen in ein sumpfiges Waldgebiet zu locken und unter Ausnutzung der eigenen Geländekenntnis zu vernichten ist eine Kriegslist, aber kein Volksaufstand. Kleist setzt diesen Anachronismus bewußt ein, denn die Schlacht im Teutoburger Wald ist für ihn nur ein Symbol. Der Preuße und Patriot, der die Befreiung seines Landes nicht mehr erleben wird, beschäftigt sich bis zu seinem Selbstmord mit der Frage, mit welcher Strategie eine moderne, leistungsfähige Armee wie die Napoleons militärisch zu schlagen sei. Unter dem Eindruck des spanischen Aufstands setzt er auf den Guerillakrieg, der damals auch von anderen prominenten Preußen, wie dem Freiherrn vom Stein, Scharnhorst, Gneisenau, als strategisches Modell diskutiert worden ist. Kleist verfällt in seinem Propagandadrama einer Vernichtungshysterie, die den »totalen Krieg« der Nationalsozialisten vorwegnimmt. Die Forderung nach einer

Taktik der »verbrannten Erde« erhebt Hermann gleich in seiner ersten Unterredung mit »mißvergnügten« Germanenfürsten, von denen er verlangt, daß sie zur Vorbereitung des Freiheitskrieges »die eignen Flure [...] verheeren«, »die Herden töten«, die »Plätze niederbrennen« – also alles zerstören, was sie eigentlich verteidigen wollen. Deutschland ist für Hermann kein Territorium, sondern ein Zustand: Freiheit. Das unterscheidet Kleists aufständische Germanen von den Nationalsozialisten, denen es um Eroberung ging. Doch spielt es, was die Folgen betrifft, keine Rolle, wie »edel« die Motivation derjenigen ist, die ihrer Vernichtungswut freien Lauf lassen.

Zum Volkskrieg gehört die Entfesselung des Volkszorns, der sich nicht immer spontan entzündet, wenn die Untergrundkämpfer ihn brauchen. Zu diesem Zweck wurde die Greuelpropaganda erfunden. Hermann der Cherusker, blond und blauäugig und trotzdem »falsch wie ein Punier«, heizt die Stimmung durch Falschmeldungen und den Einsatz von agents provocateurs an. Sie sollen, »in Römerkleidern [...] vermummt«, als Nachhut des Varus-Heeres »sengen, brennen, plündern«. Ein propagandistisch ausschlachtbarer Vorfall ist die Vergewaltigung einer jungen Frau durch römische Marodeure. Wieder rückt Kleist das Römerbild zurecht, indem er mitteilt, daß die Vergewaltiger von ihrem eigenen Hauptmann auf der Stelle hingerichtet wurden. Der Feind, den Hermann der Vernichtung preisgibt, zieht die Rache nicht durch das Verhalten einzelner auf sich. Das geschändete Mädchen wird von ihren männlichen Verwandten auf offener Bühne erstochen. Hermann weist – ein in der Tat widerwärtiger Einfall – den Vater des Opfers an, es mit dem Schwert in fünfzehn Teile zu zerstückeln. Auf fünfzehn Pferden, mit fünfzehn Boten sollen diese Leichenteile an die fünfzehn Stämme Germaniens geschickt werden. »Der Sturmwind wird, die Waldungen durchsausend, / Empörung! rufen, und die See, / Des Landes Rippen schlagend, Freiheit! brüllen.«

Die Galionsfigur eines von Kleist erträumten Freiheitskampfes ist alles andere als ein positiver Held; insofern kommt auch in diesem Stück der Realitätssinn des Dichters zum Zug. Vermutlich hat er sich Gedanken darüber gemacht, wie ein Mann beschaffen sein müßte, der es mit Napoleon aufnehmen könnte: skrupel- und rücksichtsloser noch als jener. Das Ergebnis schießt übers Ziel hinaus. Hermann ist ein verschlagenes Ungeheuer voll kaltem Haß und tiefer Menschenverachtung. Die Kohorten, die in Teutoburg als Besatzung zurückgeblieben sind, sollen im Morgengrauen niedergemacht werden. Der Cherusker bezeichnet sie als Ungeziefer: »Die ganze Brut, die in den Leib Germaniens / Sich eingefilzt, wie ein Insektenschwarm, / Muß durch das Schwert der Rache jetzo sterben.« Er nimmt, das ist das Beunruhigende an diesem Stück, die Sprache der Massenmörder des 20. Jahrhunderts vorweg. Thusnelda stellt den Gatten zur Rede: »Die Guten mit den Schlechten, rücksichtslos?« – »Was! Die Guten!« antwortet Hermann. »Das sind die Schlechtesten! Der Rache Keil / Soll sie zuerst, vor allen andern, treffen!«

Thusnelda hält ihm vor, daß da auch manch einer dabei sei, dem Hermann zu Dank verpflichtet ist, zum Beispiel ein junger Centurio, der ein Kind aus einem brennenden Gebäude geholt hat. Hermann: »Er sei verflucht, wenn er mir das getan! / Er hat, auf einen Augenblick, / Mein Herz veruntreut, zum Verräter / An Deutschlands großer Sache mich gemacht! / [...] / Ich *will* die höhnische Dämonenbrut nicht lieben! / Solang sie in Germanien trotzt, / Ist Haß mein Amt und meine Tugend Rache!« Weinend bittet Thusnelda Hermann, wenigstens den Ventidius zu schonen. Scheinbar großzügig läßt er sich darauf ein. Sie darf den jungen Mann kurz vor Sonnenaufgang warnen, damit er fliehen kann. Doch vor Hermanns des Cheruskers Hinterlist ist auch die eigene Frau nicht sicher. Bevor er sich *»heiter«* verabschiedet, überreicht er ihr die Locke, die Ventidius ihr abgeschnitten hat. Sie steckte angeblich in einem Brief, der an Kaiserin Livia adressiert war und von Hermanns Leuten abgefangen wurde. Thusnelda, des Lateinischen offenbar mächtig, liest das Begleitschreiben laut vor: »Hier schick ich von dem Haar, das ich dir zugedacht, / Und das sogleich, wenn Hermann sinkt, / Die Schere für dich ernten wird, / Dir eine Probe zu«. Thusneldas Welt ist zerstört. Hermann tröstet sie mit der Aussicht auf »der Rache süße Stunde«.

Das erste Exempel wird an einem wackeren römischen Hauptmann namens Septimius vollzogen, der nicht etwa gesengt und geplündert, sondern die Opfer solcher römischen Übergriffe mit Geld entschädigt hat. Er gibt sich, als er die Lage erkennt, förmlich gefangen, indem er sein Schwert abliefert, muß dann aber hören, daß Hermann seine Hinrichtung anordnet. Septimius protestiert *»mit Würde«*: Er sei ein Kriegsgefangener, den der Sieger zu schonen habe. Hermann verhöhnt ihn: »Sieh da, so wahr ich lebe! / Er hat das Buch vom Cicero gelesen.« Der Cherusker entpuppt sich als ein gebildeter Mann, der Ciceros »De officiis« kennt. Doch so gebildet ist er nicht, daß er anwenden würde, was darin steht. Septimius' Appell an sein Rechtsgefühl weist er zurück. Es stehe dem Legionär nicht zu, von Recht zu reden, denn er sei nach Deutschland gekommen, um »uns zu unterdrücken«. Der Römer haftet für Rom, der Soldat für seinen Kaiser. In kalter Wut befiehlt Hermann, den Gefangenen mit der Keule totzuschlagen. Der Haß, den er predigt, ist nicht nur ein kalkuliertes Mittel zum Zweck eines Volksaufstandes. Er ist von ihm beherrscht; er ist Teil seines Wesens. Wie wird man so?

Thusnelda führt es vor. Ihre erste Reaktion auf Hermanns Eröffnung über den (wirklichen oder gefälschten) Verrat des Ventidius ist ihr moralischer Zusammenbruch: »Verhaßt ist alles, / Die Welt mir, du mir, ich: laß mich allein!« Eine zu welchem Zweck auch immer gestohlene Locke kann die Grausamkeit der Rache, die sie an Ventidius nehmen wird, nicht ausreichend begründen. Es muß die Erkenntnis der abgrundtiefen Brutalität ihres eigenen Mannes sein, die ihr die Welt verleidet. Seine Grausamkeit begründet die ihre. Sie lernt ihre Lektion durch symbiotische Übernahme seiner Gefühle. *»Sie drückt* *einen heißen Kuß auf seine Lippen*«, heißt es in der Regieanweisung. Damit verbunden ist die Bitte, persönlich an Ventidius Rache nehmen zu dürfen. »Du sollst mit mir zufrieden sein«. – »Nun denn, so ist der erste Sieg erfochten!« antwortet Hermann. Er hat Thusnelda da, wo er sie haben will. Sie macht sich zum Werkzeug seines Vernichtungswillens.

Die Art, wie sie sich an dem Lockenräuber rächt, erschien selbst Sympathisanten der von Kleists »Hermannsschlacht« transportierten deutschnationalen Botschaft anstößig. Sie läßt den Ventidius in einen Zwinger locken, wo eine ausgehungerte Bärin ihn zerfleischt. Gleichzeitig steht dieses Bild für den Untergang von Varus' Legionen. Die Schlacht im Teutoburger Wald interessiert den Experten für Schlachtbeschreibungen ausnahmsweise überhaupt nicht. Er läßt sie einfach aus. Die nächste Szene nach dem Bärenzwinger ist der unvermeidliche Hügel, auf dem der Fürst – nicht Hermann, sondern Marod –, umgeben von seinen Feldherren, steht und in die Ferne schaut. Merkwürdigerweise ist er es, der als Sieger ausgerufen wird, weil er früher auf das Römerheer getroffen sei als die Cherusker. Hermann hat statt dessen einen Showdown mit Varus, der sich vergeblich in sein Schwert gestürzt hat; anders als bei Tacitus ist es an einer Rippe abgeprallt und zerbrochen. Er stirbt im Zweikampf – nicht etwa mit Hermann, sondern mit dem Cimbernführer Fust, der die Rache an Varus für sich beansprucht. Auch dies ist eine von Hermanns menschenverachtenden Gesten – er »schenkt« den Feind einem Rivalen.

Nach diesem moralischen Schlammbad wetteifern die Sieger in Edelmut. Hermann der Cherusker hat die Verschwörung angezettelt, Marod der Sueve die Römer besiegt, Fust der Cimber den Varus erledigt – wer ist der eigentliche »Retter von Germanien«? Wer wird König? Beim »nächsten Mondlicht [...], / Wenn die Druiden Wodan opfern«, soll der Rat aller deutschen Fürsten darüber entscheiden. Die Wahl wird wohl auf Hermann fallen, dem schon als »Oberstem der Deutschen« gehuldigt wird. Seine erste Amtshandlung zeigt wiederum, wes Geistes

Kind er ist. Aristan, der einzige der Stammesfürsten, der sich an sein Bündnis mit den Römern gebunden fühlte und sich deswegen an der Teutoburger Schlacht nicht beteiligte, wird als Gefangener vorgeführt. Daß er nicht, wie die anderen, zu Hermann überlief, wird ihm von diesem als Hochverrat angekreidet, obwohl Aristan darauf besteht, als Herrscher eines freien Staates habe er das Recht, Bündnisse zu schließen, mit wem er wolle. Das ist nicht die Freiheit, die Hermann der Cherusker meint. Aristan muß sterben. »Die Hermannsschlacht« endet mit einem Aufruf, Rom zu erobern, »das Raubnest« zu zerstören und »nichts, als eine schwarze Fahne, / Von seinem öden Trümmerhaufen« wehen zu lassen.

Auch dieses Werk, das Kleist so ganz und gar auf seine Zeit zugeschnitten hat, das aber erst 1839 durch das Detmolder Hoftheater in Pyrmont, als Hommage an einen Landsmann, uraufgeführt wurde, erwies sich als ein Vorgriff. Die Aufführungen, die es gab, hatten den deutschnationalen Chauvinismus als Kontext. So wurde »Die Hermannsschlacht« am 18. Oktober 1860, dem Jahrestag der Völkerschlacht von Leipzig, in Breslau angeblich uraufgeführt. 1875 riß das Stück das Publikum des Königlichen Schauspielhauses in Berlin zu außerordentlichen Beifallskundgebungen hin, denn es schien den Sieg über Frankreich und die Reichsgründung vorweggenommen zu haben. Die Nationalsozialisten erkannten sich in Hermanns Zynismus wieder. Im »Dritten Reich« war »Die Hermannsschlacht« Kleists meistgespieltes Stück. Thomas Mann hat auf den Teil Wahrheit darin verwiesen, die Kleist auch in dieser Hinsicht zu einem Propheten der Moderne macht. Entsetzlich sei »der berserkerhafte, gegen ›Rom‹, das ist: gegen Frankreich und Napoleon rasende Nationalismus seiner ›Hermannsschlacht‹, deren blauäugiger Held – und das ist nun wieder sehr realistische, vorm deutschen Charakter eher warnende als ihn idealisierende Psychologie – falscher und tückischer ist als ein Punier«[14].

Prinz Friedrich von Homburg

Initiationsritus Tod

Es ist Nacht, der Mond scheint, es muß sehr warm sein, denn der junge Kavallerist auf der Bank unter der Eiche hat das Hemd tief aufgeknöpft. Konzentriert wie ein Kind, flicht er an einem Kranz aus harten grünen Zweigen. Über ihm erkennt man das Geländer einer Auffahrt, dahinter die Fassade eines Schlosses. Stimmen sind zu hören, einige Personen treten an das Geländer, schauen hinunter in den Garten: Friedrich Wilhelm, Kurfürst von Brandenburg, die Kurfürstin, seine Nichte Natalie von Oranien, Hofdamen, Pagen. Sie sind Graf Hohenzollern gefolgt, der ihnen den Kranz-Bastler als Kuriosität präsentiert. »Mit Fackeln [...] und Lichtern und Laternen« sei überall nach dem Prinzen von Homburg gesucht worden, der seit zehn Uhr abends überfällig ist, dem Zeitpunkt, zu dem die von ihm befehligte Reiterei ins Feld aufbrechen sollte. Der Kurfürst habe es ja nie glauben wollen, daß Homburg mondsüchtig sei – hier habe er den Beweis. »Ruf ihn bei Namen auf, so fällt er nieder.«

Hohenzollern, Vertrauensoffizier des Kurfürsten, benimmt sich wie das verantwortungsbewußte Mitglied eines Aufsichtsrats, das besorgt auf eine Schwachstelle im Betrieb, in diesem Fall in der brandenburgischen Armee, aufmerksam macht. Die Frage ist, wie der oberste Kriegsherr es aufnimmt, daß ein Nachtwandler seine Reiterei führt. Ein Träumer im Heer – das ist der Einbruch des Irrationalen in ein hochrationalisiertes System, dessen Funktionieren davon abhängt, daß Befehle verläßlich ausgeführt werden. Hohenzollern weist die Sorge der

Damen, der junge Mann sei krank, denn auch energisch zurück; es handle sich um »eine bloße Unart seines Geistes«. Auf dem Schlachtfeld gegen die Schweden werde er wieder ganz der alte sein. Mit anderen Worten: Dienstuntauglich werde er dadurch nicht (was sich als Fehleinschätzung herausstellen soll). Eine »bloße Unart« kann man jemandem abgewöhnen.

Hohenzollern steht fest auf dem Boden von Vernunft und herrschender Sitte, wenn er dem Kurfürsten den anstößigen Inhalt von Homburgs Wachtraum mitteilt: Er sei damit beschäftigt, sich, in Vorwegnahme des Ruhmes, den ihm doch nur die Nachwelt zuerkennen könne, einen Lorbeerkranz zu winden. Das will Friedrich Wilhelm sich gern näher ansehen. Die Gruppe steigt hinunter und umringt den Prinzen, der weder auf das Licht der Fackeln noch auf die Stimmen reagiert. »Schade, ewig schade«, spottet Hohenzollern, »daß hier kein Spiegel in der Nähe ist! / Er würd ihm eitel, wie ein Mädchen nahn, / Und sich den Kranz bald so, und wieder so, / Wie eine florne Haube aufprobieren.« Der Stachel sitzt, der Kurfürst will wissen, »wie weit er's treibt«. Er nimmt ihm den Kranz aus der Hand, schlingt seine goldene Halskette um ihn und reicht ihn der Prinzessin. Dieses Bild scheint Homburgs Traumbewußtsein zu erreichen, denn er steht plötzlich auf und streckt die Arme nach ihr aus: »Natalie! Mein Mädchen! Meine Braut!«

»Geschwind! Hinweg!« befiehlt der erschrockene Kurfürst. Zu spät. Homburg spricht ihn mit »Mein Vater!« an, die Kurfürstin mit »meine Mutter!«. Er verfolgt die Zurückweichenden und greift nach dem Kranz, den Natalie nicht losläßt. Von der Hofgesellschaft unbemerkt, behält er etwas in seiner Hand zurück – einen Handschuh. Dem Kurfürsten ist der Vorgang mehr als unheimlich, er beschwört den Nachtwandler wie einen Geist, den er leichtfertig gerufen hat und nun unbedingt wieder loswerden muß: »Ins Nichts mit dir zurück, Herr Prinz von Homburg, / Ins Nichts, ins Nichts!« Homburgs Größenwahn äußert sich nicht als Griff nach den Sternen, sondern nach Natalie. Die verwaiste Prinzessin von Oranien ist, ohne daß sie es ahnt, eine Figur auf dem politischen Schachbrett ihres Onkels. Homburg beschwört, indem er seine Natalie betreffenden Wünsche offenbart und den Kurfürsten in erträumter Vertraulichkeit schon einmal »Vater« nennt, einen ödipalen Konflikt herauf, der den Herrscher reflexhaft wünschen läßt, dieser Mann möge dorthin zurückkehren, wo er hergekommen ist: »ins Nichts«. Denn Homburg, aus der Familie der hessischen Landgrafen, ist zwar als Ziehkind der Kurfürstin am Hof aufgewachsen, aber er ist kein Traditionspreuße, kein Kleist aus einem alten Adelsgeschlecht, das dem Königshaus Generationen von Offizieren zur Verfügung gestellt und deswegen einen Vertrauensvorschuß hat, sondern ein Außenseiter, der sich sein Preußentum erst verdienen muß – auf dem Schlachtfeld.

Kleists Schauspiel »Prinz Friedrich von Homburg« zitiert eine wahre Begebenheit. Der Große Kurfürst Friedrich Wilhelm (1640–1688), unter dem Preußens Aufstieg begann, besiegte in der Schlacht von Fehrbellin 1675 die Schweden. Die Kavallerie wurde von Graf Friedrich von Hessen-Homburg befehligt. Er war damals schon 42 Jahre alt, in zweiter Ehe verheiratet mit einer Nichte des Kurfürsten, Luise von Kurland, ein einbeiniger Veteran mit silberner Prothese, ein temperamentvoller Haudegen, der sich entgegen dem Befehl, nichts zu unternehmen, ins Gefecht stürzte und vom Kurfürsten persönlich herausgehauen werden mußte. Sein Dienstherr verzieh ihm, obwohl er mit seinem Leichtsinn das Schicksal des ganzen Staates aufs Spiel gesetzt hatte, das ja häufig vom Ausgang einer Schlacht abhing. Friedrich Wilhelms Worte sind überliefert: »Wenn ich Euch nach der Strenge der Kriegsgesetze verurteilte, hättet Ihr den Tod verdient; Gott aber bewahre mich davor, daß ich den Glanz eines so glücklichen Tages verdunkle, indem ich das Blut eines Prinzen vergieße«.[15]

Aus dieser Vorlage macht Kleist genau das Gegenteil. Sein Großer Kurfürst ist entschlossen, die Strenge der Kriegsgesetze gegen Homburg anzuwenden. Mit dem historischen Reitergeneral hat dieser im übrigen nicht nur den Namen und den Akt der Insubordination gemeinsam. Der Hesse ist ein ausländischer Söldner im Heer des brandenburgischen Kurfürsten; der historische Homburg war sogar ein Überläufer, der zuvor in schwedischen Diensten gestanden hat. Daß er sich selbst als gleichrangig wahrnimmt, beruht auf seiner Zugehörigkeit zu einem regierenden Fürstenhaus. Die Hierarchie des Adels, seine übernationalen Verflechtungen haben immer noch höhere Priorität als Landesgrenzen, doch dieses junge Preußen, das Kleist im Sinn hat, wenn er von Brandenburg spricht, befindet sich auf dem Weg zum Nationalstaat. Daß Kleists Homburg nicht nur mit seinem »Vetter« Hohenzollern, sondern auch mit dem Kurfürsten entfernt verwandt ist, macht ihn noch nicht zum Preußen. Er ist ein Glücksritter auf der Suche nach Heimat und Familienanschluß – das ist es, was sein Traum verrät.

Hohenzollern ist vom Kurfürsten angewiesen worden, die peinliche Szene zu behandeln, als habe sie nie stattgefunden, und Homburg in die Wirklichkeit zurückzuholen. Das erreicht er, indem er ihn beim Namen ruft. Der Träumer fällt erst einmal um. Weder erinnert er sich, wie er in den Garten von Schloß Fehrbellin gekommen ist, noch was ihm dort zustieß. Stutzig macht ihn nur der Damenhandschuh, den er in der Hand hält. Hohenzollern begreift, daß es sich um Natalies Handschuh handelt, tut aber so, als wüßte er von nichts. Der Prinz wirft ihn weg, hebt ihn wieder auf, und plötzlich ist da doch eine Erinnerung: »Welch einen sonderbaren Traum träumt ich?!« Ein bestimmter Name, der ihm auf der Zunge liegt, fällt ihm nicht ein, und Hohenzollern führt ihn geschwind auf falsche Fährten: Die Platen? Die Ramin? Oder eine andere Hofdame der Kurfürstin? Er deutet auf diese Weise auch an, auf welcher Stufe der Adelshierarchie der Hesse auf Brautschau gehen dürfe. Es stellt sich heraus, daß der Prinz das, was er für einen Traum hält, in allen Einzelheiten im Gedächtnis behalten hat – die Kette des Kurfürsten, den Kranz, den jene Dame hochhob, »als ob sie einen Helden krönen wollte«, die Flucht der Gesellschaft vor ihm her, den Handschuh, den er der »süßen Traumgestalt« vom Arm gestreift habe, bevor sie verschwand. Wem gehört der Handschuh in seiner Hand?

Das Rätsel löst sich für ihn auf eine Weise, die ihn in noch tiefere Verwirrung stürzt. An der Stabsbesprechung, die der Schlacht vorausgeht, nehmen auch die Kurfürstin und Natalie teil. Der Schlachtplan wird den Offizieren in die Feder diktiert. Der Prinz von Homburg ist nicht bei der Sache, er muß zweimal aufgerufen werden. Natalie, im Aufbruch begriffen, sucht ihren Handschuh. Er zieht das nächtliche Fundstück aus seiner Jacke, läßt es mit seinem Taschentuch zu Boden fallen und hebt nur das Taschentuch auf. Der Handschuh wird entdeckt, die Prinzessin identifiziert ihn als ihren eigenen – und der in Homburg tobende innere Aufruhr läßt ihn denjenigen Teil der Befehlsausgabe überhören, der ihn unmittelbar betrifft. Die Ordre lautet ausdrücklich, er dürfe, »wie immer auch die Schlacht sich wenden mag, / Vom Platz nicht, der ihm angewiesen, weichen«. Die Fanfare zum Angriff dürfe er nicht eher blasen lassen, ehe der Kurfürst ihm durch einen Offizier aus seiner Suite den entsprechenden Befehl erteilt habe. »Habt Ihr?« fragt ihn der Feldmarschall. Homburg weiß nicht, wovon die Rede ist. »Ob Ihr geschrieben habt?« – »– Von der Fanfare?« fragt Homburg zurück. Da hilft auch Hohenzollerns kameradschaftliches Soufflieren nichts. Für den Prinzen gibt es etwas, das wichtiger ist als die bevorstehende Schlacht. Er wird kämpfen wie ein Held, aber nicht für das Wohlergehen Brandenburgs, sondern für sein persönliches Glück, das ihm »die Locken schon gestreift«.

Vom unvermeidlichen Hügel aus beobachten Homburgs Reiteroffiziere die Schlacht. Es wird geschossen, vorgerückt, Musketen feuern, Geschütze donnern, das Dorf, in dem der Feind sich verschanzt hat, brennt. Die Beobachter schreien aus vollem Hals: »Schießt! Schießt! Und macht den Schoß der Erde bersten!« Schon bald treten die Schweden den Rückzug an.

Nun wäre es an der Zeit, sich mit der Reiterei auf sie zu stürzen, um ihre Niederlage zu beschleunigen. So sieht es der Prinz von Homburg. Den Befehl, einen Kurier des Kurfürsten abzuwarten, hat er vergessen – schlimmer: Er ist entschlossen, ihn zu ignorieren. Oberst Kottwitz erinnert ihn daran: »Des Herrn Durchlaucht, bei der Parole gestern, / Befahl, daß wir auf Ordre warten sollen.« Der Prinz: »Auf Ordr'! Ei, Kottwitz! [...] / Hast du sie noch vom Herzen nicht empfangen?« Der junge Mann, durchdrungen von sich selbst, setzt auf das Gefühl des Augenblicks. Kottwitz muß sich erst vergewissern, was gemeint ist: »Ordre? [...] / Von meinem Herzen?« Dann begreift er: »Oho! Kömmst du mir so, mein junger Herr? – / Den Gaul, den du dahersprengst, schlepp ich noch / Im Notfall an dem Schwanz des meinen fort! / Marsch, marsch, ihr Herrn! Trompeter, die Fanfare!« Vergeblich erheben die anderen Offiziere Einspruch, einer will Homburg sogar entwaffnen, was dazu führt, daß der ihn gefangennehmen läßt. Der Prinz gibt seine eigene Parole aus: »ein Schurke, / Wer seinem General zur Schlacht nicht folgt!« Sie folgen ihm alle.

Kleist variiert die historische Vorlage. Auch sein Homburg gefährdet den Sieg, weil seine vorpreschende Kavallerie in einen Hinterhalt gerät. Im Kugelhagel bricht außerdem der Schimmel Seiner Durchlaucht, den diese wider jede Vernunft reitet, denn er zieht zwangsläufig das Feuer des Feindes auf sich, vor aller Augen zusammen. Der Anblick versetzt Homburg in einen Zustand der Raserei, er stürmt mit seinen Reitern die Verschanzung der Schweden, die Besatzung wird »auf das Feld zerstreut, vernichtet, / Kanonen, Fahnen, Pauken und Standarten, / Der Schweden ganzes Kriegsgepäck, erbeutet«, nur der Brückenkopf am Flüßchen Rhyn verhindert, daß der Feind mit Mann und Maus niedergemacht wird. Das ist Homburgs Stunde. Die Vaterfigur scheint ausgeschaltet zu sein, der – selbsternannte – Sohn tritt das Erbe an. Der Sieger in der Schlacht von Fehrbellin bietet der Kurfürstin, Natalie von Oranien und ganz Brandenburg seinen Schutz an: »Der Kurfürst wollte, eh das Jahr noch wechselt, / Befreit die Marken sehn; wohlan! ich will der / Vollstrecker solchen letzten Willens sein!« Er macht Natalie auf der Stelle einen Heiratsantrag – und sie nimmt ihn an. Der coup de foudre war offensichtlich wechselseitig. Zwei Fremde tun sich zusammen, um gemeinsam eine Heimat zu finden. Natalie ist Niederländerin und hält sich erst seit kurzem im Feldlager auf. Auch in ihrem Fall ist der Integrationsfaktor die Armee; der Kurfürst hat sie zur Preußin ehrenhalber gemacht, indem er sie zur Chefin eines Dragonerregimentes ernannte.

Als gemeldet wird, der Kurfürst sei am Leben, sein Stallmeister habe den Schimmel geritten und sei an Stelle des Herrschers gefallen, ist Homburgs Reaktion ambivalent: »Dein Wort fällt schwer wie Gold in meine Brust!« In aller Eile holt er die Zustimmung der Kurfürstin zu der Verlobung ein. Dem »Sieger in der Schlacht« werde sie nichts verweigern, sagt sie. Wie gut das klingt. Homburg triumphiert. Zwei Drittel seiner Wunschfamilie gehören ihm schon. Kurfürst, ich komme: »O Cäsar Divus! / Die Leiter setz ich an, an deinen Stern!« – Er ahnt nicht, daß er sein Leben verspielt hat. Der Sieg ist perfekt, der Feldzug ist aus, der Kurfürst befindet sich bereits in Berlin. Die Schweden haben einen Unterhändler geschickt, um die Friedensbedingungen auszuhandeln. Als erstes macht der Kurfürst klar: »Wer immer auch die Reuterei geführt, / Am Tag der Schlacht, und, eh der Obrist Hennings / Des Feindes Brücken hat zerstören können, / Damit ist aufgebrochen, eigenmächtig, / Zur Flucht, bevor ich Ordre gab, ihn zwingend, / Der ist des Todes schuldig, das erklär ich, / Und vor ein Kriegsgericht bestell ich ihn. / – Der Prinz von Homburg hat sie nicht geführt?« Die Frage scheint eine Hoffnung zu enthalten, vor allem aber soll sie wohl klarstellen, daß die Anklage ohne Ansehen der Person erhoben wird. Es findet sich jemand, Oberst Graf Truchß von der Infanterie, der behauptet, der Prinz sei vor Beginn der Schlacht gestürzt und schwer verwundet worden. Mit dem Sturz hatte es seine Richtigkeit, doch blieb Homburg dabei unverletzt. Nun straft er Truchß mit einem großen

Auftritt Lügen. Begleitet von seinen Obristen und Rittmeistern, schleppt er seine wichtigste Kriegsbeute an: die schwedischen Fahnen. Übermütig beantwortet er die Frage des Kurfürsten, ob er die Reiterei geführt habe: »Ich? Allerdings! Mußt du von mir dies hören? / – Hier legt ich den Beweis zu Füßen dir.« Statt ihm zu danken, befiehlt der Kurfürst, ihm den Degen abzunehmen.

Alles ist aus. Wer das nicht glauben kann, ist Homburg. »Träum ich? Wach ich? Leb ich? Bin ich bei Sinnen?« Hohenzollern übermittelt ihm die Staatsräson: Er habe, »wie wir gleich gesagt«, den Befehl verweigert. Homburg wendet ein, es sei nicht zum Schaden der Brandenburger gewesen. Hohenzollern *»stampft mit dem Fuß auf die Erde:* Gleichviel! – Der Satzung soll Gehorsam sein.« Homburg, bitter: »So – so, so, so!« Hohenzollern: »Es wird den Hals nicht kosten.« Dieser Meinung sind die anderen Offiziere auch. Die Wirklichkeitswahrnehmung des Prinzen ist wieder intakt. Er schnallt den Degen ab. Sein Vetter Friedrich, sagt er – und erwähnt damit zum erstenmal, daß er mit dem Kurfürsten verwandt ist –, habe offenbar vor, den Brutus zu spielen (der seine eigenen Söhne dem Staatswohl opferte) und sich, »die schwed'schen Fahnen in dem Vordergrund, / Und auf dem Tisch die märk'schen Kriegsartikel«, als Paragraphenreiter zu beweisen. Von ihm, Homburg, könne er nicht erwarten, daß er ihn »unterm Beil des Henkers« auch noch bewundere. – Darauf wird es letztendlich hinauslaufen. Aber der Weg ist noch weit.

Ein paar Tage Haft, die Vernehmung vor dem Kriegsgericht haben Homburgs Überzeugung, dadurch werde formal dem Recht Genüge getan, doch anschließend werde der Kurfürst ihn begnadigen, nicht anfechten können. Selbst die Verkündung des Todesurteils beeindruckt ihn nicht weiter. Er wisse, äußert er gegenüber Hohenzollern, der ihn im Gefängnis von Fehrbellin besucht, daß er dem Kurfürsten »wert wie ein Sohn« sei. Was habe er denn Schlimmeres getan als »zwei Augenblicke früher, als befohlen, / Die schwed'sche Macht in Staub gelegt«. Er vertraut seinem Vaterbild. Anscheinend hat er die andere, die offizielle Seite des Herrschers bisher nicht wahrgenommen, sondern sich immer bevorzugt gefühlt. Der Fehltritt von Fehrbellin war ja nicht der erste; schon zum drittenmal hat Homburgs Eigenwilligkeit den Schlachtplan des Kurfürsten über den Haufen geworfen. Hohenzollern versucht, Homburg klarzumachen, daß die Lage ernst ist. Statt die Begnadigung auszusprechen, habe der Kurfürst befohlen, ihm das Urteil zur Unterschrift vorzulegen. Gleichzeitig erwähnt der Graf, daß der Schwedenkönig Karl durch seinen Gesandten um die Hand der Prinzessin von Oranien angehalten habe. »Ein Wort, das die Kurfürstin Tante sprach, / Hat aufs empfindlichste den Herrn getroffen; / Man sagt, das Fräulein habe schon gewählt. / Bist du auf keine Weise hier im Spiele?«

Nun geht Homburg ein Licht auf: »jetzt ist mir alles klar; / Es stürzt der Antrag ins Verderben mich«. Er ist zu weit gegangen. In einem Fürstenhaus ist eine Heirat ein hochpolitischer Akt. Sich mit der (Zieh-)Tochter eines Regenten ohne dessen Einwilligung zu verloben ist mehr als Befehlsverweigerung – es ist ein Putsch. Hohenzollern schlägt vor, die Kurfürstin um Hilfe zu bitten. Er sieht den Zusammenhang genauso wie Homburg: »Denn kann der Kurfürst nur mit König Karl, / Um den bewußten Preis, den Frieden schließen, / So sollst du sehn, sein Herz versöhnt sich dir«. Da der Prinz sich frei bewegen darf, begibt er sich auf der Stelle ins Schloß. Die Damen sind keineswegs untätig; er trifft Natalie im Aufbruch. Sie will zum Kurfürsten und ihn um Gnade für Homburg bitten. Der steht plötzlich vor ihr – und ignoriert sie. Er wirft sich vor der Kurfürstin auf die Knie. Alle Selbstgewißheit ist von ihm abgefallen, er ist nur noch ein Häuflein Unglück und Verzweiflung. Auf dem Weg zum Schloß »sah ich das Grab, beim Schein der Fackeln, öffnen, / Das morgen mein Gebein empfangen soll«.

Es irritiert die Kurfürstin, daß dieser junge Mann so ganz und gar die Contenance verliert. »Mein Sohn! Wenn's so des Himmels Wille ist, / Wirst du mit Mut dich und mit Fassung rüsten!« Homburg schert sich nicht um den Eindruck, den er auf andere macht. Er beschwört die Kurfürstin im Namen seiner Mutter, ihrer verstorbenen Freundin, sich beim Kurfürsten für ihn zu verwenden. Das habe sie bereits getan – vergeblich, bedauert sie. Nun kann nur noch der Himmel helfen. Homburg, in seinem Elend, gibt Natalie preis: »Nataliens, das vergiß nicht, ihm zu melden, / Begehr ich gar nicht mehr, in meinem Busen / Ist alle Zärtlichkeit für sie verlöscht.« Die Prinzessin weint. Er versteht – sie sind Liebende –, »du wirst dich nimmer einem andern weihn«. Er empfiehlt ihr, nicht zynisch, sondern trostlos praktisch, ins Kloster zu gehen oder ein Kind zu adoptieren. Natalie ist ihm so verbunden, daß seine Worte sie nicht verletzen können. Sie nimmt ihn bei der Hand und schickt ihn ins Gefängnis zurück. Im Vorbeigehen solle er sich noch einmal in aller Ruhe das Grab ansehen: »Es ist nichts finstrer und um nichts breiter, / Als es dir tausendmal die Schlacht gezeigt! / Inzwischen werd ich, in dem Tod dir treu, / Ein rettend Wort für dich dem Oheim wagen«.

Natalie geht aufs Ganze. Sie hält sich keinen Moment mit Etikette auf, sondern offenbart sich dem Kurfürsten rückhaltlos. »Mein Herz begehrt sein und gesteht es dir« – doch nicht für sich wolle sie Homburg erhalten wissen. »Ich will nur, daß er da sei, lieber Onkel, / Für sich, selbständig, frei und unabhängig, / Wie ein Blume, die mir wohlgefällt«. Ob sie nicht wisse, was er verbrochen habe? Die Prinzessin weiß vor allem, mit wem sie streitet: »Erst, weil er siegt', ihn kränzen, dann enthaupten, / Das fordert die Geschichte nicht von dir; / Das wäre so erhaben, lieber Onkel, / Daß man es fast unmenschlich nennen könnte: / Und Gott schuf noch nichts Milderes, als dich.« Sie appelliert damit an die klassische Herrschertugend der »Milde«, die Gnade vor Recht ergehen läßt. Der Kurfürst flüchtet sich in die Staatsräson. Er sei kein Tyrann, der einen Akt der Willkür durch einen zweiten aufhebe. Ein Gericht habe das Gesetz angewendet. Mit Rücksicht auf die Folgen dürfe er den Urteilsspruch nicht unterdrücken. Folgen für wen? fragt Natalie scharf zurück. Der Kurfürst wird pathetisch: »Ist dir ein Heiligtum ganz unbekannt, / Das in dem Lager, Vaterland sich nennt?« Dies Vaterland, kontert sie, werde an einem Gnadenakt nicht gleich zerbrechen. »Das Kriegsgesetz, das weiß ich wohl, soll herrschen, / Jedoch die lieblichen Gefühle auch.« Die Ausländerin hat ein anderes Verständnis von Gerechtigkeit als der Preuße.

Ist der Kurfürst überzeugt von dem, was er sagt? Der Unfehlbarkeit ihres Gefühls scheint er nichts als hohle Prinzipienreiterei entgegenzusetzen. Als absoluter Herrscher verkörpert er selbst den Staat, den er als Gesetz, Satzung, Kriegsrecht definiert. Das geltende Recht, auf das er verweist, hat er mit eigener geheiligter Person sanktioniert. Er ist nicht bereit, es abzuwerten, indem er es manipuliert. Der gewitzte Taktierer lenkt von sich ab: Ob Homburg auch so denke – daß es gleichgültig sei, ob im Vaterland Willkür oder das Gesetz herrsche? Natalie bricht in Tränen aus: »Der denkt jetzt nichts, als nur dies eine: Rettung! / […] / Der könnte, unter Blitz und Donnerschlag, / Das ganze Reich der Mark versinken sehn, / Daß er nicht fragen würde: was geschieht?« Nun ist der Herrscher wirklich betroffen. Homburg fleht um Gnade? Natalie schildert ihm ohne jede Beschönigung, in welchem Zustand, »verstört und schüchtern, heimlich, ganz unwürdig«, ihr der Prinz begegnet sei. »Ach, was ist Menschengröße, Menschenruhm!« Dies ist der Augenblick der Wahrheit. Der Kurfürst ist *»verwirrt«*, lautet die Regieanweisung. Er ist auf der Stelle bereit, Homburg zu begnadigen, und schreibt ihm in diesem Sinne einen Brief, den Natalie ihm überbringen soll. »Wenn er den Spruch für ungerecht kann halten / Kassier ich die Artikel: er ist frei!«

Natalie ist überglücklich – und spürt doch, daß dies ein Schachzug ist, daß Friedrich Wilhelm einen Hintergedanken hat. So kommt es ihr sehr gelegen, daß Oberst Kottwitz, der Befehlshaber ihres Regiments, das in der Schlacht bei Fehrbellin Homburg unterstellt war, ihr eine von seinen Offizieren unterzeichnete Bittschrift sendet, der mit ihrer eigenen Unterschrift noch mehr Gewicht zu verleihen sie gebeten wird. Auf diese Weise findet sie heraus, daß Kottwitz nach Arnstein, weit weg von Berlin, abkommandiert wurde, eine Maßnahme des Kurfürsten, einer Rebellion vorzubeugen. Natalie riskiert, was jeden anderen Kommandeur den Kopf kosten würde – sie beordert, im Namen des Kurfürsten, vorsichtshalber das Regiment nach Berlin. Die Ordre soll der Kurier Graf Reuß vorläufig im »Portefeuille« behalten und Kottwitz erst übergeben, wenn sie ihn ausdrücklich dazu auffordert.

Dann läßt sie sich ins Gefängnis fahren. Homburg hat ihren Rat, sich sein Grab in Ruhe anzusehen, befolgt und resigniert. »Wer heut sein Haupt noch auf der Schulter trägt, / Hängt es schon morgen zitternd auf den Leib, / Und übermorgen liegt's bei seiner Ferse.« Voll Hoffnung überreicht Natalie dem Delinquenten den Begnadigungsbrief, der nimmt ihn zweifelnd entgegen, öffnet ihn, liest ihn laut vor: »Meint Ihr, ein Unrecht sei Euch widerfahren, / So bitt ich, sagt's mir mit zwei Worten – / Und gleich den Degen schick ich Euch zurück.« Natalie ist erleichtert, doch der Eifer, mit dem sie den Prinzen drängt, schnell die »zwei Worte« zu formulieren, die sie ihm, da er zögert, sogar in die Feder diktieren will, zeigt, daß sie fühlt, was in Homburg vorgeht. »Schreibt, wenn Ihr mich nicht böse machen wollt!« befiehlt sie schließlich. Er läßt sich Zeit. Den angefangenen Brief zerreißt er. Das Schreiben des Kurfürsten will er noch einmal lesen. Natalie: »O Gott der Welt! Jetzt ist's um ihn geschehn!« Homburg, vorwurfsvoll: »Du übersahst die Stelle wohl? / [...] / Mich selber ruft er zur Entscheidung auf!« Natalie gibt nicht auf. Wenn Homburg nicht tue, was von ihm verlangt wird, lasse der Kurfürst »den Spruch [...] morgen dir vollstrecken«. – »Gleichviel!« antwortet der Prinz. Er schreibt. Schon ist er fertig, faltet das Blatt, versiegelt den Umschlag, trägt dem Bedienten auf, ihn ins Schloß zu bringen. Natalie kann den Inhalt nur ahnen. Homburg hat die moralische Herausforderung angenommen. »Schuld ruht, bedeutende, mir auf der Brust, / Wie ich es wohl erkenne; kann er mir / Vergeben nur, wenn ich mit ihm drum streite, / So mag ich nichts von seiner Gnade wissen.« Natalie fällt ihm um den Hals: »Du gefällst mir!« Sie akzeptiert die Wendung, die des Prinzen Ehre rettet, doch nicht sein Leben, um so leichter, als sie ja noch einen Trumpf in der Hand hat. Graf Reuß, der sie begleitet hat, wird angewiesen, Oberst Kottwitz den gefälschten kurfürstlichen Befehl auszuhändigen.

Der Kurfürst traut seinen Augen nicht, als er mitten in der Nacht geweckt wird und vor dem Schloß die Dragoner der Prinzessin von Oranien aufmarschiert sieht. Auf dem Rathaus, wird ihm gemeldet, sei die ganze Generalität versammelt. Der Feldmarschall meldet das Schlimmste, was einem regierenden Fürsten passieren kann: Sein Heer meutert. Falls der Kurfürst es ablehne, Homburg zu begnadigen, sei beschlossen worden, ihn mit Gewalt aus dem Gefängnis zu befreien. Nicht einmal der Feldmarschall ist auf der Seite von Recht und Ordnung. Er rät dem Herrscher, Homburg unverzüglich, ehe die Revolte sich ausbreitet, den Degen zurückzuschicken, »wie er's zuletzt verdient«. Denn: »Jedwedes Heer liebt […] seinen Helden; / Laß diesen Funken nicht, der es durchglüht, / Ein heillos fressend Feuer um sich greifen.« Kurfürst Friedrich Wilhelm erweist sich als seinem Herrscheramt gewachsen. Wäre es nicht Kottwitz, der den Aufstand anführt, würde er anders handeln: »Und vor das Tor, verrammt mit Palisaden, / Führt ich Kanonen und Haubitzen auf.« Den Kottwitz aber wird er »auf märk'sche Weise fassen« und an einer der drei silbernen Lokken, die ihm auf dem Schädel wachsen, mit seinen zwölf Schwadronen still nach Arnstein zurückführen. »Wozu die Stadt aus ihrem Schlafe wecken?« Meuterei ist mindestens so todesstrafenwürdig wie Befehlsverweigerung. Warum einerseits die Härte gegenüber Homburg, andererseits die Milde gegenüber Kottwitz? Es geht offenbar doch um etwas anderes als das Kriegsrecht. Kottwitz aus der Priegnitz ist ein Brandenburger (Preuße) von altem Schrot und Korn, der das »Vaterland« verinnerlicht hat, kein dahergelaufener Glücksritter wie

Homburg, der es erst erwerben muß – soweit ihm dazu noch Zeit und Gelegenheit bleibt.

Kottwitz und die übrigen Offiziere treffen gleichzeitig mit Homburgs Brief ein, dem der Kurfürst den Vorzug gibt. Nachdem er ihn gelesen hat, befiehlt er, ihm das Todesurteil zu bringen, außerdem den Paß des schwedischen Gesandten. Dann empfängt er in aller Gelassenheit die Anführer der Revolte. Er erfährt, daß Kottwitz keineswegs eigenmächtig gehandelt hat, sondern auf Ordre Natalies, »im Auftrag meines höchsten Oheims Friedrich«. Das verschlägt dem Herrscher nun doch die Sprache. Kottwitz: »Bei Gott, mein Fürst und Herr, ich will nicht hoffen, / Daß dir die Ordre fremd?« Der Kurfürst beeilt sich, zu versichern, daß alles seine Richtigkeit habe. Wenn ihm in diesem Moment bewußt wird, wie nah er daran ist, sein Herrscherglück auf allen Ebenen zu verspielen, läßt er es sich jedenfalls nicht anmerken. Die Bittschrift wird ihm überreicht. Der Kurfürst vergewissert sich, daß nicht Homburg hinter diesem Aufstand steckt, was ein Grund mehr gewesen wäre, ihn hinzurichten. Er wiederholt sein bekanntes Argument, der Prinz habe gegen das Kriegsrecht verstoßen, und erfährt zu seinem Erstaunen, daß Kottwitz entschieden anderer Meinung ist: Hätte der Chef der Reiterei den Befehl abgewartet, hätten sich die Schweden in den Schluchten festsetzen können, »und nimmermehr hättst du den Sieg erkämpft«. Der Kurfürst widerspricht – hätte die Reiterei abgewartet, bis der Brückenkopf erobert worden wäre, wären die Schweden »ganz, mit Stumpf und Stiel, / In Gräben und Morast, vernichtet worden«.

Kottwitz wirft dem Herrscher vor, es sei »der Stümper Sache«, alles auf einmal haben zu wollen. Der Kurfürst dekuvriert sich – Zufallssiege, wie den von Fehrbellin, möge er nicht. »Das Gesetz will ich«, das »ein Geschlecht von Siegen mir erzeugt«. – Kottwitz: »Willst du das Heer, das glühend an dir hängt, / Zu einem Werkzeug machen, gleich dem Schwerte, / Das tot in deinem goldnen Gürtel ruht?« In diesem Dialog versteckt sich eine Anklage des durchrationalisierten, durchbürokratisierten

Maschinenstaates, zu dem Preußen zu Kleists Lebzeiten degeneriert war. Für Friedrich Wilhelm liegt er in der Zukunft, für Kleist ist er Gegenwart. »Prinz Friedrich von Homburg« hat er 1810 geschrieben, als er wieder in Berlin war und in Kreisen verkehrte, die über die Reform des preußischen Staates nachdachten. Das Stück enthält die romantische Utopie eines gerechten Staates, in dem die persönlichen Interessen zurücktreten und Herrscher wie Untertanen sich darüber einig sind, daß es nichts Größeres gibt, als dem Ganzen aufopfernd zu dienen. Kleists Idealstaat wird getragen von der militärischen Elite, die bereit ist, für das »Vaterland« zu sterben. Nur wer, ohne zu zögern, dieses äußerste Opfer bringt, hat die Staatsidee verinnerlicht. Homburg ist noch nicht soweit.

Er hat das Kriegsrecht verletzt, das bringt ihn um, aber es grenzt ihn nicht aus; es ist vorgesehen, ihn nach seiner Hinrichtung mit allen militärischen Ehren zu bestatten. Ein guter Soldat akzeptiert die Todesstrafe, wie er den Tod auf dem Schlachtfeld akzeptiert. So gesehen, ist Homburg kein hundertprozentiger »Brandenburger«, er hat die Haltung, daß sein Leben grundsätzlich dem Staat gehört, (noch) nicht verinnerlicht. Mit seiner Weigerung, für dieses »Vaterland« zu sterben, in dem er noch nicht einmal geboren ist, grenzt er sich in den Augen des Kurfürsten aus der Gemeinschaft aus. Homburgs Todesfurcht schockiert den Herrscher; er hat ihn als Wahl-Preußen und als Gegenspieler ernst genommen, indem er ihm mit der Härte des Gesetzes begegnete. Die Begnadigung ist ein Akt der Verachtung. Hätte Homburg die »zwei Worte« formuliert, die ihm das Leben hätten retten sollen: daß er den Urteilsspruch als ungerecht empfinde, wäre er zwar begnadigt, aber vom Kurfürsten wohl fallengelassen worden und damit auch vom Heer, denn alles in diesem Staat gehört dem Herrscher, der auch mit einer Meuterei fertig wird.

Außer dem Kurfürsten (und den Damen, aber die zählen nicht) weiß niemand, daß der Prinz den Preis fürs Preußentum nicht hat zahlen wollen, er ist nach wie vor der Held des

Heeres, den der Kurfürst nicht entfernen kann, ohne eine Staatskrise zu riskieren. Friedrich Wilhelm ist im wahrsten Sinn des Wortes ein Souverän, jeder Lage, jedem Argument gewachsen. Machtinstinkt, nicht Mitmenschlichkeit motiviert ihn. Er hat Homburg mit seinem Begnadigungsangebot die infamste Falle gestellt, und jetzt gedenkt er, seine schriftliche Kapitulation zu benutzen, um sich das Heer wieder gefügig zu machen. Um die Affäre beizulegen, würde es reichen, wenn er sagen würde: Gehen Sie in Ihre Quartiere, meine Herren, ich habe ihn längst begnadigt. Doch braucht er ihn jetzt, um das Vertrauen seiner Offiziere zurückzugewinnen. Deshalb läßt er Homburg antreten, angeblich, um Kottwitz und die anderen aus berufenster Quelle zu belehren, »was Kriegszucht und Gehorsam« sei, in Wirklichkeit aber, um allen zu zeigen, wer die Macht hat.

Der Prinz hat sich, auf dem Weg zum Schloß, zum drittenmal sein künftiges Grab zeigen lassen. Nun konfrontiert der Kurfürst ihn mit der Bittschrift der Offiziere: »Das Heer begehre, heißt es, Eure Freiheit, / Und billige den Spruch des Kriegsrechts nicht.« Homburg antwortet, wie der Kurfürst es sich nicht vorschriftsmäßiger hätte wünschen können: »Ich will das heilige Gesetz des Kriegs, / Das ich verletzt, im Angesicht des Heers, / Durch einen freien Tod verherrlichen!« Die Gehirnwäsche war erfolgreich. Der Rebell ist zum staatserhaltenden Opfer seines Lebens bereit. Die Obristen umringen ihn voll Rührung, Kottwitz küßt ihm gar die Hand. An den Kurfürsten hat Homburg eine letzte Bitte: Der Krieg gegen Schweden soll weitergehen. »Erkauf o Herr, mit deiner Nichte Hand, / Von Gustav Karl den Frieden nicht! Hinweg / Mit diesem Unterhändler aus dem Lager«. Mit väterlichen Küssen auf die Stirn verspricht ihm Friedrich Wilhelm, was er ohnehin vorhatte; der Paß des Gesandten liegt ja, neben dem zu kassierenden Todesurteil, schon auf seinem Schreibtisch. Daß er weiter mit seinem tapferen Reitergeneral rechnen kann, hat dem Kurfürsten diese Entscheidung vermutlich erleichtert. Auf seine

Rache verzichtet er nicht; sie drückt sein ganzes Wesen aus, und das ist alles andere als »milde«. Er läßt den Prinzen in dem Glauben, er werde am nächsten Morgen hingerichtet; als makabre Pointe schlägt er vor, König Karl zu schreiben, er müsse um Natalie mit Homburgs Geist, »tot vor den Fahnen schreitend«, auf dem Schlachtfeld kämpfen. Vor der lebenden Natalie läuft der Prinz davon; eine irrtümliche Abschiedsszene findet nicht statt. Letzter Schachzug des Kurfürsten: Er fragt seine Heerführer, ob sie es noch einmal mit dem Prinzen von Homburg versuchen wollen? Die Antwort kennt er im voraus.

Homburgs Traum von Ruhm und Glück wiederholt sich als Alptraum. Der Kurfürst treibt das grausame Spiel auf die Spitze, indem er eine Exekution simulieren läßt. Mit verbundenen Augen wird der Prinz in den Schloßgarten von Fehrbellin geführt. Wieder sitzt er auf der Bank unter der Eiche. In der Ferne wird zu seiner vermeintlichen Hinrichtung getrommelt, aber in der Nähe duftet es. Die Nachtviole, meint der Prinz. Levkojen und Nelken, erläutert sein Begleiter. »Levkojn? – Wie kommen die hierher?« fragt Homburg. Er meint: auf die Hinrichtungsstätte. Der Kurfürst erscheint mit dem Lorbeerkranz, um den die goldene Kette geschlungen ist, begleitet von der Kurfürstin und Natalie, gefolgt von Homburgs Offizieren, den Hofdamen, den Pagen. Sie tragen Fackeln. Homburg bemerkt durch die Augenbinde hindurch das Licht. »Was für ein Glanz verbreitet sich?« fragt er. Ist es der »Glanz der tausendfachen Sonne« seiner unmittelbar bevorstehenden »Unsterblichkeit«? Es geht alles sehr schnell. Die Binde wird ihm abgenommen. Die Prinzessin tritt auf ihn zu, setzt ihm den Kranz auf, hängt ihm die Kette um. Er fällt in Ohnmacht; eine Kugel hätte ihn nicht sicherer zu Boden werfen können. Natalie erschrickt, »die Freude tötet ihn«! Ein Mißverständnis. Der Initiationsritus, dem »das Vaterland« ihn unterzieht, um ihn in die Gemeinschaft der Preußen aufnehmen zu können, zerstört Homburgs Identität. Als er Augenblicke später erwacht, kann er Traum und Wirklichkeit nicht mehr unterscheiden. »Nein, sagt! Ist es ein Traum?« – »Ein Traum, was sonst?« antwortet Kottwitz. »Ins Feld!« rufen die Offiziere. Und: »Zur Schlacht!« – »Zum Sieg!« – »In Staub mit allen Feinden Brandenburgs!« Der Prinz hat seine Heimat gefunden. Er hat, symbolisch, sein Leben für sie gegeben. Doch bleibt offen, ob sie nicht nur ein Traum ist.

Kleist hat sich von seinem letzten Stück noch einmal sehr viel versprochen. Es spiegelt wohl auch seinen eigenen Wunsch, wieder in die preußische Familie aufgenommen zu werden. Er wollte es ursprünglich der Königin Luise widmen, die wie Natalie Chefin eines Dragonerregimentes war, doch diese starb im Sommer 1810. Die »Prinzessin Wilhelm«, eine Schwägerin des Königs, der er es letztlich zueignete, war offenbar die falsche Adresse. Sie war eine geborene Hessen-Homburg, und die Erinnerung an ihren Ahnherrn, vor allem in der Kleistschen Interpretation, dürfte sie eher peinlich berührt haben. Jedenfalls kam vom Hof keine Reaktion. »Prinz Friedrich von Homburg« wurde zu Kleists Lebzeiten weder gedruckt noch gespielt. Erst 1816 wurde das Stück zusammen mit der »Hermannsschlacht« veröffentlicht. Die Uraufführung, in einer allerdings sehr verstümmelten Fassung, fand im Oktober 1821 am Wiener Burgtheater statt.

PROSA

Michael Kohlhaas

Das Geschäft der Rache

Kleist beruft sich auf eine »alte Chronik«, um die Geschichte eines Roßhändlers zu erzählen, der im frühen 16. Jahrhundert »an den Ufern der Havel« lebte, in einem Ort namens »Kohlhaasenbrück« zwischen Berlin und Potsdam, den es – mit einem a geschrieben – tatsächlich gibt. Einen »der rechtschaffensten zugleich und entsetzlichsten Menschen seiner Zeit«, nennt ihn der Dichter. Er stellt ihn als einen musterhaften und erfolgreichen Untertanen des Kurfürsten von Brandenburg vor, der einen Bauernhof mit einer Pferdezucht besaß, seine Kinder »in der Furcht Gottes« erzog, hohes Ansehen bei seinen Nachbarn genoß, als wohltätig und gerecht galt – »kurz, die Welt würde sein Andenken haben segnen müssen, wenn er in einer Tugend nicht ausgeschweift hätte. Das Rechtgefühl aber machte ihn zum Räuber und Mörder.« Dieser überaus korrekte Mensch hatte die Schwäche, kein Unrecht ertragen zu können. Da es aber in der Welt nicht immer gerecht zugeht, war dies die Falle, die das Schicksal ihm stellte.

Mit der »alten Chronik« hat es seine Richtigkeit. Kleists Quelle war die »Diplomatische und curieuse Nachlese der Historie von Ober-Sachsen und angrentzenden Ländern« von Christian Schöttgen und George Christoph Kreysig (Leipzig 1731), die wiederum auf einem Text aus der zweiten Hälfte des 16. Jahrhunderts, der »Märkischen Chronic« des Schulrektors Peter Hafftitz, beruht. Der historische Hans Kohlhase aus Cölln an der Spree war im Jahr 1532 zwischen Wittenberg und Leipzig, also im sächsischen Ausland, mit Pferden unterwegs und geriet mit den Bauern eines Dorfes, deren Grundherr ein Junker Günther von Zaschwitz war, in einen Streit, der damit endete, daß er zwei seiner Pferde zurückließ, bevor er weiterreiste. Zehn Tage später, auf dem Rückweg, wollte er die Tiere wieder abholen, jedoch die Futterkosten nicht bezahlen, die ihm in Rechnung gestellt wurden. Es kam zu einer schiedsgerichtlichen Verhandlung im Mai 1533, in der seine Forderung nach Schadensersatz zurückgewiesen und er selbst verurteilt wurde, seinem Prozeßgegner zwölf Gulden als Futtergeld für das inzwischen vergangene halbe Jahr zu erstatten. Anders als Kleists Kohlhaas zahlte der historische Roßkamm diesen Betrag und konnte seine Pferde mitnehmen, kämpfte aber weiter um sein Recht, offenbar bis zum Bankrott, denn in seinem Fehdebrief von 1534 hieß es, er habe nun nichts mehr als »seinen Leib und sein Leben vorzusetzen«. Er erklärte Günther von Zaschwitz und ganz Sachsen den Krieg, um ein begrenztes Ziel zu erreichen: Der Junker sollte als Verursacher seines Ruins gezwungen werden, ihm den Schaden zu ersetzen.

Die Fehde war keineswegs ein Akt der Anarchie, wie es uns heute vorkommt, vielmehr eine aus der germanischen Zeit überkommene, formal geregelte private Kriegshandlung. Da die Rechtsprechung, im Mittelalter das Privileg der Grundherren, bis zum Aufkommen des Territorialstaates mehr oder weniger willkürlich war, galt die Fehde als ein sogenanntes subsidiäres Rechtsmittel, mit dem jemand, der sich ins Unrecht gesetzt fühlte, versuchen durfte, sein Recht zu erzwingen; allerdings nur, wenn der Rechtsweg vorher erschöpft war. Der Krieg mußte durch einen Fehdebrief offiziell erklärt und ausführlich begründet werden. Die Mittel waren nicht zimperlich; Gewalt gegen Menschen und Sachen wurde hingenommen, solange es dem Fehdeführer gelang, die öffentliche Meinung auf seine Seite zu ziehen. Deswegen spielte der Fehdebrief, der durch Anschlag an öffentlichen Plätzen verbreitet wurde, als Propagandamittel eine so große Rolle.

Nun war zwar die Fehde seit dem Reichslandfrieden von

1495 generell verboten, doch setzte sich das geschriebene Recht gegenüber dem Gewohnheitsrecht in der Praxis nur langsam durch; der Fall Kohlhase ist ein Beispiel dafür. Er zündete mit seinem rekrutierten Mob im April 1534 die Stadt Wittenberg an drei Stellen an; eine Tatsache, die Kleist ebenso übernommen hat wie den Brief, den Martin Luther an Hans Kohlhase schrieb; allerdings verändert der Dichter die Fakten und kleidet sie in viele erfundene, manchmal auch anachronistische Details. Dem Aufrührer gibt Kleist den Namen des Erzengels Michael, und Kohlhaas klingt auch entschieden wuchtiger als Kohlhase. Er läßt den Pferdehändler auf dem Weg ins Ausland jenseits der sächsischen Grenze an einem Schlagbaum scheitern, mit dem jemand einen Weg versperrt hat, der bislang frei war. Der mißgelaunte Zöllner äußert etwas von einem »landesherrlichen Privilegium«, das dem Junker Wenzel von Tronka verliehen worden sei. Der frühere Herr der Tronkenburg ist gestorben, und sein Sohn ist offenbar auf die Wegelagerei verfallen, weil er Geld braucht. Kohlhaas entrichtet also die Groschen, die ihm als Zollgebühr abverlangt werden, und will gerade mit seiner Koppel junger Pferde unter dem Schlagbaum hindurchreiten, als ein zweiter, noch unverschämterer Subalterner des Herrn von Tronka, der Burgvogt, die Gebührenschraube weiter anzieht, indem er einen Passierschein verlangt, von dem Kohlhaas nie zuvor gehört hat. Er ist nicht der Mann, um diese offenkundige Räuberei hinzunehmen, sondern verlangt, mit dem Junker persönlich zu sprechen. Auf diese Weise kommen seine ausgezeichneten Pferde ins Gesichtsfeld von Leuten, die zu arm sind, um sie zu kaufen. Das Gefälle zwischen dem wohlhabenden, selbstbewußt auftretenden Kaufmann und dem Kleinadelselend des »dürren Junkers« grundiert diese knappe Szene, die damit endet, daß Kohlhaas zwei wohlgenährte Rappen als Pfand für den nicht gelösten Passierschein zurückläßt, den er sich doch lieber auf der Geheimschreiberei in Dresden besorgen will, wo sich erwartungsgemäß herausstellt, daß Tronka kein derartiges Privilegium besitzt. Der Anspruch des Junkers, sich auf seinen paar Hektar Grundbesitz als landesherrlicher Souverän zu gebärden, markiert genau das Problem des jungen Territorialstaates, in diesem Fall Sachsens, ein einheitliches Rechtssystem durchzusetzen.

Als er einige Wochen, »ohne irgend weiter ein bitteres Gefühl, als das der allgemeinen Not der Welt«, zur Tronkenburg zurückkehrt, um seine Pferde abzuholen, muß er nicht nur erfahren, daß sein Knecht Herse, den er zur Versorgung der Rappen zurückgelassen hat, verprügelt und vom Hof gejagt worden ist; er findet auch seine Pferde abgemagert bis auf die Knochen, erschöpft und verwahrlost vor. Der Verwalter hat die noch jungen Tiere durch Feldarbeit und schlechte Ernährung ruiniert. Der Burgvogt wird, als der Kaufmann sich beschwert, ausfällig und droht sogar, die Hunde auf ihn zu hetzen. Kohlhaas ist kein Hitzkopf, »sein Rechtgefühl, das einer Goldwaage glich, wankte noch«, es ist nicht erwiesen, daß eine böse Absicht dahintersteckt und der Schloßherr davon weiß. Nun ergibt es sich, daß der Junker gerade »mit einem Schwarm von Rittern, Knechten und Hunden« und der dürftigen Beute einer Hasenjagd in seinen Hof einreitet. Der Vogt erstattet auf die gehässigste Weise Bericht, höhnend, daß dieser Roßkamm sich weigere, die Pferde, die »ein wenig gebraucht worden wären«, als die seinigen anzuerkennen. Kohlhaas macht den Fehler, darauf hinzuweisen, daß die Rappen dreißig Goldgulden wert gewesen sind, worauf dem Junker »eine flüchtige Blässe ins Gesicht trat« und er antwortet, es stehe ihm frei, sie so, wie sie sind, mitzunehmen oder nicht. Der Kaufmann läßt die armen Gäule stehen und reitet mit der Drohung, er werde sich sein Recht zu verschaffen wissen, vom Hof.

Michael Kohlhaas ist vertraut »mit der gebrechlichen Einrichtung der Welt« und beschließt, erst einmal dem Vorwurf nachzugehen, sein Knecht habe die schlechte Behandlung, die ihm widerfahren ist, provoziert. Gleichzeitig sagt ihm sein Gefühl, daß, falls es sich um einen abgekarteten Vorfall handeln sollte, er nicht nur sich selbst, sondern auch der Allgemeinheit gegenüber verpflichtet sei, gegen das »Raubnest« vorzugehen, zumal dort täglich Durchreisende schikaniert werden. Was er von Herse erfährt, steigert seine Empörung zu kalter Entschlossenheit, denn der Knecht ist bei dem Versuch, die Rappen vor dem rücksichtslosen Verwalter zu schützen, nicht nur von der Burg gejagt, sondern auch schwer verletzt worden. Michael bespricht sich mit seiner Frau Lisbeth, die seinen Plan unterstützt, den Junker von Tronka zu verklagen, um »Unordnungen, gleich diesen, Einhalt zu tun«. In der Residenzstadt Dresden, wo er ein Haus besitzt, weil seine Geschäfte ihn häufig hierherführen, beauftragt Kohlhaas einen tüchtigen Advokaten mit der Klageerhebung. Er verlangt die gesetzmäßige Bestrafung der Schuldigen, »Wiederherstellung der Pferde in den vorigen Stand« und den Ersatz des ihm und Herse entstandenen Schadens.

Die Rechtslage scheint klar zu sein, dennoch geschieht über Monate hin nichts, schließlich wird die Klage auf eine geheime Anweisung von oben ganz abgewiesen. Der Advokat gibt Kohlhaas zu verstehen, daß Wenzel von Tronka einflußreiche Verwandte in unmittelbarer Nähe des sächsischen Kurfürsten habe, Hinz von Tronka sei sein Mundschenk, Kunz von Tronka gar sein Kämmerer. Er rät ihm, seine Pferde auf der Tronkenburg abzuholen und die ganze Sache zu vergessen. Nun besinnt sich Kohlhaas auf seinen eigenen Landesherrn, den Kurfürsten von Brandenburg, und beschwert sich bei ihm über die Gewalttätigkeit, die man sich auf sächsischem Gebiet gegen ihn erlaubt habe. Es kommt nicht mehr dabei heraus als bei der in Dresden eingereichten Klage; aus einem ähnlichen Grund: Der Kanzler des Kurfürsten von Brandenburg ist ein Graf Kallheim, der mit dem Haus Tronka verschwägert ist und alles daransetzt, die Affäre herunterzuspielen. Schließlich erreicht Kohlhaas ein Schreiben der Berliner Staatskanzlei, »er sei, nach dem Bericht des Tribunals in Dresden, ein unnützer Querulant«; niemand halte seine Pferde zurück, er möge sie von der Tronkenburg holen oder angeben, wie man ihm sie zustellen könne. Kohlhaas »schäumte vor Wut«.

Als er in Gegenwart seiner Frau einem überaus redlichen Nachbarn seinen gesamten Besitz zum Kauf anbietet, begreift sie, daß Kohlhaas den Pfad der Selbstzerstörung betreten hat. Während Frau Lisbeth aufgeregt in der Stube auf und ab geht, werden die beiden Herren sich handelseinig, und Kohlhaas hat, was er zur Realisierung seiner Pläne am dringendsten braucht – Bargeld. Lisbeth, die ihn, sobald der Käufer das Haus verlassen hat, kniefällig um Auskunft bittet, was der Hausverkauf zu bedeuten habe, antwortet er: »weil ich in einem Lande [...], in welchem man mich, in meinen Rechten, nicht schützen will, nicht bleiben mag«. Kleists Kohlhaas beträgt sich wie der selbstbewußte Bürger eines Rechtsstaats, den es im 16. Jahrhundert noch nicht gab: Er verlangt von seiner Regierung, daß sie ihn in der Ausübung seines Gewerbes als seiner Lebensgrundlage schützt.

»Woher weißt du«, hält ihm Lisbeth vor, »daß man dich in deinen Rechten nicht schützen wird?« Diese Sache sei an der Umgebung des Regenten gescheitert, nicht an ihm. Kohlhaas stimmt ihr zu: »Der Herr selbst, weiß ich, ist gerecht«. Doch wie kommt der einfache Bürger an ihn heran? Lisbeth bietet ihm an, eine Beziehung aus ihrer Jugend zu nutzen; der Kastellan des kurfürstlichen Schlosses sei ein früherer Verehrer von ihr, der ihr bestimmt erlauben würde, dort abzusteigen, wo sie den Kurfürsten persönlich sehen und ansprechen könne. Kohlhaas vertraut ihr also die Bittschrift an, die er ursprünglich selbst nach Berlin hat bringen wollen, und verliert dadurch zu allem Übel auch noch seine Frau, die den Kastellan nicht antrifft, sich auf eigene Faust dem Kurfürsten nähert und von einer Wache mit dem Lanzenschaft so hart zurückgestoßen wird, daß sie mit inneren Verletzungen nach Kohlhaasenbrück gebracht wird. Reden kann sie nicht mehr, doch läßt sie sich vor ihrem Tod die Bibel geben und zeigt auf den Vers: »Vergib deinen Feinden; tue wohl auch denen, die dich hassen.« Das hilft aber auch nichts mehr. Kohlhaas hat nur noch eines im Sinn: »das Geschäft der Rache«.

Zwar zeichnet Kleist die Handlung der »alten Chronik« nach, doch nicht in historisierender Absicht. Für ihn stellt sich die Epoche vor dem Dreißigjährigen Krieg vor allem als eine Übergangszeit dar, in der jemand wie Kohlhaas genügend Spielraum fand, um seine Haß- und Rachephantasien zu verwirklichen. Vor allem interessieren den Dichter die persönlichen Motive des kriegführenden Roßkamms: Was geht in einem Mann vor, der als Inbegriff eines zivilisierten Menschen lebt, in die Barbarei von Mord und Totschlag zurückfällt, durch die Mahnung einer kirchlichen Autorität wieder auf den rechten Weg zurückgeführt wird und dennoch in keinem Moment seine Rache aus dem Auge verliert? Denn es ist Michael Kohlhaas nicht um die Wiedergutmachung zu tun, um die er formalrechtlich kämpft, auch nicht um die Wiederherstellung seiner Ehre, die einer Persönlichkeit wie ihm niemals abhanden kommt, sondern einzig und allein darum, seinen Gegner in die Knie zu zwingen und zu demütigen. Diese Haltung gibt er auch unter dem Schafott nicht auf.

Kohlhaas begräbt Lisbeth wie eine Fürstin, dann setzt er sich hin und verfaßt »einen Rechtsschluß, in welchem er den Junker Wenzel von Tronka, kraft der ihm angeborenen Macht, verdammte, die Rappen, die er ihm abgenommen, und auf den Feldern zugrunde gerichtet, binnen drei Tagen nach Sicht, nach Kohlhaasenbrück zu führen, und in Person in seinen Ställen dick zu füttern«. Da nicht damit zu rechnen ist, daß der Junker dieser Aufforderung nachkommen würde, schickt Kohlhaas seine Kinder zu einer Tante nach Schwerin, überläßt sein Haus dem Käufer und macht sich mit Herse und den übrigen Knechten, insgesamt sieben, auf den Weg zur Tronkenburg. Was dort geschieht, weist Kohlhaas als einen in der Tat entsetzlichen Menschen aus (und befremdet bis heute alle Leser, die ihren Kleist gern ein wenig moderater hätten): »Der Engel des Gerichts fährt also vom Himmel herab«. Herse und die anderen Knechte zünden die Burg an, machen den Schloßvogt und den Verwalter samt Frauen und Kindern nieder, werfen ihre Leichen aus dem Fenster, und während sie alles, was nicht niet- und nagelfest ist, als Beute im Hof zusammentragen, sucht Kohlhaas den Wenzel von Tronka, der zu seinem Glück die Stimme des Roßkamms von weitem erkannt und die Flucht ergriffen hat. Kohlhaas zwingt einen jungen Tronkenburger Knecht »mit hageldichten, flachen Hieben der Klinge«, seine heruntergekommenen Rappen aus ihrem brennenden Schuppen zu holen, kümmert sich dann aber nicht weiter um sie. Der, an dem er sich rächen will, ist ihm entwischt. In einem vom Feuer verschonten Raum der Tronkenburg verfaßt Kohlhaas das erste »Kohlhaasische Mandat«, einen regulären Fehdebrief, in dem er die Bewohner des Landes Sachsen auffordert, ihm den Junker Wenzel von Tronka, »mit dem er in einem gerechten Krieg liege«, auszuliefern, andernfalls er sich an ihrem Leben und Besitz vergreifen werde.

Er erfährt, daß Wenzel von Tronka sich nach Wittenberg geflüchtet hat, begibt sich in Eilmärschen vor die Tore der Stadt und läßt sie nachts an mehreren Ecken zugleich in Brand stecken. Gegen den wilden Haufen treten uniformierte »Fähnlein« des Landvogts an, die von dem taktisch begabten Pferdehändler geschickt ausmanövriert werden. Er wechselt häufig den Standort und verfaßt größenwahnsinnige Mandate, während sein Troß durch weggelaufene Knechte, arbeitslose Söldner und allerlei Gesindel Zuwachs erhält. Wittenberg brennt ein zweites und ein drittes Mal, und die Lage des Junkers wird allmählich unhaltbar, denn Kohlhaas' Propagandaflugblätter fangen an, ihre Wirkung zu tun, das Volk verlangt, daß der »Blutigel«, der »elende Landplager und Menschenquäler« die Stadt verläßt. Heimlich wird er weggebracht, angeblich nach Leipzig, in Wirklichkeit aber nach Dresden zu seinen Vettern Hinz und Kunz. Kohlhaas führt weiter »in der Finsternis der Nacht, durch verkleidetes Gesindel, mit Pech, Stroh und Schwefel« seinen Guerillakrieg, dem selbst ein Kontingent von fünfhundert Mann aus der Residenz nicht gewachsen ist. Als er den angeblichen neuen Aufenthaltsort von Tronka erfährt, bricht Kohlhaas nach Leipzig auf und belagert es, gleichzeitig redigiert er ein weiteres Mandat, in dem er sich einen »Statthalter Michaels, des Erzengels«, nennt und vom »Sitz unserer provisorischen Weltregierung« im Schloß von Lützen spricht. Inzwischen hat er die Gewohnheit angenommen, pompös aufzutreten, er läßt sich von zwölf Knechten mit Fackeln begleiten und ein großes Cherubsschwert auf rotledernem Kissen mit Quasten aus Gold vorantragen.

Der Kurfürst ist dabei, eine zweitausend Mann starke Armee gegen Kohlhaas' wilden Haufen zusammenzuziehen, da übernimmt Luther die Aufgabe, den Aufrührer »durch die Kraft beschwichtigender Worte [...] in den Damm der menschlichen Ordnung zurückzudrücken«. Er tadelt ihn auf einem Flugblatt, das in allen Städten und Dörfern öffentlich angeschlagen wird: »Kohlhaas, der du dich gesandt zu sein vorgibst, das Schwert der Gerechtigkeit zu handhaben, was unterfängst du dich, Vermessener, im Wahnsinn stockblinder Leidenschaft [...]?« Das Pamphlet ist nicht identisch mit Luthers Brief an den historischen Kohlhase, doch ist es der gleiche Geist, der daraus spricht: der Christ müsse Unrecht hinnehmen und dürfe sich nicht rächen. »Und muß ich dir sagen, Gottvergessener, daß deine Obrigkeit von deiner Sache nichts weiß – was sag ich? daß der Landesherr, gegen den du dich auflehnst, auch deinen Namen nicht kennt [...]?« Das ist der entscheidende Satz. Kohlhaas reitet auf der Stelle nach Wittenberg, um sich vor Luther zu rechtfertigen. Grund für seinen Kriegszug sei, daß er aus der Gemeinschaft des Staates »verstoßen« worden sei. Darunter verstehe er, daß ihm der Schutz der Gesetze versagt worden sei. »Denn dieses Schutzes, zum Gedeihen meines friedlichen Gewerbes, bedarf ich«.

Luther überzeugt Kohlhaas davon, daß der Landesherr, wäre die Klage ihm unter die Augen gekommen, zu seinen Gunsten entschieden hätte, worauf der Fehdeführer ihn bittet, beim Kurfürsten freies Geleit für ihn zu erwirken, damit er sich nach Dresden begeben und seine Klage noch einmal einreichen könne. »Wenn mich der Landesherr nicht verstößt, so kehre ich auch wieder in die Gemeinschaft, die er beschirmt, zurück.« Luther fragt nach dem Inhalt der Klage, die Kohlhaas um keinen Deut modifiziert: Bestrafung des Junkers, Wiederherstellung der Pferde in den vorigen Stand, Schadensersatz. In einer plötzlichen Anwandlung von Frömmigkeit bittet er um Beichte und Abendmahl. Luther macht die Gewährung davon abhängig, daß Kohlhaas seinem Feind vergeben und seine Rappen selbst auf der Tronkenburg abholen wird. Die Antwort ist nein: Er sei bereit, allen zu vergeben, dem Kurfürsten, den Herren Hinz und Kunz, dem Schloßvogt und dem Verwalter, nur dem Junker von Tronka nicht, der müsse ihm die Rappen wieder dickfüttern. Luther verweigert ihm daraufhin das Abendmahl, schreibt aber, wie versprochen, an den Kurfürsten von Sachsen, weniger um sich für Kohlhaas zu verwenden, als um einen Ausweg aus der Staatskrise zu finden: »Die öffentliche Meinung [...] sei, auf eine höchst gefährliche Weise, auf dieses Mannes Seite«. Im übrigen argumentiert Luther fehderechtlich. Über die Bedenken, mit einem Staatsbürger, der die Waffen ergriffen habe, zu verhandeln, müsse man hinweggehen, da dieser tatsächlich in gewisser Weise »außer der Staatsverbindung gesetzt worden sei«, so daß man ihn als eine »fremde, in das Land gefallene Macht« betrachten müsse und nicht »als einen Rebellen, der sich gegen den Thron auflehne« (auf Landfriedensbruch steht die Todesstrafe).

Alles scheint sich zum Guten zu wenden. Trotz der Bedenken der Herren Hinz und Kunz, seiner Jugendfreunde und Vertrauten, entschließt sich der Kurfürst, Luthers Rat zu befolgen. Das Friedensangebot wird als Plakat veröffentlicht: Michael Kohlhaas erhalte, vorausgesetzt, er lege binnen drei Tagen die Waffen nieder, freies Geleit nach Dresden, damit seine Sache erneut untersucht werden könne. Falls seine Klage – »wie nicht zu erwarten« – abgewiesen würde, drohe ihm allerdings die »ganze Strenge des Gesetzes«; wenn er aber Recht bekäme, werde ihm mit allen seinen Leuten völlige Amnestie zugestanden. Kohlhaas entläßt auf der Stelle seine Privatarmee, deponiert die Beute seiner Raubzüge als kurfürstliches Eigentum bei Gericht, schickt nach seinen Kindern und begibt sich nach Dresden, wo er in seinem Stadthaus absteigt, das bald von einer sensationslüsternen Menge belagert wird. Daraus ergibt sich auch gleich die erste Fußangel. Man bietet ihm zu seinem Schutz eine Wache an, die freilich jederzeit als Bewachung interpretiert werden kann. Kohlhaas sieht das wohl, will das Klima aber nicht von vornherein durch Mißtrauen verderben und erhebt keinen Protest. Das hochadlige kurfürstliche Regierungspersonal trifft auf einen wohlerzogenen, korrekten, bescheidenen Staatsbürger.

Wenzel von Tronka hat keinen guten Stand in seiner Familie, obwohl er beteuert, von dem Mißbrauch der Rappen für die Feldarbeit nichts gewußt zu haben. Zunächst einmal müssen die Tiere aufgetrieben werden, die aus der Tronkenburg verschwunden sind. Die Spur führt zu einem Schäfer in Wilsdruff, der die geschundenen Mähren dem Abdecker überlassen hat. Der Auftritt dieses Outlaw, der die Gäule, angebunden an seinem zweirädrigen Karren, auf dem Schloßplatz präsentiert, führt zu einem Skandal. Wenzel und sein Vetter, der Kämmerer, begeben sich dorthin, um die Tiere zu identifizieren, und werden von einer höhnischen Volksmenge empfangen, die sich darüber lustig macht, »daß die Pferde schon, um derenthalben der Staat wanke, an den Schinder gekommen wären«. Wenzel, der offenbar nie etwas begreift, bestreitet, die Pferde zu kennen, was den Kämmerer in die unangenehme Lage bringt, den Abdecker befragen zu müssen, wo er sie herhat. Der pfeift auf Respekt, tränkt, während der hohe Herr mit ihm spricht, seinen Karrengaul, schüttet den Eimer auf dem Pflaster aus, zieht sich mit gespreizten Beinen die Hosen hoch, schlägt am Karren sein Wasser ab, kehrt den Rittern schließlich den Rücken und geht ins Wirtshaus – das alles unter Gelächter und hämischen Kommentaren der Zuschauer. Kohlhaas wird zu einer »Okular-Inspektion« gebeten, erscheint in Begleitung seiner Leibwache, identifiziert mit einem Wort seine Rappen und verläßt auf der Stelle den Platz. Die Würde seines Auftritts kontrastiert auffällig mit dem Gesichtsverlust derer von Tronka, zumal der Kämmerer sich auch noch auf ein Handgemenge mit einem Handwerksmeister einläßt, der daran erinnert, daß die Pferde erst ehrlich gemacht werden müßten, bevor ein Bürger sie losbinden und wegführen dürfe. Ein Tumult entsteht, in dessen Verlauf der Freund des Kurfürsten zu Boden geworfen und verletzt wird.

Dieser Vorfall beeinflußt die Stimmung zu Kohlhaas' Ungunsten. Die Meinung verbreitet sich, es sei besser, ihm noch einmal Unrecht zu tun und die Klage ein zweites Mal abzuweisen, als ihm zu erlauben, »zur bloßen Befriedigung seines rasenden Starrsinns« den Staat herauszufordern. Auch erscheint die Schande, die seine Forderung, diese Schindmähren wieder herauszufüttern, über »eine der ersten und edelsten« Familien im Land bringt, dem Hof allmählich unerträglich. Die beste Lösung scheint zu sein, dem Kohlhaas die Pferde abzukaufen. Dies ist der Moment, in dem die Vernunft noch einmal eine Chance bekommt, denn Kohlhaas ist durch den Vorfall auf dem Schloßplatz verunsichert, er wartet nur auf ein entsprechendes Angebot des Junkers oder seiner Angehörigen, »um ihnen mit völliger Bereitwilligkeit und Vergebung alles Geschehenen, entgegenzukommen«; doch die gekränkten Tronkas denken nicht daran, sondern stecken sich hinter den Kurfürsten. Über dem »armen« Kohlhaas (so wird ihn Kleist ab jetzt apostrophieren) zieht sich aber noch ein anderes Gewitter zusammen. Einer seiner Hauptstrolche, Johann Nagelschmidt, hat auf eigene Faust Reste von Kohlhaas' Haufen gesammelt und setzt das Rauben und Brennen mit der – auf öffentlichen Plakaten bekanntgemachten – Begründung fort, die Behörden hielten sich nicht an die Amnestie und Kohlhaas sei ein Gefangener.

Das ist Wasser auf die Mühlen von Kohlhaas' Gegnern. Sie benutzen einen abgefangenen Brief des Nagelschmidt, in dem dieser dem vermeintlich Inhaftierten seine Hilfe anbietet, um ihm eine Falle zu stellen. Kohlhaas, dessen Leibwächter sich unversehens in Wachen verwandelt haben, die ihn auf allen Wegen begleiten, fragt, ob das freie Geleit für ihn aufgehoben sei, und erhält von einem gegen ihn besonders aufgebrachten Hofbeamten die Antwort: »ja! ja! ja!«, was nicht dem Sachverhalt entspricht; der Kurfürst hat sich in dieser Angelegenheit noch nicht geäußert. Doch Michael Kohlhaas fühlt sich nun auch an seine eigenen Zusagen nicht mehr gebunden und antwortet dem Nagelschmidt, er möge die Flucht vorbereiten. Die Falle schnappt zu. Kohlhaas wird verhaftet, in Ketten in die Stadttürme geworfen, des Fluchtversuchs angeklagt und dazu verurteilt, »mit glühenden Zangen von Schinderknechten gekniffen, geviertteilt, und sein Körper, zwischen Rad und Galgen, verbrannt zu werden«. Von seiner eigenen Klage ist nicht mehr die Rede.

Das erfährt der Kurfürst von Brandenburg, der sich aus unterschiedlichen Gründen plötzlich darauf besinnt, daß der »arme Kohlhaas« ja ein brandenburgischer Untertan ist. Zum einen ist herausgekommen, welche niederträchtige Rolle sein eigener Erzkanzler Graf Siegfried von Kallheim in dieser Affäre gespielt hat; der Kurfürst entläßt ihn daraufhin aus seinem Amt. Zum anderen verhandelt der König von Polen zu jener Zeit mit Brandenburg, um gemeinsame Sache gegen Sachsen zu machen, was den Kurfürsten von Sachsen beunruhigt, so daß man annehmen kann, er werde dem Brandenburger, der »Ruhe des Ganzen« wegen, nicht die kalte Schulter zeigen. Der Kurfürst von Brandenburg verlangt also die Überstellung des Delinquenten nach Berlin, wo es den Sachsen freistünde, ihn nach Brandenburger Recht zu verklagen. Es bedarf eines gewissen Drucks, der Drohung zum Beispiel, daß man die Vollstreckung des Todesurteils als einen Bruch des Völkerrechts betrachten würde, um in Dresden etwas in Bewegung zu setzen. Die Beweislage, stellt sich heraus, ist dürftig, ein Brief des ehemaligen Komplizen Nagelschmidt, Kohlhaas' Antwort, das ist alles; Raub, Plünderung, Mord aber fallen unter die sächsische Amnestie. Kohlhaas wäre möglicherweise freigesprochen worden.

So billig will der sächsische Landesherr seinen Herausforderer aber nicht davonkommen lassen, deshalb schreibt er nach Wien an den Kaiser und legt ihm nahe, den in Sachsen begangenen Landfriedensbruch von einem Reichsankläger in Berlin gerichtlich verfolgen zu lassen.

Inzwischen werden Kohlhaas und seine fünf Kinder, »die man auf seine Bitte aus Findel- und Waisenhäusern wieder zusammengesucht hatte«, in eine Kutsche gesetzt und von einem Ritter von Malzahn mit sechs brandenburgischen Reitern Richtung Berlin eskortiert. Nun nimmt die Geschichte eine märchenhafte Wendung. Weil eines der Kinder krank ist, wird die Reise unterbrochen. Die Kutsche nähert sich der Grenze erst drei Tage später, als jeder den Unruhestifter längst außer Landes vermutet, und es kommt zu einer seltsamen Begegnung zwischen Kohlhaas und dem Kurfürsten von Sachsen. Dieser ist vom Bezirksverwalter Graf Aloysius von Kallheim zur Hirschjagd auf dessen Ländereien in Dahme eingeladen worden, wo sich eine glänzende Gesellschaft einfindet, unter ihnen auch der Kämmerer Kunz von Tronka und seine Gattin Heloise, die des Landesherrn erste Liebe gewesen ist. Nicht zufällig trifft man in dieser Erzählung immer wieder auf dieselben Namen: Ein Kallheim in Berlin ist verschwägert mit den sächsischen Tronkas, ein anderer Kallheim ist Präsident der Dresdener Staatskanzlei, ein dritter verwaltet den Bezirk Dahme. Der europaweit miteinander versippte Adel stellte eine Art Netzwerk dar, in dem die Staatsinteressen nicht selten hängenblieben.

Die Kutsche mit den sie begleitenden Brandenburger Reitern, die höflich grüßen und wiedergegrüßt werden, zieht an der unter Zeltbahnen tafelnden Jagdgesellschaft vorbei. Es spricht sich schnell herum, wer darin sitzt, aber selbst der Bezirksverwalter kann nicht verhindern, daß die Eskorte im nahen Dorf Quartier bezieht. Da es sich um einen kleinen Bauernhof abseits des Ortes handelt und die Dame Heloise die Neugier plagt, überredet sie den Kurfürsten, der als Jäger maskiert ist, »den wunderlichen Mann« näher zu betrachten. Der ist gerade dabei, sein krankes Kind »mit Semmel und Milch« zu füttern, worauf Heloise mit teilnahmsvollen Fragen reagiert, während der verkleidete Kurfürst sich für ein Amulett in Form einer Kapsel interessiert, das Kohlhaas am Hals trägt. Der erzählt von einer geheimnisvollen Begegnung an einem für ihn schicksalhaften Tag, als er nach dem Begräbnis seiner Frau Richtung Sachsen aufgebrochen war, um Tronka auf seiner Burg aufzustöbern. An jenem späten Nachmittag seien, Zufall über Zufall, in »Jüterbock« [Jüterbog], wo er in einem Wirtshaus abgestiegen sei, der Kurfürst von Brandenburg und der von Sachsen miteinander spazierengegangen. Auf einem Jahrmarkt hätten sich die beiden Herren spaßeshalber von einer alten Zigeunerin die Zukunft weissagen lassen. Kohlhaas habe diese Szene von einer steinernen Bank aus beobachtet, auf die er gestiegen und der Weissagerin ins Auge gefallen sei. Sie sei auf ihn zugehumpelt, habe ihm einen Zettel in die Hand gedrückt, »ein Amulett, Kohlhaas [...]; verwahr es wohl, es wird dir dereinst das Leben retten!«, und sei verschwunden.

Zum großen Schreck der Dame Heloise fällt der Kurfürst an dieser Stelle der Erzählung in Ohnmacht. Kleist läßt das Geheimnis dieses Amuletts, das dem Kurfürsten so wichtig ist, daß er den Kämmerer beauftragt, es ihm um jeden Preis zu beschaffen, zunächst im dunkeln. Ein Junker vom Stein wird losgeschickt, um es dem Roßhändler, der sich noch auf sächsischem Gebiet befindet, abzuhandeln – gegen ein Angebot, das jedem außer Kohlhaas als ein Geschenk des Himmels erschienen wäre: Leben und Freiheit. Doch der Roßhändler, den die Entdeckung, wer der nervenschwache Jägersmann in Wirklichkeit ist, in einen »Taumel« versetzt hat, erteilt dem Unterhändler eine Abfuhr. Selbst wenn der Kurfürst von Sachsen drohen würde, sich samt Troß vor seinen Augen zu vernichten, würde er ihm den Zettel verweigern. »Du kannst mich auf das Schafott bringen, ich aber kann dir weh tun, und ich will's!« Dies ist nun ganz die Diktion der Kohlhaasschen Unversöhnlichkeit. Der Zufall oder das Schicksal hat ihm die Chance in die Hand gespielt, sich an dem Landesherrn zu rächen, und er will lieber sterben als darauf verzichten.

Nach vergeblichen Versuchen, die Eingabe beim Kaiser rückgängig zu machen oder über den Kurfürsten von Brandenburg zu erreichen, daß Kohlhaas die Todesstrafe erspart bleibt, vertraut der sächsische Landesherr schließlich seinem Freund, dem Kämmerer, das Geheimnis des Zettels an: Auf ihm stünden der Name des letzten Regenten seines Hauses, das Jahr, in dem er sein Reich verlieren, und der Name dessen, der es erobern werde. Die Glaubwürdigkeit der Zigeunerin stehe außer Frage, denn die ihr als Test abgeforderte Prophezeiung eines völlig unwahrscheinlichen Ereignisses sei an jenem Abend in Jüterbog in Erfüllung gegangen. Als er den Zettel entgegennehmen wollte, habe die alte Frau ihm das mit den Worten verwehrt: »Von jenem Mann dort, der, mit dem Federhut, auf der Bank steht, hinter allem Volk, am Kircheneingang, lösest du, wenn es dir beliebt, den Zettel ein!« Und damit sei sie verschwunden. Herr Kunz hat den rettenden Einfall. Man müsse versuchen, die Zigeunerin aufzutreiben, und falls man sie nicht fände, ein Double zu engagieren, das dem Kohlhaas das Amulett abschwatzen solle. Er bittet darum, ihm freie Hand zu lassen, begibt sich, unter dem Vorwand von Verwandtschaftsangelegenheiten, nach Berlin und trifft dort genau an dem Tag ein, an dem Kohlhaas zum Tod auf dem Schafott verurteilt wird; ein Urteil, das als milde kommentiert wird, verglichen mit dem Zwicken mit glühenden Eisen, Rädern und Vierteilen, das die Dresdener Richter ihm zugedacht hatten.

Herr Kunz steht also unter Zeitdruck, doch es gelingt ihm, »ein altes, auf Krücken herumwandelndes Trödelweib« aufzutreiben, das ihm mit der Beschreibung des Kurfürsten weitgehend übereinzustimmen scheint und den Auftrag auch prompt annimmt. Kohlhaas erkennt sie, als sie sich zu ihm ins Gefängnis schmuggeln läßt, sofort wieder – kein Wunder, denn es handelt sich um das Original. Selbst Kleist, der gern die unwahrscheinlichsten Zufälle bemüht, sieht sich hier zu einer

Rechtfertigung genötigt: »Wie denn die Wahrscheinlichkeit nicht immer auf seiten der Wahrheit ist, so traf es sich, daß hier etwas geschehen war, das wir zwar berichten: die Freiheit aber, daran zu zweifeln, demjenigen, dem es wohlgefällt, zugestehen müssen«. Selbstverständlich informiert die Zigeunerin Kohlhaas über den geplanten Anschlag auf sein Amulett, das er doch lieber, sagt sie, zu dem Zweck benutzen solle, zu dem sie es ihm ausgehändigt habe: um sich mit seiner Hilfe sein Leben zu erkaufen. Kohlhaas, »der über die Macht jauchzte, die ihm gegeben war, seines Feindes Ferse, in dem Augenblick, da sie ihn in den Staub trat, tödlich zu verwunden, antwortete: nicht um die Welt«.

So wird seine Hinrichtung am Montag nach Palmsonntag zur Stunde seines Triumphes. Da er seine Strafe als Sühne für seine Verbrechen widerspruchslos annimmt, gilt er als Ausnahmedelinquent. Die Türen seines Gefängnisses stehen Tag und Nacht offen, seine Kinder sind bei ihm, seine Freunde besuchen ihn, selbst Luther schickt ihm einen »sehr merkwürdigen Brief« (der angeblich verlorengegangen ist). Nichts glich »der Ruhe und Zufriedenheit seiner letzten Tage«. Seiner Klage in Dresden ist, mit brandenburgischer Rechtshilfe, Punkt für Punkt stattgegeben worden. Die Rappen haben ihren »von Wohlsein glänzenden, die Erde mit ihren Hufen stampfenden« Auftritt auf dem Richtplatz, wo sich »eine unermeßliche Menschenmenge« versammelt hat. Sie sind durch das Schwingen einer Fahne über ihren Köpfen ehrlich gemacht und von den Leuten des Junkers dickgefüttert worden. Kohlhaas liest den diesbezüglichen Gerichtsbeschluß »mit großen, funkelnden Augen«, besonders gefällt ihm, daß der Junker Wenzel von Tronka zu einer zweijährigen Gefängnisstrafe verurteilt worden ist. Danach erklärt er, »daß sein höchster Wunsch auf Erden erfüllt sei«, schenkt die Pferde seinen Söhnen und das Geld, das den Schaden begleichen soll, der Witwe seines Knechtes Herse. Nun ist es Zeit, den Kopf auf den Block zu legen; er löst das Halstuch. Dabei fällt sein Blick auf einen Mann »mit blauen und weißen Federbüschen«, der niemand anders als der von verzweifelter Hoffnung erfüllte Kurfürst von Sachsen ist. Kohlhaas tritt vor ihn hin, starrt ihm ins Gesicht, reißt sich das Amulett vom bloßen Hals, nimmt den Zettel heraus, liest ihn genau – steckt ihn in den Mund und verschlingt ihn. Der Kurfürst fällt unter Krämpfen in Ohnmacht. »Kohlhaas aber [...] wandte sich zu dem Schafott, wo sein Haupt unter dem Beil des Scharfrichters fiel.«

Mit diesem Ende der Novelle ist der Leser auf eine merkwürdige Weise einverstanden. Die Dinge scheinen ihre Ordnung gefunden zu haben – nicht weil, sondern obwohl die Hauptfigur hingerichtet wird. Michael Kohlhaas, der chronische Verlierer, geht als Sieger aus dem Leben. Sein Ziel war Rache; die hat er in allen Punkten erreicht.

Die Marquise von O...

Ein Kriegsverbrechen in den besten Kreisen

Ein Rezensent, der an sämtlichen Texten, die Kleist veröffentlichte, moralischen Anstoß nahm, fragte, nachdem die Novelle »Die Marquise von O...« im Februar 1808 im »Phöbus« erschienen war, erregt, wie man etwas Derartiges überhaupt publizieren könne. »Nur die Fabel derselben angeben heißt schon sie aus den gesitteten Zirkeln verbannen.«[16] Die Erzählung beginnt mit einer Zeitungsanzeige, die in M..., einer Stadt in Oberitalien, erscheint und von der verwitweten Marquise von O..., einer Dame von tadellosem Ruf und mehrfachen Mutter, unterzeichnet ist: »daß sie, ohne ihr Wissen, in andre Umstände gekommen sei, daß der Vater zu dem Kinde, das sie gebären würde, sich melden solle; und daß sie, aus Familienrücksichten, entschlossen wäre, ihn zu heiraten«. Ob das etwa ein Sujet für ein Kunstjournal sei? Die Menschen in der Novelle benähmen sich alle so inkonsequent, albern, selbst moralisch unmoralisch, daß die Geschichte niemanden interessieren könne. – Der Rezensent irrte sich. »Die Marquise von O...« ist eine der berühmtesten Erzählungen von Kleist und ein unerschöpflicher Quell literaturwissenschaftlicher Interpretation.

Die Marquise ist die Tochter des Obristen von G..., des Kommandanten der Zitadelle bei M..., die nach dem Tod ihres Mannes wieder zu ihren Eltern gezogen ist, wo sie, beschäftigt mit Kunst, Lektüre und der Erziehung ihrer Kinder, ruhig vor sich hin gelebt hat, bis der Krieg nach M. übergreift. Anfangsbuchstaben mit drei Pünktchen an Stelle der Eigennamen suggerieren, daß es sich um eine wahre Begebenheit handelt, deren

Protagonisten aus gesellschaftlichen Rücksichten anonym bleiben sollen. Der Krieg schont auch die Privilegierten nicht, das ist die eine Botschaft; die andere: Eine gute Erziehung schließt vorzivilisatorische Verhaltensweisen nicht aus. Was Kleist hier schildert, ist ein Kriegsverbrechen, begangen in den besten Kreisen. Der Obrist von G... hatte versäumt, seine Familie rechtzeitig in Sicherheit zu bringen, als »plötzlich die Gegend umher mit den Truppen fast aller Mächte und auch mit russischen« erfüllt ist, vielleicht hält er aber auch seine Zitadelle für uneinnehmbar. Jedenfalls kommt beim Angriff des Feindes der Moment, in dem der Kommandant seiner Familie erklärt, »daß er sich nunmehr verhalten würde, als ob sie nicht vorhanden wäre«, und die Festung mit Kugeln und Granaten verteidigt, dem Sturm der russischen Truppen aber nicht lange widerstehen kann. Auf der Flucht aus einem brennenden Flügel des Gebäudes fällt die schutzlose Marquise in die Hände eines Trupps feindlicher Scharfschützen, die sie in den hinteren Schloßhof schleppen, um sie zu vergewaltigen, daran aber von einem russischen Offizier gehindert werden, einem schönen jungen Mann, der ihr in diesem Moment erscheint wie ein »Engel des Himmels«. Er treibt die Übeltäter auseinander, bietet der jungen Frau höflich den Arm und führt sie in einen sicheren Teil des Schlosses, wo sie bewußtlos zusammenbricht. Was dann geschieht, verbirgt sich hinter einem Gedankenstrich: »Hier – traf er, da bald darauf ihre erschrockenen Frauen erschienen, Anstalten, einen Arzt zu rufen«. Er setzt sich den Hut auf – der einzige Hinweis auf Entkleidung – und kehrt zu seinen Leuten zurück. Da der Kommandant sich gleich darauf ergibt, ist der Kampf vorbei, und der russische Offizier, gemäß den Regeln eines Kriegs unter Gentlemen, leistet »Wunder der Anstrengung« bei den Löscharbeiten.

Mit dem Ende der Kriegshandlungen kehrt die Zivilisation wieder ein. Wie aber werden Opfer und Täter fertig mit den Folgen atavistischer Gewalt? Graf F..., »Obristlieutenant vom t...n Jägercorps«, gerät in eine peinliche Lage, als sich die Marquise von O... bei ihm überschwenglich für ihre Rettung bedankt. Das Opfer hat kein Opferbewußtsein, da es (noch) nichts von dem Übergriff weiß. Der Vergewaltiger wird für sein »edelmütiges Verhalten« ausdrücklich von seinem Vorgesetzten gelobt, der die »Schandkerle«, die dieses Verbrechen gern hätten begehen wollen, aber daran gehindert wurden, auf der Stelle erschießen läßt. Im Fortgang der Kämpfe wird der Graf auf dem Schlachtfeld verwundet, was er mit den Worten quittiert: »Julietta! Diese Kugel rächt dich!« Nur er weiß, wofür. Dem jungen Mann steht ein monatelanges Krankenlager bevor, das ihm genügend Zeit läßt, »die einzige nichtswürdige Handlung, die er in seinem Leben begangen« hat, zu bereuen. Für die Marquise und ihre Familie gilt er als tot. Seine ihr von einem Augenzeugen mitgeteilten »letzten Worte« bezieht sie nicht auf sich, sondern auf eine Namensschwester, deren Aufenthaltsort sie sogar herauszufinden versucht.

Aus der Zitadelle vertrieben, aber sonst wohlbehalten, richtet sich die Familie von G..., in der Illusion, das Leben werde weitergehen wie zuvor, ein Haus in der Stadt zu ihrer »immerwährenden« Wohnung ein. »Alles kehrte nun in die alte Ordnung der Dinge zurück.« Ein Quell der Beunruhigung ist nur der Gesundheitszustand der Marquise. Sie leidet unter »Übelkeiten, Schwindeln und Ohnmachten« und hat keine Idee, woran das liegen könnte, obwohl ihr die Ähnlichkeit ihrer Symptome mit einer Schwangerschaft durchaus in den Sinn kommt. Einer freilich ahnt etwas, der Graf F..., der eines Tages, »schön, wie ein junger Gott«, nur ein wenig blaß, ins Zimmer tritt. Die Familie hat ihre Überraschung, daß er am Leben ist, noch nicht überwunden, als er der Marquise schon einen Heiratsantrag macht. Warum ihm das ein so dringendes Bedürfnis ist, daß die Antwort keinen Aufschub duldet, will er nicht begründen. Dies ist die erste einer Reihe von Szenen, die für den Leser außerordentlich komisch sind, weil er ja weiß, worum es geht, während die Personen der Erzählung, Vater, Mutter, Tochter und der die Familie komplettierende Sohn, ein Forstmeister, auf das, was sie für kopflose Leidenschaft halten, vernünftig zu reagieren versuchen. Herrn von F... wird bedeutet, eine so stürmische Werbung sei unschicklich, er müsse sich und seiner Erwählten Zeit geben, einander kennenzulernen. Er läßt durchblicken, als Kurier mit Depeschen nach Neapel unterwegs zu sein; also bemühen sich die G...s, ihn erst einmal loszuwerden; er dürfe aber wiederkommen und auf einige Zeit bei ihnen wohnen, dann werde man weitersehen.

F... verfolgt sein Ziel mit befremdender Hartnäckigkeit: Für seinen Ruf, obwohl dies ja »die zweideutigste aller Eigenschaften« sei, könne er einstehen, er müsse, als Waise, niemanden um Heiratserlaubnis fragen, er sei vermögend, könne sich auch in Italien niederlassen; kurz, er meine es ernst. Der Vater bewahrt nur mit Mühe die Fassung. Allen geht es um die Ehre, dem Obristen um die seiner Tochter, dem Grafen um die der Frau, die sein Kind gebären wird, und nicht zuletzt um seine eigene – doch die Ehre, das Codewort des Adelsstandes, ist in diesem Fall eine Zeitbombe, die unaufhaltsam tickt. Der Russe treibt die Familie G... in die Enge, indem er die Einladung auf der Stelle annimmt; die Depeschen, die er überbringen soll, will er einfach zurückschicken; er verläßt sich wohl darauf, daß sein Onkel, der General K..., die Hand über ihn hält, denn auf einer solchen Eigenwilligkeit steht, wie der Obrist anmerkt, für gewöhnlich die unehrenhafte Entlassung aus der Armee. Graf F... setzt seinen Entschluß sofort in die Tat um, was den Kommandanten zu der bitteren Bemerkung veranlaßt, er müsse sich »diesem Russen schon zum zweitenmal ergeben«! Die Marquise, die eigentlich keine zweite Ehe eingehen will, diesem schönen, wilden jungen Mann aber nicht ganz abgeneigt ist, findet eine Lösung; sie verspricht, sich bis zu des Grafen Rückkehr aus Neapel mit niemand anderem zu verheiraten, und obwohl das noch nicht heißt, daß sie ihn heiraten werde, genügt ihm das, er verabschiedet sich, zur allgemeinen Erleichterung, um seine Depeschen doch noch selbst zu besorgen. »Freude war bei dieser Abreise, wie noch niemals bei einem Empfang.«

Beunruhigt durch die Veränderungen ihres Körpers, läßt die Marquise von O... sich von einem Arzt untersuchen. Sie ist ohne jeden Zweifel schwanger. Ihre Beteuerungen, daran unschuldig zu sein, glaubt ihr niemand. »Außer der heiligen Jungfrau« sei eine Schwangerschaft ohne Empfängnis »noch keinem Weibe auf Erden zugestoßen«. Die Mutter nimmt ihr vor allem übel, daß sie, gegen alle Wahrscheinlichkeit, die Unschuldige spielt und den Namen des Vaters nicht preisgibt. Der Obrist rast, er verbietet der Tochter sein Haus und geht, als sie auf Knien um Verständnis fleht, sogar so weit, mit einer Pistole herumzufuchteln, aus der sich ein Schuß löst – ein Melodram unkontrollierter Gefühle. Doch als ihr zur Strafe auch die Kinder entzogen werden sollen, findet die verzweifelte Marquise wieder zu sich, verweigert ihren Eltern den Gehorsam und zieht aus. »Durch diese schöne Anstrengung mit sich selbst bekannt gemacht«, nimmt sie ihr Schicksal in die eigene Hand. »Ihr Verstand, stark genug, in ihrer sonderbaren Lage nicht zu reißen, gab sich ganz unter der großen, heiligen und unerklärlichen Einrichtung der Welt gefangen.« Sie richtet ihren Landsitz wieder her, der nach dem Tod ihres Mannes vernachlässigt worden ist, kümmert sich um ihre beiden Kinder und denkt darüber nach, wer wohl der Vater des dritten, das sie erwartet, sein könne. Weil sie es in aller Unschuld empfangen hat, erscheint ihr sein Ursprung fast göttlich, und sie findet es unerträglich, daß es im Zeichen der Schande zur Welt kommen soll. So verfällt sie auf die Idee, jene Annonce in die Zeitung zu setzen, in der sie nach dem Vater sucht.

In der Zwischenzeit ist Graf F... wieder in M... eingetroffen. Vater und Bruder unterrichten ihn mit moraltriefendem Ernst »von der Schande, die die Marquise über die Familie gebracht hatte«, worauf der Graf selbstvergessen ausruft, man hätte ihm eben nicht so viele Hindernisse in den Weg legen sollen. Der Forstmeister fragt ihn, »ob er rasend genug wäre, zu wünschen, mit dieser Nichtswürdigen vermählt zu sein«. Der Graf erwidert, sie sei mehr wert als die ganze Welt, die sie verachte, und er werde sich auf der Stelle zu ihr begeben, um seinen Antrag zu wiederholen. Doch er kann wohl nicht anders, als sich der Marquise in der Haltung eines Vergewaltigers zu nähern. Da sie jeden Besucher abweisen läßt, überfällt er sie in ihrem Garten, wo sie in einer Laube an einem kleinen Tisch vor sich hin arbeitet. Die Leidenschaft, mit der er sich ihr nähert, sie zu umarmen und zu küssen und mit seinem Heiratswunsch zu überwältigen versucht, schlägt sie in die Flucht, sie stößt ihn, weil er sie nicht loslassen will, sogar heftig vor die Brust. Ihre wechselseitige Wahrnehmung unterscheidet sich. Die Erinnerung an eine Intimität, die ihr verborgen geblieben ist, entzündet sein Begehren, während er für sie ein zudringlicher Fremder ist und bleibt. Der Forstmeister zeigt dem Grafen, nachdem dieser unverrichteter Dinge ins Haus der von G... zurückgekehrt ist, die Anzeige der Marquise, die kurz zuvor in der Zeitung erschienen ist. Nun weiß der verzweifelte Liebhaber endlich, was er zu tun hat. Er läßt eine Antwort in die Zeitung rücken: »Wenn die Frau Marquise von O... sich, am 3ten ... 11 Uhr morgens, im Hause des Herrn von G..., ihres Vaters, einfinden will: so wird sich derjenige, den sie sucht, ihr daselbst zu Füßen werfen.«

Das heißt nun freilich, die Rechnung ohne den Wirt zu machen. Zwar ist Frau von G..., nachdem sie diese Annonce gelesen hat, von der Unschuld ihrer Tochter sofort überzeugt, der Obrist hingegen hält sie für den Gipfel der Abgefeimtheit. »O die Schändliche! [...] o die verschmitzte Heuchlerin! Zehnmal die Schamlosigkeit einer Hündin, mit zehnfacher List des Fuchses gepaart, reichen noch an die ihrige nicht!« Er betrachtet das Ganze als ein abgekartetes Spiel und verbietet der Tochter, sein Haus zu betreten. Den zu erwartenden Freier bedroht er gar mit dem Tod: »die Kugel dem, der am Dritten morgens über meine Schwelle tritt!« Das geht Frau von G... zu weit; ausnahmsweise widersetzt sie sich dem Willen ihres Gatten und sucht ihre Tochter auf. Die Begegnung endet damit, daß beide Frauen voreinander auf den Knien liegen und sich wechselseitig um Verzeihung bitten. Frau G… nimmt nun die Dinge in die Hand. Sie werde die Wöchnerin betreuen und nicht mehr von ihrer Seite weichen: »Ich biete der ganzen Welt Trotz; ich *will* keine andre Ehre mehr, als deine Schande«. Gemeinsam fahren sie in das Haus von G…, die Mutter bringt die Tochter in ihre alten Zimmer, sagt ihr, sie solle es sich bequem machen, und entfernt sich. Nach einer Stunde kommt sie wieder: »Aber nun sitzt er, und weint.« – »Wer?« fragt die Marquise. »Der Vater doch nicht?« Frau von G… hat ganze Arbeit geleistet. Die Reue ihres Gatten ist so maß- und würdelos wie zuvor sein Zorn. Er weint vor der Tür, weil er sich nicht ins Zimmer wagt; mit dem Taschentuch vor dem Gesicht tritt er schließlich ein. »Die Mutter stellte sich breit vor ihre Tochter, und kehrte ihm den Rücken zu« – Schmierentheater, das den Vater demütigen soll. »Er soll dir abbitten […] Warum ist er so heftig!« Nachdrücklich erklärt sie, daß sie beide liebe, Vater und Tochter, aber wenn sie die Wahl hätte, würde sie bei der Tochter bleiben. »Der Commendant beugte sich ganz krumm, und heulte, daß die Wände erschallten.« Die Marquise bricht ihrerseits in Tränen aus, die Mutter macht den Weg frei, und die Versöhnung kommt endlich in Gang.

Die Mutter zieht sich zurück, wischt sich vor der Tür die Tränen ab, begibt sich in die Küche und kocht ihrem Mann, dessen Gesundheitszustand ihr nach dieser heftigen Erschütterung Sorgen macht, »für den Abend alles, was sie nur Stärkendes und Beruhigendes aufzutreiben wußte, […] zusammen«, sie legt ihm sogar eine Wärmflasche ins Bett. Da sich Vater und Tochter immer noch nicht blicken lassen, geht sie schließlich in das Zimmer der Marquise zurück und wird Zeugin einer Szene, die, verglichen mit der hinter einem Gedankenstrich verborgenen Vergewaltigung, der weitaus größere Skandal ist. Der alte Vater variiert nun seinerseits den männlichen Übergriff auf seine passive Tochter, die »still, mit zurückgebeugtem Nacken, die Augen fest geschlossen«, in seinen Armen liegt, während er »lange, heiße und lechzende Küsse […] auf ihren Mund drückte: gerade wie ein Verliebter!« Es ist die Unbefangenheit der Mutter, der bei diesem Anblick »das Herz […] vor Freuden empor«quoll, die der Phantasie des Lesers einen Riegel vorschiebt; der inzestuösen Anwandlung ihres Mannes letzten Endes auch, denn »da er eben wieder mit Fingern und Lippen in unsäglicher Lust über den Mund seiner Tochter beschäftigt war«, beugt sie sich um den Lehnstuhl herum, hinter dem sie unbemerkt steht, sieht ihm ins Gesicht und küßt jetzt ihn »in Ordnung«, damit das Familienidyll perfekt ist. – Dem Reinen ist alles rein.

Am nächsten Morgen sitzen Mutter und Tochter, »wie zur Verlobung angekleidet«, im Besuchszimmer des Hauses von G…, als Schlag elf Graf F… gemeldet wird. Die Marquise zieht, merkwürdig blind, den falschen Schluß und will vor dem unpassenden Besuch die Türen verschließen lassen, da tritt der Graf schon, »in genau demselben Kriegsrock, mit Orden und Waffen, wie er sie bei der Eroberung des Forts getragen hatte«, bei ihnen ein. Frau von G… begreift als erste. Als der reuige Täter vor seinem Opfer niederkniet und schweigend das Urteil erwartet, sagt die Marquise: »ich werde wahnsinnig werden«. Ihre Mutter flüstert ihr ins Ohr, was sie offenbar immer noch nicht wahrhaben will, und glaubt damit das Happy-End eingeleitet zu haben, doch nun spielt die Marquise verrückt: »gehn Sie! gehn Sie! gehn Sie! rief sie, indem sie aufstand; auf einen Lasterhaften war ich gefaßt, aber auf keinen – – – Teufel!« Sie läßt Vater und Bruder rufen, teilt ihnen mit, diesen Mann werde sie nicht heiraten, »griff in ein Gefäß mit Weihwasser, das an der hinteren Tür befestigt war, besprengte, in einem großen Wurf, Vater und Mutter und Bruder damit, und verschwand«.

Die Hochzeit findet dennoch statt, nachdem die Marquise den von ihrem Vater abgefaßten Heiratsvertrag gelesen hat, in dem der Ehemann auf alle Rechte eines Gemahls verzichtet, jedoch alle ihm auferlegten Pflichten akzeptiert. Während der Trauung würdigt die Braut den Bräutigam keines Blickes, und sobald sie die Kirche verlassen haben, verabschiedet sie sich.

Die Gräfin F... bleibt bei ihren Eltern, der Graf bezieht ganz allein eine Wohnung in M..., doch wird er immerhin zur Taufe seines Sohnes eingeladen. Auf der Wiege hinterlegt er zwei Papiere, ein Geschenk von 10000 Rubel an den Sohn und ein Testament, in dem er die Mutter zur Erbin seines gesamten Vermögens einsetzt. Von diesem Tag an wird er, auf Initiative der Frau von G..., öfter eingeladen. »Da sein Gefühl ihm sagte, daß ihm von allen Seiten, um der gebrechlichen Einrichtung der Welt willen, verziehen sei«, beginnt er von neuem um seine Frau zu werben; diesmal mit Erfolg. Es wird sogar noch eine zweite Hochzeit gefeiert, und eine »ganze Reihe von jungen Russen folgte jetzt noch dem ersten«. In einer »glücklichen Stunde« fragt der Graf seine Frau, warum sie »an jenem fürchterlichen Dritten, da sie auf jeden Lasterhaften gefaßt schien, vor ihm, gleich einem Teufel, geflohen wäre«. Der Grund sei gewesen, antwortet sie, daß er ihr bei seiner ersten Erscheinung wie ein Engel vorgekommen sei.

Wie die Dresdener Gesellschaft auf den Skandalfall reagierte, geht aus einem Epigramm hervor, das Kleist in einem späteren »Phöbus«-Heft veröffentlichte: »Dieser Roman ist nicht für dich, meine Tochter. In Ohnmacht! / Schamlose Posse! Sie hielt, weiß ich, die Augen bloß zu.«[17]

Die Verlobung in St. Domingo

Wie aus schwarz weiß wird

Ein weißer Mann in einem exotischen Land gerät in Lebensgefahr und wird von einer Eingeborenen aus Liebe gerettet. Dieses Motiv, das im 18. Jahrhundert vereinzelt in der deutschen Literatur auftaucht, verarbeitet eine europäische kulturelle Erfahrung aus zweiter Hand, denn in die Kolonien gingen damals Militärs, Missionare und Siedler, aber keine Schriftsteller. Auch Kleist war nie in Übersee, und wenn er seine Geschichte des Schweizers Gustav, der sich in einem Moment höchster Lebensgefahr in die Mestizin Toni verliebt, ihr aber nicht vertraut und dadurch alles zerstört, ins aufrührerische Haiti verlegt, dann geht es ihm weniger um die Wirklichkeit eines kolonialen Aufstandes als um eine Kulisse für sein eigentliches Thema: Liebe und Gewalt.

Märchen beginnen mit »Es war einmal«; solch einen Ton schlägt der Erzähler an: »Zu Port au Prince, auf dem französischen Anteil der Insel St. Domingo, lebte, zu Anfang dieses Jahrhunderts, als die Schwarzen die Weißen ermordeten […], ein fürchterlicher alter Neger, namens Congo Hoango.« Ein Schwarzer als die Inkarnation des Bösen. Wie mag das entgegengesetzte Gute aussehen – weiß? So schlicht ist Kleists Wirklichkeitswahrnehmung nicht, auch wenn er seine koloniale Liebesgeschichte aus der vorurteilsvollen europäischen Perspektive erzählt. Im übrigen lag dieser so fern erscheinende Zeitpunkt, als die Welt auf dem Kopf stand und die Weißen nicht mehr die Jäger, sondern die Gejagten waren, beim Erscheinen der Erzählung im Frühjahr 1811 gerade acht Jahre zurück. Die erfolgreiche Erhebung der schwarzen Sklaven gegen die weißen Kolonialherren im französischen Teil Haitis war zum europäischen Trauma geworden, denn sie hatte die Ideologie von der Überlegenheit der »weißen« Zivilisation zum erstenmal in Frage gestellt. Die Aufstände hatten bereits 1791 begonnen, knapp zwei Jahre nach der Französischen Revolution, auf deren Menschenrechtsdeklaration sich die schwarzen Sklavenarbeiter in der reichsten Kolonie der Neuen Welt beriefen. Der Nationalkonvent hatte 1794 ihrer Forderung nachgegeben und die Sklaverei abgeschafft. Napoleon versuchte, das Rad der Geschichte zurückzudrehen, und schickte Truppen nach St. Domingo, die im Jahr 1803 von den Aufständischen unter Führung von Jean Jacques Dessalines entscheidend geschlagen wurden. Genau zu diesem Zeitpunkt, als Dessalines auf Port au Prince vorrückte und die Weißen im ganzen Land massakriert wurden, spielt Kleists Erzählung.

Die Frage, ob aus Afrika importierte Sklaven Anspruch auf die Menschenrechte haben, wurde Anfang des Jahrhunderts auch unter liberal denkenden Zeitgenossen kontrovers diskutiert. Kleist ist mit großer Wahrscheinlichkeit schon in seinen dichterischen Anfängen, als er in der Schweiz lebte, mit diesem Thema in Berührung gekommen. Die damals von Napoleons Wohlwollen abhängige Helvetische Republik hatte Frankreich ein Kontingent von Hilfstruppen zur Verfügung stellen müssen, die 1803 nach Haiti geschickt und dort zusammen mit den Franzosen aufgerieben wurden. Unter diesen unfreiwilligen Legionären war ein Bruder des Mannes, der Kleist das Häuschen auf der Aare-Insel vermietet hatte; eine mögliche private Informationsquelle des Dichters. Die Expedition wurde in der Schweizer Presse aufgeregt verfolgt und kommentiert. Insbesondere Kleists Berner Freund Heinrich Zschokke setzte sich mit den Vorgängen auf Haiti auseinander. Nachdem die grausamen Massaker von 1803 bekanntgeworden waren, porträtierte er in seinen Artikeln Dessalines als einen »schwarzen Satan«, der »gern in Mord und Blut schwelgt«. In der »Verlobung in

St. Domingo« trägt Congo Hoango Züge dieses Barbaren, der alles, was weiß ist, gnadenlos abschlachtet.

Freilich tritt er bei Kleist nicht als Rebellenführer auf, sondern als Outlaw, als Räuberhauptmann und Wegelagerer, der keine politischen Ziele verfolgt, sondern einzig und allein von seinem Durst nach Rache motiviert ist. Rache setzt erlittenes Unrecht voraus, das hier nur angedeutet wird: »Eingedenk der Tyrannei, die ihn seinem [afrikanischen] Vaterlande entrissen hatte«, jagt er »seinem Herrn die Kugel durch den Kopf«, ermordet dessen Familie, verwüstet die Pflanzung, übernimmt das Herrenhaus und spezialisiert sich auf Flüchtlinge, die versuchen, über die Insel nach Port au Prince, dem letzten Hafen in europäischer Hand, zu gelangen. Der zynische alte Mann benutzt Toni, die fünfzehnjährige Tochter der Mulattin Babekan, mit der er zusammen lebt, als Köder, um die künftigen Opfer in sein Haus zu locken, wo sie ausgeraubt und ermordet werden. Daß es sich dabei nicht um einen Akt individueller Kriminalität handelt, belegt das »Mandat«, das an der Haustür angeschlagen ist, »in welchem allen Schwarzen bei Lebensstrafe verboten war, den Weißen Schutz und Obdach zu geben«. Congo Hoango ist kein privater Missetäter, sondern Teil einer auf den Kopf gestellten Weltordnung. In den von den Schwarzen bewohnten Häusern lauern Verrat, Mord und Totschlag. Für die Weißen ist die Wildnis sicherer als die pervertierte Zivilisation.

An die Tür des Hauses von Congo Hoango klopft in »einer stürmischen und regnichten Nacht« ein weißer Jüngling in Offiziersuniform, ein Schweizer, wie sich herausstellt, der mit den Franzosen ins Land gekommen ist und sich nun mit einer kleinen Gruppe von Verwandten und Bedienten, die er im Wald zurückgelassen hat, nach Port au Prince durchzuschlagen versucht. So finster ist es, daß er Babekan am Fenster fragen muß: »Seid Ihr eine Negerin?« Eine existentielle Frage, wenn Freund und Feind sich durch die Hautfarbe unterscheiden. Nun ist Babekan aber eine Mulattin, ihre Tochter Toni gar, als Kind eines Franzosen, nur noch ein ganz klein wenig »verbrannt«, was die

Freund-Feind-Schablone verwischt. Toni, die ihm öffnet, richtet es so ein, daß das Licht der Laterne auf ihr helles, hübsches Gesicht fällt. Der Fremde läßt sich ins Haus locken, er legt die Waffen ab, er ist bereit, an das weiße Element in diesen dunkelhäutigen Personen zu glauben: »Euch kann ich mich anvertrauen«, sagt er zu Babekan, »aus der Farbe Eures Gesichts schimmert mir ein Strahl von der meinigen entgegen.« Der Erzähler ist kein Rassist, auch wenn er von »Negern« spricht, denn diese Farbigen, selbst der grundböse Congo Hoango, sind für ihn nicht Schemen, sondern lebendige Menschen. Dennoch reflektiert er auf eine vertrackte Weise den »weißen Blick«, weil er die Hautfarbe als Indikator für den Zivilisationsgrad bewertet.

Babekan leistet Gustavs Gutgläubigkeit Vorschub, indem sie ihm vortäuscht, als Mulattin selbst eine Außenseiterin im schwarzen System und mit ihrer Tochter der Gewalttätigkeit Congo Hoangos ausgeliefert zu sein. Das Bild, das sie benutzt, um die »rasende Erbitterung«, mit der Menschen verschiedener Hautfarbe einander bekämpften, zu kennzeichnen, beeindruckt Gustav: »Ist es nicht, als ob die Hände *eines* Körpers, oder die Zähne *eines* Mundes gegeneinander wüten wollten, weil das *eine* Glied nicht geschaffen ist, wie das andere?« Der Schweizer ist nur allzu bereit, sich davon überzeugen zu lassen, daß er in Babekan und Toni Schicksalsgenossinnen gefunden habe – die er, ohne zu zögern, für seine Zwecke zu benutzen versucht. Da sie, indem sie ihm Obdach gewähren, es sich ohnehin mit Congo Hoango verdorben hätten, könnten sie doch, gegen eine entsprechende Belohnung, auch für ein oder zwei Tage seine erschöpften Reisegenossen aufnehmen? Das paßt Babekan nun gar nicht ins Konzept, denn es bedeutet, schwerbewaffnete Europäer im Haus zu haben, die Widerstand leisten würden, wenn Congo Hoango, wie erwartet, in zwei Tagen zurückkehren würde. Wenn er freilich vorher im Haus wäre, würden umgekehrt die Fremden in eine Falle laufen. Um Zeit zu gewinnen, schlägt sie Gustav vor, die Einquartierung um 24 Stunden zu verschieben.

Das Mädchen bringt dem Gast das Abendessen; es schlägt die Stunde der Vertraulichkeiten. Gustav erfährt, daß Toni die Tochter eines Marseiller Kaufmanns ist, den Babekan in Paris getroffen hat, wohin sie als Haussklavin die Frau des Pflanzers begleitet hatte, der mit seiner Familie später von Congo Hoango ermordet wurde. Jener Herr Villeneuve, der zu Beginn als ein philanthropischer Kolonialist vorgestellt wurde, der sich persönlich-paternalistisch um das Wohl seiner Sklaven kümmerte, zeigte der schwangeren Babekan sein anderes Gesicht, indem er sie für ihren Fehltritt mit sechzig Peitschenhieben bestrafen ließ, was zur Folge hatte, daß sie an Tuberkulose erkrankte. Babekans Haß auf die Weißen ist also gut motiviert. Tonis Abkunft aus besten französischen Kreisen bedeutet für Gustav, daß sie ihm ebenbürtig genug ist, um eine erotische Begegnung nicht auszuschließen. Begehren, gemischt mit Angst, ist das Gefühl, das Gustav beherrscht. In der prekären Geborgenheit dieses ehemaligen Pflanzerhauses, wo er Zeichen der vertrauten europäischen Zivilisation vorfindet, einen gedeckten Tisch, eine Wanduhr, sprudeln die erlebten Schrecken aus Gustav, er schildert voll Abscheu die Massaker, vor denen er und seine Verwandten geflohen sind, doch Toni unterbricht ihn mit der Frage, »wodurch sich denn die Weißen [...] so verhaßt gemacht hätten«. Der junge Mann reagiert »betroffen«, als ob er darüber noch nie nachgedacht hätte, nennt als Ursache »das allgemeine Verhältnis, das sie, als Herren der Insel, zu den Schwarzen hatten«, das er keineswegs in Schutz nehmen wolle, das doch aber schon seit Jahrhunderten auf diese Weise bestehe! Der »Wahnsinn der Freiheit« treibe die Farbigen, »an den Weißen wegen vielfacher und tadelnswürdiger Mißhandlungen, die sie von einigen schlechten Mitgliedern derselben erlitten, Rache zu nehmen«. Ist Gustav nun für oder gegen die Sklaverei? Und wie steht der Erzähler dazu? Wir erfahren es nicht.

Daß er sich zwei Frauen ausgeliefert hat, die nicht ganz schwarz, aber auch keine Weißen, also ambivalent wie die ganze Situation sind, schürt offenbar Gustavs Angst vor Verrat. Quasi als Test erzählt er Toni und Babekan die Geschichte einer Sklavin, die sich an ihrem weißen Herrn, der sie übel behandelt hatte, infam rächte. Als der Zufall den »vor der Wut der Negern« Flüchtenden in ihre Nähe führte, bot sie ihm Obdach an und lockte ihn in ihr Bett, um ihm, der nicht wissen konnte, daß sie an Gelbfieber litt, nach einer halben Stunde »mit dem Ausdruck wilder und kalter Wut« mitzuteilen, er habe »eine Pestkranke, die den Tod in der Brust trägt«, geküßt und möge die Infektion an seinesgleichen weiterreichen. Ob Toni wohl zu einer solchen Tat fähig sei? »Verwirrt« vor sich niederblickend, verneint diese. Gustav regt sich über diese Heimtücke ganz unangemessen auf: »Keine Tyrannei, die die Weißen je verübt«, könne »einen Verrat, so niederträchtig und abscheulich, rechtfertigen.« Kein Zweifel; er ahnt etwas, ihn überkommt »ein widerwärtiges und verdrießliches Gefühl«.

Die Reihe ist an Toni. Babekan läßt ihr freie Hand in der Wahl der Mittel, den Fremden kirre zu machen, denn die Grenze ist vorgegeben: Alle Zärtlichkeiten sind erlaubt, »bis auf die letzte, die ihr bei Todesstrafe verboten« ist. Im Schlafzimmer des Gastes entfaltet Toni ihre Verführungskünste, ohne zu ahnen, daß aus dem Spiel Ernst werden würde. Sie bringt dem jungen Mann, der Halsbinde und Weste abgelegt hat und dabei ist, sich Stiefel und Socken auszuziehen, ein nach Kräutern duftendes Fußbad. »Ihr Haar, in dunkeln Locken schwellend, war ihr, als sie niederkniete, auf ihre jungen Brüste herabgerollt; ein Zug von ausnehmender Anmut spielte um ihre Lippen und über ihre langen, über die gesenkten Augen hervorragenden Augenwimpern; er hätte, bis auf die Farbe, die ihm anstößig war, schwören mögen, daß er nie etwas Schöneres gesehen.« Er reagiert, wie von ihm erwartet wird. Um herauszufinden, »ob das Mädchen ein Herz habe oder nicht«, zieht er sie auf seinen Schoß und fragt sie, ob sie einen Bräutigam habe. Mit fünfzehn sei sie doch alt genug, um zu heiraten. Toni berichtet von einem schwarzen Verehrer, den sie abgewiesen habe, und Gustav schließt daraus, daß sie vielleicht lieber einen Weißen heiraten würde? Da schmiegt sie sich, »unter einem überaus reizenden Erröten«, an seine Brust. Der Fremde ist gerührt. »Es war ihm unmöglich zu glauben, daß alle diese Bewegungen, die er an ihr wahrnahm, der bloße elende Ausdruck einer kalten und gräßlichen Verräterei sein sollten.«

Noch meint er es väterlich, drückt, »gleichsam zum Zeichen der Aussöhnung, einen Kuß auf ihre Stirn«, doch eine Assoziation löst einen Gefühlssturm in ihm aus. Irgend etwas an Toni, trotz ihrer »anstößigen Farbe«, erinnert ihn an eine Frau, die er geliebt hat und die seinetwegen umgekommen ist. Er erzählt dem jungen Mädchen, wie zu Beginn der Französischen Revolution seine Braut Mariane Congreve an seiner Stelle zum Tode verurteilt worden ist, weil er selbst vor den Verfolgern geflohen war. Als er sich am Richtplatz stellen wollte, leugnete sie, ihn zu kennen, und wurde guillotiniert. Diese Erinnerung wühlt Gustav so auf, daß er weinen muß, was der direkte Weg zu Tonis Herz ist: »sie folgte ihm mit einer plötzlichen Bewegung, fiel ihm um den Hals und mischte ihre Tränen mit den seinigen«. Hier bekommen wir den Erzähler zu fassen, der diese Geschichte vom Liebesopfer einer Frau nicht ohne Hintergedanken einführt – geht es doch darum, in einer anderen Frau die Bereitschaft zu einem solchen Opfertod zu wecken. Gustav ist durchaus auch berechnend, denn er hat ja schon zuvor von seinen Gastgeberinnen verlangt, daß sie, ungeachtet der Rachsucht Congo Hoangos, seine Familie ins Haus aufnehmen. Sich Tonis Ergebenheit zu sichern kann ihm nur nützen, auch wenn seine Gefühle echt sind.

Was für Gefühle? Ein »Taumel wunderbar verwirrter Sinne, eine Mischung von Begierde und Angst« reißt ihn hin und Toni mit. Diesmal steht an der Stelle der Verführung kein Gedankenstrich, wie in der »Marquise von O…«, sondern der Satz: »Was weiter erfolgte, brauchen wir nicht zu melden, weil es jeder, der an diese Stelle kommt, von selbst liest.« Als Gustav »sich wieder gesammlet hatte«, weiß er vor allem eins: »daß er gerettet, und in dem Hause, in welchem er sich befand, für ihn nichts von dem Mädchen zu befürchten war«. Dieses Mädchen aber liegt in seinem Bett und weint, und weint. Er schenkt ihr das goldene Kreuz von Mariane, das er auf der Brust trägt, er verspricht, bei ihrer Mutter um ihre Hand anzuhalten, er schildert ihr das kleine Grundstück an den Ufern der Aare, das er besitzt und wohin er sie mitnehmen will, er schwört ihr ewige Liebe – sie zerfließt in Tränen. Nach den Gesetzen der Welt, in der sie lebt, hat sie ihr Leben verwirkt. Gustav ist ratlos. Schließlich trägt er sie auf seinen Armen in ihre Schlafkammer, damit ihr Geheimnis bewahrt bliebe.

Babekan, die einen sehr guten Schlaf haben muß, teilt ihrer Tochter am nächsten Morgen mit, die Familie des Offiziers müsse hingehalten werden, bis Congo Hoango im Hause sei. In Toni gehen große Veränderungen vor. Das Gute in ihr – aus der Sicht Gustavs und des Erzählers das »Weiße« – gewinnt die Oberhand. In einer Anwandlung von europäischem Wertebewußtsein protestiert sie: Es sei »schändlich und niederträchtig«, auf diese Weise das Gesetz der Gastfreundschaft zu verletzen. Sie verteidigt diesen jungen Schweizer, der ihnen nichts getan habe und mit den Pflanzern, gegen die man sich empöre, nichts als die Hautfarbe gemeinsam habe. Trocken erinnert die Alte Toni an die Verbrechen, an denen sie beteiligt war: Was der junge Portugiese verschuldet habe, den man mit Keulen erschlagen habe? Was die beiden Holländer verbrochen hätten, die im Hof erschossen worden seien? Was man den drei Franzosen und so vielen einzelnen zur Last gelegt habe, »die mit Büchsen, Spießen und Dolchen [...] im Hause hingerichtet worden wären«? Toni ist kein unbeschriebenes Blatt; ihr Anteil an der »schwarzen« Verkehrung der Welt wiegt schwer. Mit ihrem Eintreten für Gustav erreicht sie nur, daß Babekan mißtrauisch wird. Toni begreift das und setzt nun als Maske auf, was noch bis gestern ihr natürliches Verhalten war. Gerade noch rechtzeitig, um Babekan daran zu hindern, Gustav mit der Frühstücksmilch Gift zu verabreichen, verspricht sie, deren Pläne zu unterstützen. Als erstes freilich stiehlt sie den Zettel, den Gustav Babekan übergeben hat und den diese eigentlich unterschlagen will. Er enthält die Einladung an den Onkel, mit seinem Troß in das Haus des Congo Hoango zu kommen. Toni sorgt dafür, daß er sein Ziel erreicht.

Während also Gustavs Familienverband informiert wird und sich auf den Weg macht, arbeitet Toni weiter an ihrer Verwandlung in eine Weiße. Sie betet zu Christus, ihr ausreichend Mut zu verleihen, um Gustav ihre Verbrechen zu beichten. Sie hofft, er werde ihr, »um der Schritte willen, die sie bereits zu seiner Rettung getan«, vergeben und »sie als sein treues Weib mit sich nach Europa führen«. In der Zwischenzeit ist es Nacht geworden. Toni schleicht zu Gustav, der eingeschlafen ist und offenbar von ihr träumt, denn er flüstert »mit glühenden, zitternden Lippen« mehrmals ihren Namen. Das rührt sie sehr, deshalb weckt sie ihn nicht. In diesem Moment hört sie das Geräusch von Menschen, Pferden und Waffen – Congo Hoango ist vorzeitig zurückgekehrt. Schon teilt Babekan ihm unten im Hof mit, daß ihrer eigenen Tochter nicht mehr zu trauen sei. Vermutlich sei sie gerade dabei, dem Fremden zur Flucht zu verhelfen. Wütend steigt Hoango mit seinem schwarzen Troß die Treppe hinauf. Toni hat gerade noch Zeit, den schlafenden Gustav mit einem zufällig herumhängenden Strick zu fesseln, ungeachtet dessen, »daß er sich rührte und sträubte«. Der Kuß, den sie zum Abschluß auf seine Lippen drückt, hätte ihn eigentlich von ihrer guten Absicht überzeugen müssen.

»Die Treulose! Die Bundbrüchige!« ruft Congo Hoango, als er Toni im Schlafzimmer des Fremden vorfindet. Sie braucht nur auf den gefesselten Gustav zu deuten, um den Vorwurf des Verrats zu widerlegen, was Gustav nicht anders interpretieren kann, als daß er der Verratene sei, worauf er jämmerlich »o Toni! o Toni!« seufzt. Der Räuberhauptmann will ihn sofort hinrichten lassen, doch Toni hält ihn davon ab: zuvor müsse der Fremde ein paar Zeilen schreiben, um die im Wald zurückgelassene Familie in die Pflanzung zu locken. Es wird beschlossen, damit bis zum nächsten Tag zu warten. Dadurch gewinnt Toni

Zeit, den Schweizern entgegenzulaufen und sie zu warnen. »Die Blicke voll Verachtung, die der Fremde von seinem Bette aus auf sie geworfen hatte, waren ihr empfindlich, wie Messerstiche, durchs Herz gegangen; es mischte sich ein Gefühl heißer Bitterkeit in ihre Liebe zu ihm.« Sie paßt also Herrn Strömli ab, der mit seiner Gemahlin, drei kleinen Kindern und zwei erwachsenen Söhnen, drei Dienern und zwei Mägden schon auf dem Weg zum Pflanzerhaus ist. Frauen und Kinder werden zurückgelassen, die sechs wehrhaften Männer, denen sich, mit Helm und Spieß bewaffnet, Toni anschließt, schleichen sich zum Herrenhaus und bemächtigen sich zunächst einmal der ordentlich zusammengestellten Gewehre von Congo Hoangos Leuten. Nachdem schon Nanky, eines der unehelichen Kinder des alten Hoango, von den Weißen als Geisel genommen worden ist, holt Toni nun auch den fünfjährigen Seppy, den der Alte besonders liebt, aus dem Stall, wo er seine Schlafstelle hat, und trägt ihn in das Hauptgebäude hinüber. Als Herr Strömli mit seinen Leuten so leise wie möglich das Zimmer betritt, in dem Hoango schlafend vermutet wird, sind der und Babekan schon auf den Beinen, Hoango bekommt eine Pistole zu fassen und schießt, »Herrn Strömli am Kopf streifend«, auf die Angreifer, es gelingt ihm noch, mit einem zweiten Schuß einem Diener die Schulter zu durchbohren, dann werden er und Babekan überwältigt und am Gestell eines großen Tisches festgebunden. Zwanzig Gefolgsleute des Hoango versuchen nun, in das von der Familie Strömli verbarrikadierte Haus zu gelangen, und es wäre ihnen gewiß gelungen, hätte nicht Toni in diesem Moment den kleinen Seppy in Hoangos Zimmer getragen, wo Strömli ihr das Kind vom Arm reißt und droht, es augenblicklich zu töten, wenn der alte Mann seine Leute nicht zurückriefe; was dieser, angeschlagen durch einen Säbelhieb über seine rechte Hand, »nach einigem Bedenken« auch tut. Nun formuliert Strömli seine Bedingungen: freien Abzug für Gustav und alle Europäer, auch Toni; in Sainte Lüze, einem Vorposten der Franzosen, würden Hoangos Kinder freigelassen. Toni will sich von Babekan verabschieden, die sie als Verräterin beschimpft. Toni: »Ich habe euch nicht verraten; ich bin eine Weiße, und dem Jüngling, den ihr gefangen haltet, verlobt; ich gehöre zu dem Geschlecht derer, mit denen ihr im offenen Kriege liegt, und werde vor Gott, daß ich mich auf ihre Seite stellte, zu verantworten wissen.« Eine perfekte kulturelle Konversion. Der weiße Mann, listig und entschlossen, scheint der schwarzen Anarchie die eigenen Regeln erfolgreich aufzuzwingen.

Wer einen Strich durch diese Rechnung macht, ist Gustav. Er ist in der Zwischenzeit durch Herrn Strömlis Söhne von seinen Bewachern und seinen Fesseln befreit worden, scheint sich darüber aber gar nicht zu freuen. »Halb im Bette aufgerichtet, drückte [er] ihnen freundlich die Hand [...], und statt die Pistolen, die sie ihm darreichten, zu ergreifen, hob er die Rechte, und strich sich, mit einem unaussprechlichen Ausdruck von Gram, damit über die Stirn.« Als Toni mit dem kleinen Seppy auf dem Arm das Zimmer betritt, bekommt Gustav weiche Knie, er muß sich an den jungen Männern festhalten, hat nun plötzlich doch »ein Pistol« in der Hand, und ehe noch jemand begreift, was er vorhat, »drückte er dasselbe schon, knirschend vor Wut, gegen Toni ab«. Sie bricht zu seinen Füßen zusammen. »Du ungeheurer Mensch!« beschimpfen Herr Strömli und seine Söhne den »unbegreiflich gräßlichen Mörder«. Sie halten ihm vor, daß Toni ihn gerettet habe, daß sie alles aufgeben und mit ihm nach Port au Prince hatte fliehen wollen. »Sie donnerten ihm: Gustav! in die Ohren, und fragten ihn: ob er nichts höre? und schüttelten ihn und griffen ihm in die Haare, da er unempfindlich, und ohne auf sie zu achten, auf dem Bette lag.« Schließlich bringt er heraus, sie habe ihn »schändlicher Weise« gefesselt und dem Hoango übergeben. Die Sterbende scheint etwas sagen zu wollen. »Nach einer langen, nur durch das Röcheln Tonis unterbrochenen Pause« klärt Herr Strömli ihn über ihre wirklichen Motive auf. Gustav »legte seine Arme um ihren Leib und sah ihr mit jammervoll zerrissenem Herzen ins

Gesicht«, doch ist nun alles zu spät. »Ach«, lauten Tonis letzte Worte, »du hättest mir nicht mißtrauen sollen!« Gustav sieht das ein: »Gewiß! sagte er [...], ich hätte dir nicht mißtrauen sollen; denn du warst mir durch einen Eidschwur verlobt, obschon wir keine Worte darüber gewechselt hatten!« Die absolute Liebe, ausgedrückt in restlosem Vertrauen – die farbige Toni war dazu fähig, der Europäer Gustav nicht. Er ergreift die zweite Pistole und jagt sich eine Kugel durchs Hirn. Der Tod vereinigt die Liebenden.

Herr Strömli und seine Familie begraben das Liebespaar in der Wildnis, lassen Hoangos Kinder in Sainte Lüze frei, gelangen, kurz bevor sich Dessalines' Belagerungsring schließt, nach Port au Prince und mit einem englischen Schiff zurück nach Europa. Auf seinem schweizerischen Besitz in der Gegend des Rigi läßt Strömli Gustav und Toni ein Denkmal setzen. – Soweit Kleists Erzählung, die im März und April seines Todesjahres 1811 in der Zeitschrift »Der Freimüthige« in Fortsetzungen erschienen ist. Merkwürdig ist die Parallelität zwischen Gustavs und Kleists Selbstmord. Am 21. November schoß er am Kleinen Wannsee Henriette Vogel in die Brust und sich selbst in den Mund. Er hatte die absolute Liebe gefunden: eine Frau, die nicht mit ihm leben, sondern mit ihm sterben wollte.

Über die allmähliche Verfertigung der Gedanken beim Reden

An R[ühle] v. L[ilienstern]

»Wenn du etwas wissen willst und es durch Meditation nicht finden kannst, so rate ich dir, mein lieber, sinnreicher Freund, mit dem nächsten Bekannten, der dir aufstößt, darüber zu sprechen.« So beginnt der Aufsatz, den Kleist für seinen Freund Otto Rühle von Lilienstern vermutlich in seiner Königsberger Zeit (1805/06) geschrieben hat. »Es braucht nicht eben ein scharfdenkender Kopf zu sein« – wichtig ist nur, daß da ein Gegenüber ist, ein Dialogpartner, Ulrike zum Beispiel, Kleists Halbschwester, die gerade »hinter mir sitzt, und arbeitet« und an die er sich wendet, wenn er mit einem Problem nicht weiterkommt. Dieser Text gibt uns auch einige Informationen über Kleists Verhältnisse in Königsberg, wo er noch einmal den ernsthaften Versuch unternahm, einem geregelten Leben im Staatsdienst nachzugehen. Als Kandidat für ein Amt in der Finanzverwaltung sollte er sich dort die notwendigen theoretischen und praktischen Kenntnisse erwerben. Der Aufsatz zeigt einen mit Vorgängen und Kalkulationen beschäftigten Kleist: »Oft sitze ich an meinem Geschäftstisch über den Akten, und erforsche, in einer verwickelten Streitsache, den Gesichtspunkt, aus welchem sie wohl zu beurteilen sein möchte. [...] Oder ich suche, wenn mir eine algebraische Aufgabe vorkommt, den ersten Ansatz, die Gleichung, die die gegebenen Verhältnisse ausdrückt, und aus welcher sich die Auflösung nachher durch Rechnung leicht ergibt. Und siehe da, wenn ich mit meiner Schwester davon rede [...], so erfahre ich, was ich durch ein vielleicht stundenlanges Brüten nicht herausgebracht haben würde.« Nicht, daß sie einfach besser Bescheid weiß als er oder schneller den Punkt erkennt, auf den es ankommt. Es ist der Zwang, sich verständlich zu machen, der die verworrene Vorstellung, die man von etwas hat, in Worte überführt, und diese Worte transportieren den Gedanken vom Dunkel ans Licht: »L'idée vient en parlant.« Der Sprechende ist unsicher, er weiß keineswegs, worauf er hinauswill: »Ich mische unartikulierte Töne ein, ziehe die Verbindungswörter in die Länge, gebrauche auch wohl eine Apposition, wo sie nicht nötig wäre, und bediene mich anderer, die Rede ausdehnender, Kunstgriffe, zur Fabrikation meiner Idee auf der Werkstätte der Vernunft, die gehörige Zeit zu gewinnen. Dabei ist mir nichts heilsamer, als eine Bewegung meiner Schwester, als ob sie mich unterbrechen wollte; denn mein ohnehin schon angestrengtes Gemüt wird durch diesen Versuch von außen, ihm die Rede, in deren Besitz es sich befindet, zu entreißen, nur noch mehr erregt, und in seiner Fähigkeit, wie ein großer General, wenn die Umstände drängen, noch um einen Grad höher gespannt.« Und plötzlich ist die Lösung da, als hätte sie sich selbst hervorgebracht. Was Kleist an dieser Beobachtung fasziniert, ist die Tatsache, daß der Sprecher sich auf ein Abenteuer einläßt, dessen Ausgang keineswegs gewiß ist und das dennoch unfehlbar zu einem Resultat führt.

»Es liegt ein sonderbarer Quell der Begeisterung für denjenigen, der spricht, in einem menschlichen Antlitz, das ihm gegenübersteht; und ein Blick, der uns einen halbausgedrückten Gedanken schon als begriffen ankündigt, schenkt uns oft den Ausdruck für die ganze andere Hälfte desselben.« Das ist nicht nur ein Plädoyer für die Wahrheitsfindung im Dialog. Es ist auch eine Bestätigung von Kleists Grundannahme, daß menschliches Verhalten durch die jeweilige Situation definiert wird. Auch der Redner, der ohne Konzept spricht und, durch die Reaktion seines Publikums mitgerissen, etwas sagt, woran er Sekunden vorher noch nicht gedacht hat, unterliegt dieser Magie des Augenblicks. In diesem Sinn interpretiert Kleist die

Rede des Grafen Mirabeau vom 23. Juni 1789 vor der französische Nationalversammlung, mit der er die Revolution auslöste. Schlüsselfigur ist der Zeremonienmeister, der den Befehl des Königs überbracht hatte, die Versammlung habe sich auf der Stelle zu zerstreuen. Als die Stände dieser Anordnung nicht gleich nachkamen, kehrte er noch einmal in den Sitzungssaal zurück und fragte, »ob sie den Befehl des Königs vernommen hätten? ›Ja‹, antwortete Mirabeau, ›wir haben des Königs Befehl vernommen‹ – ich bin gewiß, daß er bei diesem humanen Anfang, noch nicht an die Bajonette dachte, mit welchen er schloß: ›ja, mein Herr‹, wiederholte er, ›wir haben ihn vernommen‹ – man sieht, daß er noch gar nicht recht weiß, was er will. ›Doch was berechtigt Sie‹ – fuhr er fort, und nun plötzlich geht ihm ein Quell ungeheurer Vorstellungen auf – ›uns hier Befehle anzudeuten? Wir sind die Repräsentanten der Nation.‹ – Das war es was er brauchte! ›Die Nation gibt Befehle und empfängt keine‹ – um sich gleich auf den Gipfel der Vermessenheit zu schwingen. ›Und damit ich mich Ihnen ganz deutlich erkläre‹ – und erst jetzo findet er, was den ganzen Widerstand, zu welchem seine Seele gerüstet dasteht, ausdrückt: ›so sagen Sie Ihrem Königе, daß wir unsre Plätze anders nicht, als auf die Gewalt der Bajonette verlassen werden.‹«

Mit Vergnügen vollzieht der Offizier Heinrich von Kleist einen Akt der Insubordination nach, der Weltgeschichte gemacht hat. Für den Zeremonienmeister, stellt er sich vor, müsse das den »völligen Geistesbankrott« bedeutet haben. Er wählt einen Vergleich aus der Physik, der wiederum höchst aufschlußreich für sein Werk ist. »[…] nach einem ähnlichen Gesetz, nach welchem in einem Körper, der von dem elektrischen Zustand Null ist, wenn er in eines elektrisierten Körpers Atmosphäre kommt, plötzlich die entgegengesetzte Elektrizität erweckt wird. Und wie in dem elektrisierten dadurch, nach einer Wechselwirkung, der ihm inwohnende Elektrizitätsgrad wieder verstärkt wird, so ging unseres Redners Mut, bei der Vernichtung seines Gegners, zur verwegensten Begeisterung über. Vielleicht, daß es auf diese Art zuletzt das Zucken einer Oberlippe war, oder ein zweideutiges Spiel an der Manschette, was in Frankreich den Umsturz der Ordnung der Dinge bewirkte.« (Das Beispiel erinnert an den in der Chaostheorie häufig zitierten Schmetterling, der in irgendeinem Teil der Welt mit seinem Flügelschlag einen globalen Wettersturz bewirkt.)

Kaum hatte der Zeremonienmeister sich entfernt, brach die Spannung in sich zusammen. Mirabeau stand auf und schlug vor, »1) sich sogleich als Nationalversammlung, und 2) als unverletzlich, zu konstituieren«. Er war »wieder neutral geworden, und gab, von der Verwegenheit zurückgekehrt, plötzlich der Furcht vor dem Châtelet, und der Vorsicht, Raum. – Dies«, fährt Kleist fort, »ist eine merkwürdige Übereinstimmung zwischen den Erscheinungen der physischen und moralischen Welt, welche sich, wenn man sie verfolgen wollte, auch noch in den Nebenumständen bewähren würde.« Seine intensive Beschäftigung mit Mathematik und Physik vermittelt ihm ein von Gesetzen geregeltes naturwissenschaftliches Weltbild, das er auf die Gesellschaft überträgt. Ihre Widersprüche erklärt er sich aus dem Verhalten neutraler Körper, die, sobald sie in das Feld eines elektrisch geladenen Körpers geraten, die Funktion eines Pols mit der entgegengesetzten Ladung annehmen. Die experimentelle Struktur seiner Dichtung, in der wie im Laborversuch extreme Situationen hergestellt werden, in denen die Figuren sich kontrovers verhalten, findet hier ihre theoretische Begründung. Kleists Realismus besagt nichts anderes, als daß menschliches Handeln nicht philosophisch oder moralisch, sondern situativ begründet ist.

Als Kleist diesen Aufsatz schrieb, war ihm die Bedeutung des Elektrizitätsmodells für sein späteres Werk vermutlich noch genausowenig bewußt wie Mirabeau seine Absicht, die französische Nationalversammlung zur Legislativen zu erklären, denn er geht nicht weiter darauf ein, sondern beschäftigt sich mit einer ihm unmittelbar bevorstehenden Situation: der akademischen Prüfung. Er hat bekanntlich unter Sprechstörungen gelitten. Er scheint leicht ins Stottern geraten zu sein und hat später Rhetorikunterricht genommen, um wenigstens seine eigenen Dialoge einwandfrei vortragen zu können. Zum Zeitpunkt des Aufsatzes haderte er noch mit dieser Schwäche. »Man sieht oft in einer Gesellschaft, wo durch ein lebhaftes Gespräch, eine kontinuierliche Befruchtung der Gemüter mit Ideen im Werk ist, Leute, die sich, weil sie sich der Sprache nicht mächtig fühlen, sonst in der Regel zurückgezogen halten, plötzlich mit einer zuckenden Bewegung, aufflammen, die Sprache an sich reißen und etwas Unverständliches zur Welt bringen. Ja, sie scheinen, wenn sie nun die Aufmerksamkeit aller auf sich gezogen haben, durch ein verlegnes Gebärdenspiel anzudeuten, daß sie selbst nicht mehr recht wissen, was sie haben sagen wollen. Es ist wahrscheinlich, daß diese Leute etwas recht Treffendes, und sehr deutlich, gedacht haben. Aber der plötzliche Geschäftswechsel, der Übergang ihres Geistes vom Denken zum Ausdrücken, schlug die ganze Erregung desselben, die zur Festhaltung des Gedankens notwendig, wie zum Hervorbringen erforderlich war, wieder nieder. In solchen Fällen ist es um so unerläßlicher, daß uns die Sprache mit Leichtigkeit zur Hand sei, um dasjenige, was wir gleichzeitig gedacht haben, und doch nicht gleichzeitig von uns geben können, wenigstens so schnell, als möglich, aufeinander folgen zu lassen. Und überhaupt wird jeder, der, bei gleicher Deutlichkeit, geschwinder als sein Gegner spricht, einen Vorteil über ihn haben, weil er gleichsam mehr Truppen als er ins Feld führt.«

Damit nimmt der Autor seine Behauptung, der Gedanke entstehe beim Reden, zwar nicht ganz zurück (kein Kleist-Text, der nicht in sich widersprüchlich wäre), doch schränkt er ihn ein. Was verworren ausgedrückt werde, mutmaßt er, könne trotzdem deutlich gedacht worden sein; gerade ein schon fertiger Gedanke werde nicht mehr mit der »Erregung« formuliert, die einem noch unfertigen zur Geburt verhilft, und deshalb nur mit halber Kraft produziert. Eine unverzichtbare Bedingung für die »allmähliche Verfertigung der Gedanken beim Reden«

räumt Kleist ein, ist Ausdrucksfähigkeit; und die kann man üben. Definitionen für Begriffe wie »Staat« oder »Eigentum« könne man am ehesten finden, wenn man mit anderen darüber diskutiert. »Was ist der Staat?« oder »Was ist Eigentum?« scheinen geläufige Prüfungsfragen gewesen zu sein. Dies seien aber keine Fragen, die man ohne »Vorbereitung des Gemüts« beantworten könne. Nur ein »unverständiger Examinator« werde daraus, daß jemand mit der Antwort zögert, schließen, daß der Prüfling nicht *weiß*. »Denn nicht *wir* wissen, es ist allererst ein gewisser *Zustand* unsrer, welcher weiß. Nur ganz gemeine Geister, Leute, die, was der Staat sei, gestern auswendig gelernt, und morgen schon wieder vergessen haben, werden hier mit der Antwort bei der Hand sein.«

Überhaupt sei ein öffentliches Examen die denkbar schlechteste Gelegenheit, um sich von einer vorteilhaften Seite zu zeigen. »Abgerechnet, daß es schon widerwärtig und das Zartgefühl verletzend ist [...], wenn solch ein gelehrter Roßkamm uns nach den Kenntnissen sieht, um uns, je nachdem es fünf oder sechs sind, zu kaufen oder wieder abtreten zu lassen: es ist so schwer, auf ein menschliches Gemüt zu spielen und ihm seinen eigentümlichen Laut abzulocken, es verstimmt sich so leicht unter ungeschickten Händen [...]« Kein Zweifel, Kleist hatte Prüfungsangst. Oder eine Prüfung nicht bestanden. Mit gewohnter Schärfe analysiert er den Gegner: »Was übrigens solchen jungen Leuten, auch selbst den unwissendsten noch, in den meisten Fällen ein gutes Zeugnis verschafft, ist der Umstand, daß die Gemüter der Examinatoren, wenn die Prüfung öffentlich geschieht, selbst zu sehr befangen sind, um ein freies Urteil fällen zu können. Denn nicht nur fühlen sie häufig die Unanständigkeit dieses ganzen Verfahrens: man würde sich schon schämen, von jemandem, daß er seine Geldbörse vor uns ausschütte, zu fordern, viel weniger, seine Seele: sondern ihr eigener Verstand muß hier eine gefährliche Musterung passieren, und sie mögen oft ihrem Gott danken, wenn sie selbst aus dem Examen gehen können, ohne sich Blößen, schmachvoller vielleicht, als der, eben von der Universität kommende, Jüngling gegeben zu haben, den sie examinierten.«

Ob es die unter dem Text angekündigte Fortsetzung gegeben hat oder nicht, ist nicht bekannt. Keinesfalls hat Kleist seine Universitätsprüfungen abgelegt; das wäre dokumentiert. Als der Krieg kam, der ihn aus Königsberg vertrieb, hatte er sich längst von seinen Staatsdienerpflichten beurlauben lassen, um sich seinem Werk zu widmen. »Über die allmähliche Verfertigung der Gedanken beim Reden«, heute einer seiner berühmtesten Texte, ist erst 1878 veröffentlicht worden.

WERK UND LEBEN

Das Glück (1799)

Irgendwo in der Schöpfung *muß* es sich gründen, der Inbegriff *aller* Dinge *muß* die Ursachen und die Bestandteile des Glückes enthalten, mein Freund, denn die Gottheit wird die Sehnsucht nach Glück nicht täuschen, die sie selbst unauslöschlich in unsrer Seele erweckt hat, wird die Hoffnung nicht betrügen, durch welche sie unverkennbar auf ein für uns mögliches Glück hindeutet.[18]

Verstanden werden (1799)

Verstanden wenigstens möchte ich gern zuweilen sein, wenn auch nicht aufgemuntert und gelobt, von *einer* Seele wenigstens möchte ich gern zuweilen verstanden werden, wenn auch alle andern mich verkennen. [...] Nenne es immerhin Schwäche von mir, daß ich mich so innig hier nach Mitteilung sehne, wo sie mir so ganz fehlt. Große Entwürfe mit schweren Aufopferungen auszuführen, ohne selbst auf den Lohn *verstanden zu werden* Anspruch zu machen, ist eine Tugend, die wir wohl bewundern, aber nicht *verlangen* dürfen. Selbst die größten Helden der Tugend, die jede andere Belohnung verachteten, rechneten doch auf diesen Lohn; und wer weiß, was Sokrates und Christus getan haben würden, wenn sie vorausgewußt hätten, daß keiner unter ihren Völkern den Sinn ihres Todes verstehen würde.[19]

Liebe I (1800)

Mein Auge wich nicht vom Monde. Ich dachte an Dich, und suchte den Punkt im Monde, auf welchem vielleicht Dein Auge ruhte, und maß in Gedanken den Winkel den unsre Blicke im Monde machten, und träumte mich zurück auf der Linie Deines Blickes, um so Dich zu finden, bis ich Dich endlich wirklich im Traume fand.[20]

Trost (1800)

Ich ging an jenem Abend vor dem wichtigsten Tage meines Lebens in Würzburg spazieren. Als die Sonne herabsank war es mir als ob mein Glück unterginge. Mich schauerte wenn ich dachte, daß ich vielleicht *von allem* scheiden müßte, von allem, was mir teuer ist.

Da ging ich, in mich gekehrt, durch das gewölbte Tor, sinnend zurück in die Stadt. Warum, dachte ich, sinkt wohl das Gewölbe nicht ein, da es doch *keine* Stütze hat? Es steht, antwortete ich, *weil alle Steine auf einmal einstürzen wollen* – und ich zog aus diesem Gedanken einen unbeschreiblich erquickenden Trost, der mir bis zu dem entscheidenden Augenblicke immer mit der Hoffnung zur Seite stand, daß auch ich mich halten würde, wenn alles mich sinken läßt.[21]

Das Böse (1801)

Was heißt das auch, etwas Böses tun, der Wirkung nach? Was ist *böse*? *Absolut böse*? Tausendfältig verknüpft und verschlungen sind die Dinge der Welt, jede Handlung ist die Mutter von Millionen andern, und oft die schlechteste erzeugt die besten – Sage mir, wer auf dieser Erde hat schon etwas *Böses* getan? Etwas, das böse wäre in *alle Ewigkeit fort* –?[22]

Das Gute (1801)

Ein großes Bedürfnis ist in mir rege geworden, ohne dessen Befriedigung ich niemals glücklich sein werde; es ist dieses, *etwas Gutes zu tun.* […] Es liegt eine Schuld auf dem Menschen, die, wie eine Ehrenschuld, jeden, der Ehrgefühl hat, unaufhörlich mahnt.[23]

Ruhm (1802)

Ihr Weiber versteht in der Regel ein Wort in der deutschen Sprache nicht, es heißt Ehrgeiz. Es ist nur ein einziger Fall in welchem ich zurückkehre, wenn ich der Erwartung der Menschen, die ich törichterweise durch eine Menge von prahlerischen Schritten gereizt habe, entsprechen kann. Der Fall ist möglich, aber nicht wahrscheinlich. Kurz, kann ich nicht mit Ruhm im Vaterlande erscheinen, geschieht es nie.[24]

Sterben I (1803)

Der Himmel versagt mir den Ruhm, das größte der Güter der Erde; ich werfe ihm, wie ein eigensinniges Kind, alle übrigen hin. […] ich werde den schönen Tod der Schlachten sterben. […] ich werde französische Kriegsdienste nehmen, das Heer wird bald nach England hinüber rudern, unser aller Verderben lauert über den Meeren, ich frohlocke bei der Aussicht auf das unendlich-prächtige Grab.[25]

Politik (1805)

Die Zeit scheint eine neue Ordnung der Dinge herbeiführen zu wollen, und wir werden davon nichts, als bloß den Umsturz der alten erleben. Es wird sich aus dem ganzen kultivierten Teil von

Europa ein einziges, großes System von Reichen bilden, und die Throne mit neuen, von Frankreich abhängigen, Fürstendynastien besetzt werden. Aus dem Östreichschen, bin ich gewiß, geht dieser glückgekrönte Abenteurer, falls ihm nur das Glück treu bleibt, nicht wieder heraus [...] Warum sich nur nicht einer findet, der diesem bösen Geiste der Welt die Kugel durch den Kopf jagt. Ich möchte wissen, was so ein Emigrant zu tun hat. – Für die Kunst, siehst Du wohl ein, war vielleicht der Zeitpunkt noch niemals günstig; man hat immer gesagt, daß sie betteln geht; aber jetzt läßt sie die Zeit verhungern.[26]

Sterben II (1806)

Komm, laß uns etwas Gutes tun, und dabei sterben! Einen der Millionen Tode, die wir schon gestorben sind, und noch sterben werden. Es ist, als ob wir aus einem Zimmer in das andere gehen. Sieh, die Welt kommt mir vor, wie eingeschachtelt; das kleine ist dem großen ähnlich. So wie der Schlaf, in dem wir uns erholen, etwa ein Viertel oder Drittel der Zeit dauert, da wir uns, im Wachen, ermüden, so wird, denke ich, der Tod, und aus einem ähnlichen Grunde, ein Viertel oder Drittel des Lebens dauern.[27]

Mädchenrätsel (1808)

Träumt er zur Erde, wen
Sagt mir, wen meint er?
Schwillt ihm die Träne, was,
Götter, was weint er?
Bebt er, ihr Schwestern, was,
Redet, erschrickt ihn?
Jauchzt er, o Himmel, was
Ist's, was beglückt ihn?[28]

Epigramme

Herr von Goethe (1808)

Siehe, das nenn ich doch würdig, fürwahr, sich im Alter beschäft'gen!
Er zerlegt jetzt den Strahl, den seine Jugend sonst warf.

Der unbefugte Kritikus (1808)

Ei, welch ein Einfall dir kömmt! Du richtest die Kunst mir, zu schreiben,
Ehe du selber die Kunst, Bester, zu lesen gelernt.

Die unverhoffte Wirkung (1808)

Wenn du die Kinder ermahnst, so meinst du, dein Amt sei erfüllet.
Weißt du, was sie dadurch lernen? – Ermahnen, mein Freund!

Die Bestimmung (1808)

Was ich fühle, wie sprech ich es aus? – Der Mensch ist doch immer,
Selbst auch in dem Kreis lieblicher Freunde, allein.

Die tiefste Erniedrigung (1809)

Wehe, mein Vaterland, dir! Das Lied dir zum Ruhme zu singen,
Ist, getreu dir im Schoß, mir, deinem Dichter, verwehrt! [29]

Aus: Germanias Aufruf an ihre Kinder (1809)

§ 5

Alles, was ihr Fuß betreten,
Färbt mit ihren Knochen weiß,
Welchen Rab und Fuchs verschmähten,
Gebet ihn den Fischen preis,
Dämmt den Rhein mit ihren Leichen,
Laßt, gestäuft von ihrem Bein,
Ihn um Pfalz und Trier weichen,
Und ihn dann die Grenze sein!

Chor

Eine Jagdlust, wie wenn Schützen
Auf der Spur dem Wolfe sitzen!
Schlagt ihn tot! Das Weltgericht
Fragt euch nach den Gründen nicht![30]

Aus: Das letzte Lied (1809)

Fernab am Horizont, auf Felsenrissen,
Liegt der gewitterschwarze Krieg getürmt.
Die Blitze zucken schon, die ungewissen,
Der Wandrer sucht das Laubdach, das ihn schirmt.
Und wie ein Strom, geschwellt von Regengüssen,
Aus seines Ufers Bette heulend stürmt,
Kommt das Verderben, mit entbundnen Wogen,
Auf alles, was besteht, herangezogen.

Der alten Staaten graues Prachtgerüste
Sinkt donnernd ein, von ihm hinweggespült,
Wie, auf der Heide Grund, ein Wurmgeniste,
Von einem Knaben scharrend weggewühlt;
Und wo das Leben, um der Menschen Brüste,

In tausend Lichtern jauchzend hat gespielt,
Ist es so lautlos jetzt, wie in den Reichen,
Durch die die Wellen des Kozytus schleichen.

Und ein Geschlecht, von düsterm Haar umflogen,
Tritt aus der Nacht, das keinen Namen führt,
Das, wie ein Hirngespinst der Mythologen,
Hervor aus der Erschlagnen Knochen stiert;
Das ist geboren nicht und nicht erzogen
Vom alten, das im deutschen Land regiert:
Das läßt in Tönen, wie der Nord an Strömen,
Wenn er im Schilfrohr seufzet, sich vernehmen.[31]

Sterben III (10. November 1811)

Ich schwöre Dir, es ist mir ganz unmöglich länger zu leben; meine Seele ist so wund, daß mir, ich möchte fast sagen, wenn ich die Nase aus dem Fenster stecke, das Tageslicht wehe tut, das mir darauf schimmert. Das wird mancher für Krankheit und überspannt halten; nicht aber Du, die fähig ist, die Welt auch aus andern Standpunkten zu betrachten als aus dem Deinigen. Dadurch daß ich mit Schönheit und Sitte, seit meiner frühsten Jugend an, in meinen Gedanken und Schreibereien, unaufhörlichen Umgang gepflogen, bin ich so empfindlich geworden, daß mich die kleinsten Angriffe, denen das Gefühl jedes Menschen nach dem Lauf der Dinge hienieden ausgesetzt ist, doppelt und dreifach schmerzen.[32]

Liebe II (November 1811)

Mein Jettchen, mein Herzchen, mein Liebes, mein Täubchen, mein Leben, mein liebes, süßes Leben, mein Lebenslicht, mein Alles, mein Hab und Gut, meine Schlösser, Äcker, Wiesen und

Weinberge, Sonne meines Lebens, Sonne, Mond und Sterne, Himmel und Erde, meine Vergangenheit und Zukunft, meine Braut, mein Mädchen, meine liebe Freundin, mein Innerstes, mein Herzblut, meine Eingeweide, mein Augenstern, oh, Liebste, wie nenn ich Dich? Mein Goldkind, meine Perle, mein Edelstein, meine Krone, meine Königin und Kaiserin, Du lieber Liebling meines Herzens, mein Höchstes und Teuerstes, mein Alles und Jedes, mein Weib, meine Hochzeit, die Taufe meiner Kinder, mein Trauerspiel, mein Nachruhm. Ach Du bist mein zweites, besseres Ich, meine Tugenden, meine Verdienste, meine Hoffnung, die Vergebung meiner Sünden, meine Zukunft und Seligkeit, o Himmelstöchterchen, mein Gotteskind, meine Fürsprecherin und Fürbitterin, mein Schutzengel, mein Cherubim und Seraph, wie lieb ich Dich! –[33]

Liebe III (19. November 1811)

Ich habe Dich während Deiner Anwesenheit in Berlin gegen eine andere Freundin vertauscht; aber wenn Dich das trösten kann, nicht gegen eine, die mit mir leben, sondern, die im Gefühl, daß ich ihr ebenso wenig treu sein würde, wie Dir, mit mir sterben will. Mehr Dir zu sagen, läßt mein Verhältnis zu dieser Frau nicht zu. Nur soviel wisse, daß meine Seele, durch die Berührung mit der ihrigen, zum Tode ganz reif geworden ist; daß ich die ganze Herrlichkeit des menschlichen Gemüts an dem ihrigen ermessen habe, und daß ich sterbe, weil mir auf Erden nichts mehr zu lernen und zu erwerben übrig bleibt.[34]

Erlösung (21. November 1811)

Ach, ich versichre Dich, ich bin ganz selig. Morgens und abends knie ich nieder, was ich nie gekonnt habe, und bete zu Gott; ich kann ihm mein Leben, das allerqualvollste, das je ein Mensch geführt hat, jetzo danken, weil er es mir durch den herrlichsten und wollüstigsten aller Tode vergütigt. Ach, könnt ich nur etwas für Dich tun, das den herben Schmerz, den ich Dir verursachen werde, mildern könnte! [...] Kann es Dich trösten, wenn ich Dir sage, daß ich diese Freundin niemals gegen Dich vertauscht haben würde, wenn sie weiter nichts gewollt hätte, als mit mir leben? [...] Ach, ich versichre Dich, ich habe Dich so lieb, Du bist mir so überaus teuer und wert, daß ich kaum sagen kann, ich liebe diese liebe vergötterte Freundin mehr als Dich. Der Entschluß, der in ihrer Seele aufging, mit mir zu sterben, zog mich, ich kann Dir nicht sagen, mit welcher unaussprechlichen und unwiderstehlichen Gewalt, an ihre Brust; erinnerst Du Dich wohl, daß ich Dich mehrmals gefragt habe, ob Du mit mir sterben willst? – Aber Du sagtest immer nein –[35]

Der Krieg als Muse

Heinrich von Kleists unglückliches Leben

Auf dem Weg nach Paris im Mai 1801 kam Heinrich von Kleist durch Halberstadt und besuchte dort den Lyriker Johann Wilhelm Ludwig Gleim, der ein guter Freund seines Onkels Ewald von Kleist (1715–1759) gewesen war, des ersten aus der weitverzweigten Sippe, der den Soldatenberuf mit der Dichtkunst verband und sich mit der Hexameter-Idylle »Der Frühling« sogar literarischen Ruhm erschrieb. Da er die vornehmste Pflicht eines preußischen Adligen erfüllte und, in der Schlacht bei Kunersdorf 1759 schwer verwundet, für seinen König Friedrich II. starb, vollendete er sein Leben als vorbildlicher »Held des Vaterlandes«[36]. Gleim zeigte dem Besucher die Galerie mit den Gemälden seiner Freunde: »Da ist keiner, sagte er, der nicht ein schönes Werk schrieb, oder eine große Tat beging. Kleist tat beides und Kleist steht oben an –«[37] Der 24jährige Heinrich hatte zu diesem Zeitpunkt nicht nur die Offizierslaufbahn quittiert, er war auch dabei, alle Brücken zu einer Existenz in Preußen hinter sich abzubrechen. Zwar hatte er seiner Braut Wilhelmine von Zenge gegenüber schon vor einem Jahr vorsichtige Andeutungen gemacht, daß er gern – und durchaus mit ihr – nach Paris gehen und »im schriftstellerischen Fach« arbeiten würde, die Idee fand jedoch keine Gegenliebe, so daß er sie nach außen hin aufgegeben hatte. Jedenfalls konnte er seinen Onkel Ewald zum Zeugen dafür nehmen, daß die Dichtkunst eine angemessene Berufswahl für einen Kleist sei.

Wenn Bernd Heinrich Wilhelm von Kleist etwas in die Wiege gelegt wurde, dann das Soldatentum. Er wurde nach seinen eigenen Angaben am 10. Oktober 1777 in Frankfurt an der Oder geboren, dem Kirchenbuch der Garnisonkirche zufolge aber erst am 18. Oktober. Fest steht, daß er der erste Sohn nach vier Töchtern aus zwei Ehen des Stabskapitäns Joachim Friedrich von Kleist war, eines von zwölf Kompaniechefs des Infanterieregiments 24 in Frankfurt an der Oder. Ein jüngerer Bruder und eine kleine Schwester folgten. »Stammhalter« mit vier älteren Schwestern – man kann sich denken, welche Sonderstellung der kleine Heinrich genoß. Dennoch ist von einer glücklichen Kindheit nirgendwo die Rede; vielmehr könnte man aus Kleists Werk indirekt erschließen, daß seine übermächtigen und grausamen Vaterfiguren eigene Kindheitserfahrungen reflektieren, wie auch sein erstes Drama, »Die Familie Schroffenstein«, davon handelt, daß Kinder ihren Eltern wehrlos ausgeliefert sind. Die großen Schwestern mögen dem zukünftigen Dichter die Furcht vor »starken« Frauen eingeprägt haben, die ihn ein Leben lang jede Bindung vermeiden ließ, doch verdankt er ihnen zweifellos auch seine Kenntnis aller Spielarten des weiblichen Charakters. Mit seiner drei Jahre älteren Halbschwester Ulrike verband ihn eine Komplizenschaft, wie sie Kinder gegen eine als feindlich empfundene Erwachsenenwelt entwickeln. Ulrike scheint sich für den Bruder verantwortlich gefühlt zu haben, denn sie brachte außerordentliche Opfer, um ihn in seiner prekären Dichterlaufbahn zu unterstützen. Umgekehrt war das Verhältnis mehr auf Nehmen als auf Geben angelegt; doch steht fest, daß Heinrich von ihr seelisch abhängig blieb und seine Selbstmordphantasien realisierte, nachdem sie ihn fallengelassen hatte.

Die Kleists waren pommerscher Uradel, der dem brandenburgisch-preußischen Heer Generationen seiner Söhne zur Verfügung stellte, aus Tradition einerseits, andererseits aus Notwendigkeit, denn das Erbrecht sah vor, daß der Grundbesitz an den jeweils ältesten Sohn fiel, während die jüngeren abgefunden wurden und für sich selbst sorgen mußten. Zur militärischen Laufbahn gab es damals kaum eine Alternative.

Die Familie hatte, als Heinrich auf die Welt kam, sechzehn Generäle und zwei Feldmarschälle hervorgebracht. Das Leben von Joachim von Kleist in der Garnisonsstadt Frankfurt hingegen war glanzlos; er heiratete spät und ernährte seine Familie von seinem Sold, zu dem aus der sogenannten Kompagniewirtschaft – zum Beispiel wurden die Soldaten zum Ernteeinsatz »verliehen« – nicht unbeträchtliche Nebeneinnahmen kamen. Er war nicht unvermögend, besaß das Stadthaus an der Marienkirche, das heute Kleist-Museum ist, und ein Gut in der Nähe von Cottbus, das nach seinem Tod verkauft wurde. Seine Karriere litt unter einer Rüge, die Friedrich II. ihm wegen mangelnden Diensteifers erteilt hatte; erst unter dessen Nachfolger Friedrich Wilhelm II. avancierte er zum Major. Die persönliche Beziehung zum König ist den alten preußischen Adelsfamilien selbstverständlich; auch Heinrich ließ sich bei »seinem« König Friedrich Wilhelm III. einen Termin geben, wenn er ein Problem mit seinem Lebensunterhalt hatte. Die traditionelle Verfügbarkeit der Adelsgeschlechter durch den Herrscher verpflichtete diesen umgekehrt zur Fürsorge für ihre Mitglieder.

Diese Fürsorgepflicht hatte allerdings Grenzen – die Staatskassen. Wenn sie leer waren, gingen auch die Staatsdiener leer aus. Das bekam Heinrichs Mutter Juliane Ulrike, aus der nicht weniger traditionsreichen Familie von Pannwitz, zu spüren, als ihr Mann 1788 im Alter von 60 Jahren starb. Sie bat den König um eine Pension, die ihr jedoch mit der Begründung verweigert wurde, der entsprechende Fonds sei erschöpft. Zweifellos wußte der König, daß der Verstorbene ein Vermögen hinterlassen hatte. Nun enthielt das Testament einen Formfehler, und die Witwe mußte die Nutznießung der Zinsen zur Erziehung der sieben Kinder vor Gericht erstreiten. Die Folge für den elfjährigen Heinrich war vermutlich, daß er aus Berlin, wo er mit zwei Cousins bei dem Hugenotten Samuel Heinrich Catel in Pension gegeben und unterrichtet worden war, nach Hause zurückkehren mußte. Es spricht jedenfalls viel dafür, daß er nicht in Berlin erzogen wurde, weil er dort in keiner Schülerliste auftaucht. Seine Mutter hätte ihn gern auf der von Friedrich II. gegründeten Académie militaire untergebracht, wo die Söhne des Adels auf Kosten der Krone ausgebildet wurden, und stellte einen entsprechenden Antrag an den König, doch ist nirgendwo belegt, daß dem stattgegeben wurde. Zumindest wissen wir, daß er einen hervorragenden Hauslehrer hatte, den Theologiestudenten Christian Ernst Martini, und in einem praxisorientierten Christentum erzogen wurde, das sich an den Tugenden Wahrheitsliebe, Uneigennützigkeit und Mitmenschlichkeit orientierte.

Was uns heute als Mißbrauch erscheint: ein Vierzehnjähriger dient beim Militär, war für Heinrich von Kleist wahrscheinlich sogar eine Vergünstigung. Zum 1. Juni 1792 wurde er in das traditionsreiche Regiment Garde Nr. 15 zu Potsdam aufgenommen, und zwar als Gefreitenkorporal, das heißt im Range und mit den Pflichten eines Unteroffiziers, eine Position, die den adligen Offiziersanwärtern vorbehalten war. Die Ausbildung dieser »Junker« war hart: Teilnahme an Dienst, Wache, Visitation, Parade, dazu theoretischer Unterricht. »Die Disziplinarordnung kannte keine Schonung gegenüber diesen oft kaum dem Kindesalter entwachsenen jungen Leuten, die außerdem, wie Unteroffiziere und Mannschaften, wegen Vernachlässigung im Dienste körperlich gezüchtigt werden konnten, allerdings ›nur‹ mit der flachen Klinge (›Fuchteln‹), nicht mit dem Stock. Die Strafe galt nicht als entehrend, sie wurde ohne Rücksicht auf den Adelsrang des Betroffenen vollzogen.«[38] Die Erfahrung der Ohnmacht und des völligen Ausgeliefertseins kann man beim Militär jedenfalls machen. Kleist deutete das, in einem Brief an Ulrike, ein einziges Mal an. Als sein zwei Jahre jüngerer Bruder Leopold, der mit dem Frankfurter Regiment 24 im Frühjahr 1794 im Kościuszko-Aufstand gegen die Polen eingesetzt worden war, zum Leutnant avancierte, schrieb er, es freue ihn, daß Leopold so früh Offizier geworden sei. »Der Stand, in den [!] er bisher gelebt hat, führt so manches Unangenehme, so manche Unbequemlichkeit mit sich, die sein junges Alter, vielleicht zu sehr angreifen würden.«[39]

Der Fünfzehnjährige wurde gleich in den Krieg geschickt. Österreich und Preußen hatten sich zu einer Koalition der Mächte des Ancien Régime zusammengeschlossen und der Revolutionsregierung in Frankreich den Krieg erklärt. Die berühmte Kanonade von Valmy im September 1792, an der Goethe als Beobachter teilnahm, entschied den Feldzug zugunsten der Revolutionstruppen, die das linke Rheinufer eroberten und Mainz besetzten. Zu dieser Zeit hatte Heinrich von Kleist Urlaub in Familienangelegenheiten, er blieb den ganzen Winter über in Frankfurt an der Oder, vielleicht weil es seiner Mutter nicht gut ging, die im Februar 1793 im Alter von 46 Jahren starb. Am 3. März reiste er mit der Postkutsche nach Frankfurt am Main, um sich dort seinem Regiment anzuschließen. Über diese Reise eines Kindes in den Krieg berichtet das erste erhaltene Schriftstück aus Kleists Hand, ein Brief an seine Tante Helene von Massow, die für ihre verstorbene Schwester eingesprungen war und den Haushalt der Kleist-Kinder übernommen hatte. Der Junker war begierig darauf, die »Franzosen oder vielmehr das Räubergesindel« zu »klopfen«.[40]

Erst zwei Jahre später ist wieder ein Zeugnis von ihm überliefert, ein Brief, den er im Februar 1795 an seine Schwester Ulrike schrieb. Darin steht der vielzitierte Satz: »Gebe uns der Himmel nur Frieden, um die Zeit, die wir hier so unmoralisch töten, mit menschenfreundlicheren Taten bezahlen zu können!«[41] Dazwischen lagen zwei Jahre Kriegserfahrung. Die Bewegungen des Regiments Nr. 15 am Oberrhein und in der Pfalz sind in groben Zügen bekannt. Heinrich war beim Bombardement der von den Franzosen besetzten Stadt Mainz dabei, die im Juli kapitulierte. Sein Regiment kämpfte in den Schlachten von Pirmasens, Kaiserslautern, Frankenthal und Trippstadt. Das Töten war damals noch eine Angelegenheit von Mann zu Mann, auch wenn es bereits Kanonen und Gewehre gab. Die Infanterie entschied im Nahkampf mit Bajonetten den Ausgang der Schlacht. Als Unteroffizier gab Heinrich von Kleist keine Befehle, sondern führte Infanteristen an. Direkt dürfte er über seine Kriegserlebnisse höchstens im engsten Kreis der Kameraden gesprochen haben; es war (und ist) soldatische Tradition, über die Ausübung des »Handwerks« zu schweigen. Indirekt aber spricht er immer wieder vom Krieg. Die Obsession der Gewalt, die sich durch sein Werk zieht, die Bilder von Totschlag und Mord, verstümmelten Körpern, vergewaltigten Frauen, massakrierten Kindern, sind wie eine Blutspur, die in diese »Lehrzeit« zurückführt.

Nach dem Vertrag von Basel im April 1795 wurde Heinrichs Regiment nach Potsdam zurückverlegt; der Frieden hatte ihn wieder. 1797 wurde er zum Secondeleutnant befördert. Für einen Offizier war die Sommerresidenz Potsdam kein unangenehmer Standort. Zum einen war mit dem Hof ein reges gesellschaftliches Leben verbunden. Zum anderen war die Anwesenheitspflicht für Offiziere auf die zwei Manövermonate im Frühling beschränkt. Heinrich hielt sich viel in Frankfurt bei seinen Geschwistern oder auf den Gütern der weitläufigen Verwandtschaft auf. Er machte sich die Bildungsangebote der Residenzstadt zunutze und ließ sich in Mathematik und Philosophie, Griechisch und Latein unterrichten. Mit von der Partie war sein bester Freund Otto Rühle von Lilienstern. Auch Ernst von Pfuel, mit dem ihn eine lebenslange Freundschaft verband, gehörte zu diesem Kreis junger Offiziere, die zusammen musizierten – Kleist galt als hervorragender Flötist und Klarinettist – und sich mit Literatur beschäftigten. Philosophische, ästhetische und ethische Fragen wurden mit großem Ernst diskutiert.

Freilich geriet des Königs militärische Elite dadurch auch in einen moralischen Konflikt. Kleist war nur der erste in seinem Kreis, der den Abschied nahm; auch die späteren Generäle Otto Rühle von Lilienstern und Ernst von Pfuel reichten damals Demissionsgesuche ein. Mochten die Offiziere ein Herrenleben führen – für die Soldaten war es ein Hundeleben. Eine Hauptaufgabe der Offiziere war es, die Soldaten mit Hilfe drakonischer Strafen für die Parade zu drillen. Kleist fand keinen

Geschmack daran. »Die größten Wunder militärischer Disziplin, die der Gegenstand des Erstaunens aller Kenner waren, wurden der Gegenstand meiner herzlichsten Verachtung; die Offiziere hielt ich für so viele Exerziermeister, die Soldaten für so viele Sklaven, und wenn das ganze Regiment seine Künste machte, schien es mir als ein lebendiges Monument der Tyrannei«[42], schrieb er seinem ehemaligen Hauslehrer Martini. Vor allem beunruhigte ihn die Verformung seines Charakters durch seine Rolle: »Ich war oft gezwungen, zu strafen, wo ich gern verziehen hätte, oder verzieh, wo ich hätte strafen sollen; und in beiden Fällen hielt ich mich selbst für strafbar.«[43] Er sah sich vor die Wahl gestellt, Mensch oder Offizier zu sein, »denn die Pflichten beider zu vereinen, halte ich bei dem jetzigen Zustande der Armeen für unmöglich«[44].

Leicht wurde es ihm nicht gemacht. Er war kein anonymes Rädchen im Staatsbetrieb; seine Lebensführung ging auch den Hof etwas an. Nach der korrupten, aber kurzen Herrschaft Friedrich Wilhelms II. bestieg der Kronprinz als Friedrich Wilhelm III. 1797 den Thron. Er hatte das Potsdamer Regiment Garde während der Belagerung von Mainz kommandiert, was nicht bedeutete, daß Kleist damals in seine Nähe gekommen ist; er war ja noch nicht einmal Offizier. Doch war sein Selbstbewußtsein ausgeprägt genug, um einen Brief an den König zu schreiben, in dem er Kritik am Zustand der preußischen Armee äußerte; er schickte ihn freilich nicht ab, nachdem sich herausgestellt hatte, daß der neue Regent sich zu Reformen nicht entschließen konnte.

Kleist diskutierte den Plan, beim König um seinen Abschied einzukommen, um ein Universitätsstudium aufzunehmen, mit seiner Familie. Eine Rolle spielte dabei, daß ihm aus dem Erbe seines Vaters ein kleines Vermögen zustand, über das er allerdings erst am 10. Oktober 1801 (die Preußen durften mit 14 zu den Soldaten, aber volljährig wurden sie erst mit 24) würde verfügen können und dessen Tragfähigkeit er weit überschätzte. »Man malte mir mein bevorstehendes Schicksal, jahrelang eine trockene Wissenschaft zu studieren, jahrelang und ohne Brot mich als Referendar mit trockenen Beschäftigungen zu quälen, um endlich ein kümmerliches Brot zu erwerben«[45], aufs lebhafteste aus. »Man« sollte recht behalten. Aber Kleist konnte immer sehr überzeugend argumentieren, wenn er etwas durchsetzen wollte. Um dem König die Idee schmackhaft zu machen, ließ er durchblicken, daß er sich »zu einem besonders brauchbaren Geschäftsmanne«[46] ausbilden lassen wolle. Die für den Staatsdienst geeigneten Fächer Jurisprudenz und Kameralwissenschaften interessierten ihn jedoch zuletzt. An der Frankfurter Universität reizte ihn ein »Kolloquium über literarische Enzyklopädie«, anschließend hatte er vor, nach Göttingen zu gehen, um sich der »höheren Theologie, der Mathematik, Philosophie und Physik zu widmen«,[47] jenem interdisziplinären Feld also, aus dem die moderne Erkenntnistheorie wachsen wird.

Das Versprechen, das er Friedrich Wilhelm III. geben mußte, war zweiteilig: erstens nicht ohne Erlaubnis des Königs in den Dienst eines auswärtigen Staates zu treten; zweitens nie die Wiederaufnahme in die preußische Armee zu beantragen. Drittens aber behielt Kleist sich vor (das war kein Versprechen), »nach Absolvierung meiner Studia Sr. Majestät dem Könige und dem Vaterlande im Zivilstande zu dienen«[48]. Daß Kleist diesen Schritt gegenüber Martini so ausführlich begründete und darum bat, das Dokument an seine Schwester Ulrike zu schikken, weil sie die einzige in seiner Familie sei, die ihn ganz verstehen könne, zeigt, daß er zu Hause einen Fürsprecher brauchte. Die Königliche Kabinettsorder, die ihn aus der Armee entließ, überschnitt sich mit seiner Immatrikulation an der Frankfurter Universität Anfang April 1799. Mit Begeisterung stürzte er sich ins Studium. Physik, Mathematik, Philosophie, Kulturgeschichte, Naturrecht, Latein, alles gleichzeitig – das war nicht zu schaffen. Seine Schwester Ulrike, die einzige Gesprächspartnerin, war außerdem meist auf Verwandten-Tour. Da traf es sich gut, daß im Nachbarhaus eine Generalsfamilie von Zenge mit vielen Töchtern einzog. Die älteste, Wilhelmine, hatte »sogar einen feineren Sinn, der für schönere Eindrücke zuweilen empfänglich ist«[49]. Sie hörte ihm zu, auch wenn sie wenig sagte. Die Zenges waren unkomplizierter als die Kleists, »lauter gute Menschen«[50], die friedlich und äußerst zwanglos miteinander umgingen. Kleist fühlte sich wohl bei ihnen – und dachte sich eine Braut aus. Wilhelmine war nicht wenig überrascht, als er ihr nach wenigen Wochen einen Brief zusteckte, in dem er ihr seine Liebe gestand und einen Heiratsantrag machte. Er muß über alle Maßen schüchtern gewesen sein. Um so eloquenter waren seine Briefe.

Die Wahl der Braut war standesgemäß, aber doch nicht wirklich eine Wahl des Herzens, dazu fand er zu viel an ihr auszusetzen. Er schien in ihr ein Wesen zu sehen, das er nach Belieben formen konnte. Nur der Druck, unter den er sich selbst setzte, um die »Vollkommenheit« zu erwerben, die für ihn Voraussetzung eines glücklichen Lebens war, rechtfertigt die Erziehungsepisteln, die er ihr im Namen der Liebe schrieb. Ihre Familie scheint die Verlobung mit Skepsis betrachtet zu haben, sie erhob zur Bedingung, daß der Bräutigam sich ein »Amt«, also eine Anstellung im Staatsdienst, suche, wozu Kleist halbherzige Anstalten machte, obwohl er wußte, daß das nichts für ihn war. Im Januar 1800 verlobte er sich, im Sommer warf er das Studium hin und brach ein erstes Mal aus. Die sogenannte »Würzburger Reise« hat er mit so viel Geheimnis umgeben, daß die Literaturwissenschaft über ihren Zweck nur rätseln kann – die Hypothesen reichen vom Spionage-Auftrag bis zur Phimose-Operation. Er war mit einem Freund unterwegs, dem ihm bedingungslos ergebenen Ludwig von Brockes. Die Briefe an Schwester und Braut legen eher nahe, daß die beiden jungen Männer einen großen Coup vorhatten – aus dem jedenfalls nichts wurde. Kaum zurück in Berlin, teilte Kleist Wilhelmine seinen Wunsch mit, nach Paris zu gehen. In fünf, sechs Jahren sei er so weit, daß er mit dem Schreiben Geld verdienen könne. Er bat sie, alle Bedenken fahrenzulassen und mit ihm zu kommen. Es müsse nicht Paris sein, auch Südfrankreich oder die französische Schweiz seien Orte, wo er Unterricht in deutscher Sprache geben könne.

Unvorstellbar für eine preußische Generalstochter. Wovon hätten sie auch leben sollen? Sie hatten beide kein Geld. Die Nachwelt weiß, daß in Kleist ein großes Werk keimte, dem er sich verpflichtet fühlte. Die Mitwelt aber sah nur einen jungen Mann, der die seiner Klasse vorgeschriebene Lebensform verwarf, um die Laufbahn eines Abenteurers einzuschlagen. Es war schließlich Ulrike, die ihn nach Paris begleitete und die Reise gleichzeitig finanzierte – ihm Vorschuß auf das Erbe gewährend, auf das er noch ein Jahr warten mußte. Der geplante einjährige Aufenthalt verkürzte sich auf knapp fünf Monate (Juli bis November 1801), doch war er ausschlaggebend für Kleists Entwicklung als Schriftsteller. Der geistige Befreiungsschlag war schon früher erfolgt und von Kleist mit dem ihm eigenen Pathos als Lebenskrise dargestellt worden, die seine Abreise vor seiner Umgebung rechtfertigen sollte. Die sogenannte »Kantkrise« war im Kern nichts anderes als ein Glaubensverlust. Kleists Lerneifer hatte ein Universum vorausgesetzt, in der Wissen langfristig zur Erkenntnis der Wahrheit, also zu Gott, führt. Dieser Gott der Aufklärung war identisch mit der Vernunft und den Naturgesetzen. Kants Postulat, daß unsere Wahrnehmung grundsätzlich subjektiv ist und die objektive Wahrheit uns deshalb unerreichbar bleibt, schien Kleists Anstrengungen den Sinn zu entziehen. Vielleicht brauchte er, vor Willhelmine, aber auch nur ein »höheres« Argument, um der Paukerei, die ihn nicht weiterführte, ein Ende zu setzen. Rechtfertigen mußte er die Flucht auch vor dem König. Er ließ im Ministerium von Struensee (»Akzise-, Zoll-, Kommerzial- und Fabrikwesen«), wo er recht unverbindlich hospitierte, durchblicken, er habe sich für eine wissenschaftliche Laufbahn entschieden und gehe nach Paris, um Mathematik und Naturwissenschaft zu studieren.

Als er das nach militärischem Muster durchgeformte

Preußen verließ, dessen Hierarchie sich durch eine pseudochristliche Ideologie von Gehorsam, Askese und Selbstverzicht legitimierte, schüttelte Kleist auch den Zwang ab, die Wirklichkeit an der moralischen Elle zu messen. Paris tat dem künftigen Dichter gut, gerade weil er dort Dinge erlebte, die er verabscheute. »Verrat, Mord und Diebstahl sind hier ganz unbedeutende Dinge, deren Nachricht niemanden affiziert. Ein Ehebruch des Vaters mit der Tochter, des Sohnes mit der Mutter, ein Totschlag unter Freunden und Anverwandten sind Dinge, dont on a eu d'exemple, und die der Nachbar kaum des Anhörens würdigt. [...] Auch ist es etwas ganz Gewöhnliches, einen toten Körper in der Seine oder auf der Straße zu finden.«[51] Statt über das Gute dachte er nun über das Böse nach. »Was heißt das auch, etwas Böses tun, der Wirkung nach? Was ist *böse*? *Absolut böse*? Tausendfältig verknüpft und verschlungen sind die Dinge der Welt, jede Handlung ist die Mutter von Millionen andern, und oft die schlechteste erzeugt die besten – Sage mir, wer auf dieser Erde hat schon etwas *Böses* getan? Etwas, das böse wäre in *alle Ewigkeit fort* –?«[52] Wilhelmine, an die dieser Brief gerichtet war, dürfte ihren tugendpredigenden Bräutigam nicht wiedererkannt haben.

Am Ende des Pariser Aufenthaltes hatte sich Kleist nicht nur in literarischen Stilübungen als Briefeschreiber, in (vernichteten) Tagebuchnotizen und einem (nicht erhaltenen) Ideenmagazin, aus dem er in unterschiedlichen Briefen gleichlautende Stellen zitierte, systematisch auf den Schriftstellerberuf vorbereitet, er hatte auch seine Wahrnehmung geschärft und beim Nachdenken über die Gesetze der Realität herausgefunden, daß ein Menschenleben keine Wanderung auf einem geraden Pfad der Tugend sein kann, weil Verhalten situationsbedingt ist. Sein Konstruktionsprinzip in den Dramen wie in den Erzählungen wird sein, Menschen wie in einem wissenschaftlichen Experiment außerordentlichen Situationen auszuliefern und zu beobachten, wie sie sich verhalten. Nun brauchte er nur noch die richtige Umgebung zum Schreiben; Paris war es nicht. Nach

Preußen zurückzukehren, teilte er der geduldig wartenden Wilhelmine mit, komme nicht in Frage, weil er dort zu viele Erwartungen erweckt habe, die er (noch) nicht erfüllen könne. In die Schweiz wolle er gehen, sich von seinem geerbten Geld ein Stück Land kaufen und es selbst bewirtschaften, durchaus auch mit seiner eigenen Hände Arbeit, was nicht die adelsgemäße Variante war und außerdem nach Rousseau klang. Dabei rechnete er fest auf Wilhelmine, die sich das Leben als Bäuerin ganz praktisch vorstellte und ihm antwortete, zum einen sei ihr Körper zu schwach für die harte Arbeit, zum anderen bekomme sie in der Sonne Kopfschmerzen. Es dauerte aber noch ein halbes Jahr, ehe er die Konsequenzen zog und die Verlobung löste. Sein letzter Brief an sie datiert vom 20. Mai 1802. »Ihr Weiber versteht in der Regel ein Wort in der deutschen Sprache nicht, es heißt Ehrgeiz«, kanzelt er sie ab. »Kurz, kann ich nicht mit Ruhm im Vaterlande erscheinen, geschieht es nie.« Der Brief endet: »Liebes Mädchen, schreibe mir nicht mehr. Ich habe keinen andern Wunsch als bald zu sterben.«[53]

Er wurde wirklich krank danach. Auch wenn er das Bild, das er sich von Wilhelmine gemacht hatte, vermutlich mehr liebte als die reale Person, fühlte er sich verlassen. Glücklicherweise hatte er die Zeit des Aufbruchs gut genutzt. Er hatte in Bern Anschluß an einen Kreis junger Schriftsteller gefunden, die sich gegenseitig ermutigten. Insbesondere hatte er sich mit Heinrich Zschokke angefreundet, der ihm half, das Häuschen auf der Aare-Insel zu finden, wo er es immerhin drei Monate lang in – fast – völliger Einsamkeit aushielt. Wenige Monate reichten ihm, um die Weichen für sein späteres Werk zu stellen. Hier entstanden »Die Familie Schroffenstein«, die im Herbst 1802 in Zürich verlegt wurde, sowie Teile des Fragment gebliebenen Dramas »Robert Guiskard«; hier bekam Kleist die Anregung zum »Zerbrochnen Krug«, vermutlich sogar schon – durch Zschokke, der sich zu jener Zeit mit Molière beschäftigte – zum »Amphitryon«, und seinen hiesigen Freunden trug er einen ersten Entwurf des »Erdbebens in Chili« vor. Die Idee zur »Verlobung in St. Domingo« dürfte ebenfalls Schweizer Wurzeln haben, denn in die Zeit von Kleists Aufenthalt auf der Aare-Insel fand die Expedition französischer und Schweizer Truppen nach Haiti statt, die den historischen Hintergrund dieser Erzählung bildet.

Dann war die Braut weg und das Reisegeld aufgezehrt. Aber es waren auch weniger private Gründe, die Kleist veranlaßten, seine Schweizer Siedlungspläne aufzugeben. Der Krieg, sein Lebensgesetz, holte ihn wieder einmal ein. Zum einen herrschte in Teilen der Schweiz Bürgerkrieg zwischen revolutionären und konservativen Kräften; in Bern geriet Kleist durch seine politisch aktiven Freunde mitten hinein. Zum anderen drohte Napoleon, das Land zu besetzen, so daß der Exil-Preuße riskierte, »statt eines Schweizer Bürgers durch einen Taschenspielerskunstgriff ein Franzose zu werden«[54]. Ulrike holte ihn ab, aber es gelang ihr nicht, ihn ganz mit nach Hause zu nehmen. Er blieb als Gast von Christoph Martin Wieland, dessen Sohn Ludwig zu Kleists Schweizer Freundeskreis gehört hatte und aus Bern ausgewiesen worden war, auf Gut Oßmannstedt bei Weimar. Hier vollzog sich nun etwas Wunderbares: Der alte Dichter entdeckte Kleists Genie. Er ließ sich aus dem »Robert Guiskard« vortragen, mit dem der junge Mann Tag und Nacht beschäftigt war, und verbarg den tiefen Eindruck nicht, den diese Probe seiner Kunst auf ihn machte. Er war überzeugt, »Kleist sei dazu geboren, die große Lücke in unserer dermaligen Literatur auszufüllen, die (nach meiner Meinung wenigstens) selbst von Goethe und Schiller noch nicht ausgefüllt worden ist«[55], schrieb Wieland an Kleists Arzt Dr. Georg Wedekind, der im Genieverdacht seines Patienten offenbar ein Krankheitssymptom sah. Das war ein Jahr später, als Kleist den Glauben an sich verloren hatte und an lebensgefährlichen Depressionen litt.

In der Zwischenzeit hatte er ein unstetes Leben geführt. Er war mit seinem Freund Ernst von Pfuel, nun auch »vormals Offizier«, und dem Manuskript im Gepäck zu Fuß durch

Deutschland, die Schweiz und Frankreich gezogen. »Robert Guiskard« war die große »Tat«, von der er träumte, das Gute, das er auf dieser Welt schaffen wollte, das Gigantenwerk auf dem Feld der Literatur, das ihm die Heimkehr stolz erhobenen Hauptes ermöglichen sollte. Das erhaltene Fragment vermittelt eine Ahnung von dem, was er beabsichtigte – die alle dramatischen Möglichkeiten vereinigende, alle Dimensionen sprengende historische Tragödie mit Zeitbezug. Sein Erstling »Die Familie Schroffenstein« erschien ihm, an diesem Plan gemessen, als eine »elende Scharteke«, die er anonym erscheinen ließ und deren Lektüre er der Familie ersparen wollte. »Ein Halbtausend hintereinander folgender Tage, die Nächte der meisten mit eingerechnet«, habe er auf den »Guiskard« verwendet, mit dem er hoffte, »zu so vielen Kränzen noch einen auf unsere Familie herabzuringen«[56], schrieb er an Ulrike. Nach einem Streit mit Pfuel im Sommer 1803 vernichtete er das Manuskript. »Ich habe in Paris mein Werk, soweit es fertig war, durchlesen, verworfen, und verbrannt: und nun ist es aus. Der Himmel versagt mir den Ruhm, das größte der Güter der Erde; ich werfe ihm, wie ein eigensinniges Kind, alle übrigen hin.«[57] Es ist ein Abschiedsbrief, geschrieben an Ulrike aus St. Omer. Diesmal holte nicht der Krieg Kleist ein, sondern Kleist lief dem Krieg hinterher. An der Atlantikküste sammelte Napoleon seine Truppen, um nach England überzusetzen. Kleist bewarb sich zweimal, einmal als Offizier, dann als einfacher Soldat, um eine Übernahme in die französische Armee; vergeblich. Vielleicht suchte er tatsächlich den Tod; vor allem aber war es der Beruf, den er gelernt hatte. Der deutsche Gesandte in Paris erhielt Wind davon, und Friedrich Wilhelm III. zweifellos auch. Kleist wurde nach Preußen zurückbeordert. Was ihm dort bevorstand, lag auf der Hand: Er hatte seinen Vertrag mit dem König gebrochen, sich nicht für eine ausländische Armee zu bewerben. Da war es sicher hilfreich, seinen labilen Gemütszustand in eine veritable Krankheit zu überführen. In Mainz unterbrach Kleist seine Rückreise. Fast fünf Monate lang habe er »abwechselnd das Bett oder das Zimmer«[58] gehütet, schreibt er später einer Freundin.

Die Legende von Kleists rätselhaftem Wahnsinn, der ihn angeblich an das Haus des Dr. Georg Wedekind fesselte, ist inzwischen durchlöchert. Aus einer lange unbekannt gebliebenen Quelle[59] geht hervor, daß er zwischen dem 4. Februar und dem 10. Mai 1804 mehrmals in Paris war. Der Anlaß ist wiederum Gegenstand mehr oder weniger plausibler Spekulationen. Georg Wedekind war ein Jakobiner der »Mainzer Republik« und folglich ein ehemaliger Kriegsgegner Kleists, der mit den Preußen die Stadt belagert hatte. Kleist hat sich niemals positiv über die Französische Revolution geäußert, so daß der Wechsel ins Lager des Feindes eine dieser merkwürdigen Wendungen ist, die für sein Werk nicht weniger typisch sind als für sein Leben. Vielleicht war der gemeinsame Nenner die Gegnerschaft zu Napoleon, der im Frühjahr 1804 seine verfassungsmäßige Einsetzung als Kaiser der Franzosen vorbereitete. Verschwörungen lagen in der Luft. Möglicherweise war Kleist tatsächlich als Kurier oder Kundschafter der Gegner Napoleons unterwegs. Jedenfalls tat er gut daran, über diese Zeit zu schweigen, denn schließlich blieb ihm nichts anderes übrig, als nach Preußen zurückzukehren; nicht als ruhmgekrönter Dichter, sondern als in Ungnade gefallener Untertan, der um eine letzte Chance betteln mußte.

Falls ihm jemand geraten hatte, Krankheit vorzuschieben, um einem Hochverratsprozeß zu entgehen, hat er diesen Rat jedenfalls schöpferisch umgesetzt. Der König selbst war nicht für ihn zu sprechen. Statt seiner empfing ihn der Generaladjutant von Köckeritz, den Kleist erst einmal mit der Herablassung des Uradels gegenüber dem Neuadel fragte, ob er die Ehre habe, von ihm gekannt zu sein? Die Aufzählung seiner Freveltaten, die im übrigen zeigte, daß der preußische Geheimdienst insgesamt gute Arbeit geleistet, aber den Dr. Wedekind im französischen Mainz nicht entdeckt hatte, fegte er mit einer Schilderung der heftigen Kopfschmerzen beiseite, die ihn eine Zeitlang geplagt hätten und eine hinreichende Erklärung dieser sonderbaren Eskapaden seien. Im gleichen Atemzug bat er um eine Anstellung im Staatsdienst. Es muß eine hervorragende Vorstellung gewesen sein, über die Kleist seiner Schwester Ulrike mit ironischem Unterton berichtete. Jedenfalls gelang es, des Königs »vorgefaßte Meinung« gegen Kleist so weit zu neutralisieren, daß er bereit war, es noch einmal mit ihm zu versuchen. Kleist konnte, wenn er wollte, das Vertrauen der Menschen gewinnen. Auch diesmal fand sich jemand, der ihm abnahm, daß ein nützlicher Untertan in ihm steckte. Er begann, für den Oberfinanzrat Karl Freiherr vom Stein zum Altenstein Akten zu bearbeiten, wobei er sich so ins Zeug warf, daß der Freiherr ihn mit den Worten: »hier stelle ich Ihnen einen jungen Mann vor, wie ihn das Vaterland braucht«[60], seinem Minister Hardenberg zuführte. Auf eine Anstellung mußte er allerdings noch bis zum Ende des Jahres warten.

Diesen neuerlichen Anlauf, im preußischen Leben Fuß zu fassen, hielt Kleist immerhin anderthalb Jahre durch. Er wurde nach Königsberg beordert, um sich teils an der Universität, teils in der Praxis der Provinzialverwaltung in der Agrar-, Steuer- und Gewerbepolitik zu spezialisieren. Königsberg war die Hochburg der Reformer, die den preußischen Staat modernisieren wollten; eine Friedensaufgabe, zu der der Frieden fehlte, denn Napoleon machte sich gerade daran, Deutschland und Österreich zu erobern. Nach der Schlacht bei Austerlitz am 2. Dezember 1805 konnte Bonaparte dem »Heiligen Römischen Reich Deutscher Nation« die Bedingungen diktieren. Das – sehr zur Mißbilligung von Patrioten wie Kleist – neutral gebliebene Preußen war unmittelbar bedroht. Ausnahmsweise steckte Kleist aber nicht in konspirativen Umtrieben, sondern arbeitete zu Hause, der Legende nach am liebsten im Bett, an dem »Zerbrochnen Krug«, dem »Amphitryon«, dem »Erdbeben in Chili«, der »Penthesilea«, dem »Michael Kohlhaas« … Der Dichter hatte sich von der Vorstellung getrennt, auf dem Feld der Literatur eine große vaterländische Tat vollbringen zu müssen, er schrieb nun, weil er »es nicht lassen«[61] konnte. Er beklagte sich bei seinen Vorgesetzten über anhaltende Depressionen und körperliche Beschwerden und wurde im Juni 1806 für ein halbes Jahr zur Wiederherstellung seiner Gesundheit ohne Salär beurlaubt. Für ihn war das gleichbedeutend mit dem Abschied vom Amt; er träumte davon, sich in Zukunft durch das Schreiben von Stücken zu ernähren.

Doch der Krieg kam dazwischen. Im Oktober 1806 stand Preußen endlich gegen Napoleon auf, erlitt aber in der Schlacht bei Jena und Auerstedt eine so vernichtende Niederlage, daß der gute Ruf der preußischen Armee für lange Zeit ruiniert war. Napoleon zog in Berlin ein, der Hof Friedrich Wilhelms III. floh nach Königsberg und im Dezember weiter nach Memel. Kleist aber nahm den Kontakt zu seinen Freunden Otto Rühle von Lilienstern und Ernst von Pfuel wieder auf, die in den preußischen Reihen gegen die Franzosen gekämpft hatten. Mit Ernst von Pfuel und zwei anderen Offizieren wanderte er im Januar zu Fuß von Königsberg nach Berlin. Dort wurde er unter Spionageverdacht verhaftet. Das nächste halbe Jahr verbrachte er als Kriegsgefangener auf Fort Joux bei Pontarlier im französischen Jura, später in einem Lager in Châlons-sur-Marne, eine Zeit, die er nutzte, um an angefangenen Projekten weiterzuarbeiten, der »Penthesilea«, der »Marquise von O…«. Falls er für »Die Verlobung in St. Domingo« bereits Material sammelte, lieferte dieser Aufenthalt ihm Stoff, denn auf Fort Joux war einer der Anführer der Sklavenaufstände von Haiti, Toussaint l'Ouverture, inhaftiert gewesen und gestorben. Die Freunde zu Hause bemühten sich in der Zwischenzeit erfolgreich um die Veröffentlichung des Dramas »Amphitryon« und der Erzählung »Das Erdbeben in Chili«. Als Kleist nach dem für Preußen katastrophalen Frieden von Tilsit im Juli 1807 aus der Gefangenschaft entlassen wurde, begann seine beste Zeit.

Er ging nach Sachsen, das sich gleich nach der Schlacht von Jena und Auerstedt auf die Seite der Franzosen gestellt hatte und als Rheinbund-Mitglied nicht besetzt war. In Dresden traf er seine Freunde Otto Rühle von Lilienstern und Ernst von Pfuel, die zusammen mit Kleists Schwester Ulrike 2100 Reichstaler aufbrachten, um dem Dichter, an dessen Talent sie glaubten, zu einem Forum zu verhelfen. So kam es zur Gründung des Kunstjournals »Phöbus«, das Kleist mit Adam Müller herausgab. Kleists Schublade war gefüllt mit Manuskripten, die er nach und nach im »Phöbus« veröffentlichte: das »Guiskard«-Fragment, einen Auszug aus der »Penthesilea«, »Die Marquise von O...«, den Anfang des »Michael Kohlhaas«, die ersten beiden Akte des »Käthchens von Heilbronn«. Jedoch erfuhr er, statt der erhofften Anerkennung, hauptsächlich Befremden und Ablehnung, zumal die Weimarer Uraufführung des »Zerbrochnen Krugs« im März 1808 in Goethes Regie ein Desaster wurde. Die Zeit war nicht reif für sein Werk. Daß er auf Mißerfolge im Metier wie auf persönliche Kränkungen reagierte, machte die Sache für ihn nicht besser. Angeblich wollte er Goethe, dem er unterstellte, den Mißerfolg des »Zerbrochnen Krugs« provoziert zu haben, sogar zum Duell fordern. Umgekehrt mußten die Freunde der beiden Adam Müller ausreden, Kleist eine Duellforderung zu schicken, nachdem dieser ihn auf das übelste beschimpft hatte, weil er angesichts der schlechten finanziellen Lage, in die der »Phöbus« bald geriet, Zugeständnisse an den Verleger gemacht hatte. – Die Zeitschrift erlebte nur einen Jahrgang, dann war Kleist wieder arbeitslos.

Im kriegsfernen Dresden sammelten sich nicht nur die Talente, sondern auch die Agenten. Das gemeinsame Interesse an der deutschen Literatur führte zu merkwürdigen Konstellationen. Kleist verkehrte nicht nur im Haus des österreichischen Geschäftsträgers Joseph Freiherr von Buol, das sich zu einem Zentrum antinapoleonischer Agitation entwickelte, er wurde auch von dem französischen Gesandten in Sachsen, Jean-François de Bourgoing, dem vor allem der »Amphitryon« gefallen hatte, protegiert. Kleist und Möller hatten sogar geplant, den Code Napoléon auf deutsch zu verlegen, was, wenn es zustande gekommen wäre, sicher ein gutes Geschäft geworden wäre. Die österreichischen Beziehungen wiederum ermöglichten die Uraufführung des »Käthchens von Heilbronn« 1810 in Wien; da war Österreich freilich schon französisch.

Die Fronten waren also keineswegs verhärtet, auch wenn ein wenig spioniert und konspiriert wurde. Das änderte sich schlagartig, als die spanischen Aufstände gegen die Franzosen bekannt wurden, die im März 1808 begannen und bis zu ihrer Vertreibung 1813 nicht mehr aufhörten. Es gab also doch ein Mittel gegen Bonapartes unbesiegbare Kriegsmaschinerie: den Guerillakrieg. Die preußischen Militärtheoretiker, vor allem die Reformer um den Freiherrn vom Stein, Scharnhorst und Gneisenau, begeisterten sich für die Idee eines Volkskriegs, die Österreicher sahen den Zeitpunkt für gekommen, Napoleon herauszufordern, und Kleist verfiel dieser Stimmung in einem solchen Maß, daß er sein Pamphlet »Die Hermannsschlacht« schrieb. Dieses Stück wollte er so schnell wie möglich auf einer Wiener Bühne aufgeführt sehen, als »Geschenk an die Deutschen«[62], um sie für den bewaffneten Aufstand zu konditionieren. Der Krieg hatte ihn wieder – nicht als Soldaten, sondern als Propagandisten, der ganz unmoralisch zum Töten aufrief. Das Schauspiel, begriffen als »vaterländische Tat«, zeigt, daß nicht die Verantwortung des Dichters für sein Werk die Priorität hatte, sondern der militärische Zweck, den es verfolgte: Vernichtung.

Gleichzeitig sammelte Kleist Nachrichten für den preußischen Geheimdienst, mit dem er nachweislich in Verbindung stand. Nach Kriegsausbruch wurde von Buol aus Sachsen ausgewiesen; auch Kleist zog es vor, das Land zu verlassen, zumal er sich mit dem jungen Historiker Friedrich Christoph Dahlmann einen österreichischen Paß teilte, der sie aneinander band wie ein Ehepaar. Sie begaben sich zunächst nach Prag, aber als Österreich in der Schlacht von Aspern am 21./22. Mai einen bedeutenden Sieg gegen Napoleon errang, war kein Halten mehr. Kleist und Dahlmann besichtigten das Schlachtfeld, ein ziemlich makabres Unternehmen, und kehrten dann nach Prag zurück, wo Kleist eine Propaganda-Zeitschrift »Germania« herausgeben wollte, um mit deren Hilfe ganz Deutschland in den Volksaufstand zu trommeln. Dahlmann berichtet, daß Kleist und er in Prag mit Ausdauer das »Kriegsspiel« betrieben, eine theoretische Schlachtvorbereitung mit Durchspielen aller Eventualitäten. Doch im Juli gewann Napoleon die Schlacht bei Wagram, im September kapitulierte Österreich, und der Tatendrang des Patrioten Kleist lief wieder einmal ins Leere. Inzwischen brauchte er den Krieg, um seine Rolle zu finden.

Wie so oft war er ohne Einkünfte. Ulrike mußte wieder einmal einspringen und ihm Geld schicken, damit er seine Schulden bezahlen konnte. Er borgte sich von Pontius zu Pilatus. Zwischen Juli und November 1809 schien er verschollen zu sein, das Gerücht kam auf, er sei bei Wagram gefallen. Im November tauchte er in Frankfurt auf, um eine Hypothek auf sein Geburtshaus aufzunehmen und die 400 Taler, die ihm seine Tante Massow hinterlassen hatte, einzukassieren; es waren seine letzten Reserven. Im März 1810 war er wieder in Berlin. Mit einem gut inszenierten Auftritt brachte er sich dem Hof in Erinnerung. Anläßlich ihrer Geburtstagsfeier überreichte er der Königin Luise persönlich ein Gedicht, das sie, wie er Ulrike schrieb, »vor den Augen des ganzen Hofes, zu Tränen gerührt hat«[63]. Als wäre nichts geschehen, nahm er alte Kontakte wieder auf, knüpfte neue, nutzte seine Beziehungen und brachte noch einmal etwas in Gang: die »Berliner Abendblätter«, die erste Zeitung, die – ein Novum in Deutschland – an allen Werktagen erschien.

Auch seine dichterische Produktivität erreichte einen neuen Höhepunkt. Für einen ersten Band Erzählungen, der im Sommer 1810 erschien, überarbeitete er »Kohlhaas«, »Marquise von O…« und »Das Erdbeben in Chili«. Für einen zweiten schrieb er »Die Verlobung in St. Domingo«, »Das Bettelweib von Locarno«, »Der Findling«, »Die Heilige Cäcilie oder die Gewalt der Musik«, »Der Zweikampf«. In der gleichen Zeit entstand auch das Schauspiel »Prinz Friedrich von Homburg«. Es war ein übermenschliches Arbeitspensum, zumal er seit 1. Oktober 1810 auch die »Berliner Abendblätter« redigierte. Wie so oft in seinem Leben ließ sich am Anfang alles gut an. Er war auf die Idee gekommen, Polizeiberichte zu veröffentlichen, die ein breites Publikum ansprachen, und redigierte im übrigen eine – aus unsrer Sicht – vorbildliche Mischung aus Unterhaltung und Information, Politik und Ästhetik. Er trug eine Reihe eigener Artikel dazu bei, darunter den berühmten Aufsatz »Über das Marionettentheater«, veröffentlichte aber auch Texte von Clemens Brentano, Achim von Arnim und Friedrich de la Motte Fouqué. Wenn auch dieses Unternehmen mißlang, dann auf Grund seiner Kompromißlosigkeit und der Unfähigkeit, mit Menschen, die seine Erwartungen nicht erfüllten, dennoch höflich umzugehen.

Er hatte die Zeitung unter das Motto gestellt, »die Nationalsache überhaupt« zu befördern, und geriet dadurch in Konflikt mit dem Zensuredikt von 1808. Solange die Redaktion sich »auf die Unterhaltung aller Stände des Volks« beschränkte und aus der Politik heraushielt, unterstand sie der Aufsicht der Polizeibehörde, deren Präsident Karl Justus Gruner Kleists Freund war. Kleist begann aber unverzüglich, sich in die Politik einzumischen, mit dem Ergebnis, daß er innerhalb kürzester Zeit Hof und Staatskanzlei gründlich verärgerte. Er formulierte Nadelstiche gegen die Franzosen, was gefährlich war und ihm verboten wurde. Er beleidigte August Iffland, den Leiter des Königlichen Hoftheaters, und durfte keine Theaterkritiken mehr veröffentlichen. Er zog die Reformpolitik der Regierung in die öffentliche Diskussion und erlaubte Adam Müller, mit dem er sich wieder versöhnt hatte, die Reformpartei und den Staatskanzler Hardenberg in seinem Blatt anzugreifen. Dabei spielte wiederum sein Adelsbewußtsein eine Rolle. Er vertrat, wie der politisch konservative Müller, mehr oder weniger explizit die Interessen der altpreußischen Ständevertretungen, die sich den Bestrebungen der Reformer widersetzten. Mit immer neuen Einschränkungen, die den Inhalt verflachten und uninteressant machten, so daß der Verkauf beständig zurückging, wurden die »Berliner Abendblätter« allmählich ruiniert. Kleist wehrte sich verbissen und ungeschickt; es war sein früherer Gönner Hardenberg, der dem Unternehmen schließlich den Todesstoß versetzte. Die Nachwelt rühmt Kleists journalistische Leistung, die Modernität seines Konzeptes, die kluge Zusammenstellung der Beiträge, seine eigenen Texte. Trügen die »Berliner Abendblätter« nicht seine unverwechselbare Handschrift, wäre die deutsche Literaturgeschichte um ein Paradestück ärmer. Die Mitwelt nahm nur das Ärgernis wahr und ließ den Störenfried fallen. Die Briefe, die er an den König und die Prinzen schrieb, blieben unbeantwortet.

Auch Marie von Kleist, seine angeheiratete Cousine, der er Liebesbriefe schrieb, an die sie glaubte, und die sich als Hofdame der Königin Luise immer wieder für ihn eingesetzt hatte, konnte ihm nicht mehr helfen, denn die Königin war gestorben. Ihr wollte Kleist eigentlich »Prinz Friedrich von Homburg« widmen, das Stück, das vielleicht von ihr so verstanden worden wäre, wie es gemeint war: als Wunsch des verlorenen Sohnes, im preußischen Vaterhaus wieder aufgenommen zu werden. Marie, die wahrscheinlich der einzige Mensch war, der von ihm nicht forderte, gleichzeitig genial und angepaßt zu sein, hatte ihn jahrelang aus eigenen Mitteln unterstützt, die Zuwendung aber, vermutlich seines empfindlichen Stolzes wegen, als eine Pension aus der Kasse der Königin ausgegeben. Nach deren Tod wurde die Summe nicht mehr ausgezahlt. So waren zwar einerseits die Voraussetzungen für Kleist gegeben, endlich als Dichter wahrgenommen zu werden, denn außer dem zweiten Band Erzählungen war 1811 auch die Buchausgabe des »Zerbrochnen Krugs« erschienen; doch war er jetzt, noch nicht 34, am Ende seiner Ressourcen, seiner Reputation und seiner Kraft.

Marie von Kleist riet ihrem Cousin, sich um eine Wiederaufnahme in die preußische Armee zu bemühen, da bei dem bevorstehenden Kampf gegen die Franzosen jeder Mann gebraucht würde. Viele nahmen zu diesem Zeitpunkt an, Preußen werde endlich losschlagen. In dem Brief an den König, in dem sie sich für Heinrich einsetzte, erwähnte sie, daß er gern in die Fußstapfen seines Onkels Ewald von Kleist treten würde: «Sein ganzer, sein einziger Wunsch, ist für seinen König zu sterben.«[64] Ganz in der Rolle des militanten Barden, legte Kleist seiner Bewerbung zwei Kriegsgedichte bei. Der König riskierte nicht viel, als er ihm in einer Kabinettsorder seine Wiedereinstellung im Militär für den Kriegsfall zusagte, denn er hatte – wie er in seinem Antwortbrief an Marie von Kleist schrieb – gar nicht vor, Krieg zu führen. Kleist aber glaubte an den Krieg, der ihn retten sollte. Er versuchte, sich beim Staatskanzler Hardenberg, der nicht antwortete, und bei seiner Schwester Ulrike Geld für die Ausrüstung zu leihen; Ulrike war so vorsichtig, die Summe bei Marie von Kleist zu deponieren. Als der Krieg ausblieb, wollte er noch einmal Ulrike um Geld angehen, traf sie zusammen mit ihrer Schwester Auguste und fühlte sich von den beiden Frauen, die ihm offenbar gründlich die Meinung sagten, »als ein ganz nichtsnutziges Glied der menschlichen Gesellschaft, das keiner Teilnahme mehr wert sei«[65], behandelt, eine niederschmetternde Erfahrung, die seinen Plan, sich mit einer großen Geste aus dieser Welt zu verabschieden, beschleunigte.

Der Doppelselbstmord mit der krebskranken Henriette Vogel am 21. November 1811 wird nie unter dem Aspekt betrachtet, daß Kleists Selbstmord ein Mord voranging. Gewiß wollte sie mit ihm sterben, doch sie starb von seiner Hand. Er schoß ihr ins Herz, und sie war sofort tot; er verstand sein Handwerk. Es gab mindestens ein paar Sekunden, in denen er sah, was er angerichtet hatte. Dann schoß er sich mit einer zweiten Pistole in den Mund. Es steckt ein finsterer Sinn in dieser Szene: Töten dürfen – und sterben.

ANHANG

Chronik

1777 10. Oktober: Bernd Heinrich Wilhelm von Kleist als Sohn des Stabskapitäns Joachim Friedrich von Kleist und seiner zweiten Frau Juliane geb. von Pannwitz in Frankfurt an der Oder geboren. Erster Sohn nach vier Töchtern; zwei weitere Geschwister. Halbschwester Ulrike (1774–1849) stand ihm am nächsten.

1787 C.E. Martini Hauslehrer bei Kleists. Januar–Mai: In Pension bei dem hugenottischen Prediger und Lehrer S.H. Catel in Berlin. 18. Juni: Tod des Vaters.

1792 1. Juni: Eintritt in das Regiment Garde Nr. 15 in Potsdam als Gefreiter-Korporal.

1793 3. Februar: Tod der Mutter. März: Kleist reist zu seinem Regiment nach Frankfurt a.M. »Rheinfeldzug«. April–Juli: Teilnahme des Regiments an der Belagerung der »Mainzer Republik«. September–November: Rückeroberung der Pfalz. Schlachten bei Pirmasens und Kaiserslautern.

1794 Januar–Juli: Schlachten bei Frankenthal, Kaiserslautern und Trippstadt. November: Rückzug bis Frankfurt a.M.

1795 April: Basler Sonderfrieden zwischen Frankreich und Preußen. Mai: Beförderung zum Wirklichen Fähnrich. Juni: Rückkehr des Regiments nach Potsdam.

1795–1799 Dienst in Potsdam. 1797: Beförderung zum Sekondeleutnant. Mathematische, Sprach- und philosophische Studien. Freundschaft mit Otto Rühle von Lilienstern und Ernst von Pfuel. 1798: Gemeinsamer Ausflug in den Harz als reisende Musikanten.

1799 Abschied von der Armee. Brief an Martini, in dem er diesen Schritt begründet. Immatrikulation an der Universität in Frankfurt/O. Studienfächer: Mathematik, Physik, Philosophie, Literatur, Jura.

1800 April/Mai: Inoffizielle Verlobung mit Wilhelmine von Zenge. Juli: Abbruch des Studiums. August–Oktober: »Würzburger Reise« mit Ludwig Brockes. November: Hospitanz in der Technischen Deputation des Ministeriums Struensee als Kandidat für ein Staatsamt.

1801 März: Sogenannte »Kantkrise«. April: Flucht aus Preußen. Reise mit Ulrike über Dresden, Halberstadt (Besuch bei Gleim), Göttingen nach Paris. Juli–November: Aufenthalt in Paris. Skizze für die »Familie Thierrez«, aus der »Die Familie Schroffenstein« wird. 10. Oktober: Mündig. Verfügung über ein kleines Vermögen. Dezember: Reise in die Schweiz.

1802 Umgang mit Heinrich Zschokke, Ludwig Wieland, Heinrich Geßner in Bern. Anregung zum »Zerbrochnen Krug«, eventuell auch zu »Amphitryon« und »Die Verlobung in St. Domingo«. April: Anmietung eines Sommerhauses auf einer Aare-Insel bei Thun. Fertigstellung der »Familie Schroffenstein«. Arbeit an »Robert Guiskard«. Mai: Auflösung der Verlobung. Juni–Juli (?): Krank in Bern. Oktober: Mit Ulrike und Ludwig Wieland nach Weimar. November: »Die Familie Schroffenstein« erscheint anonym in Bern und Zürich bei Geßner.

1803 Januar–Anfang März: Bei C.M. Wieland in Oßmannstedt. Mit »Robert Guiskard« im Gepäck auf Reisen. Das Erbe ist verbraucht; Ulrike hilft aus. Ende Juli: Reise mit Ernst von Pfuel in die Schweiz. August: Südschweiz, Norditalien. September: Letzter Versuch, in Genf den »Guiskard« zu vollenden. Mit Pfuel nach Paris. Oktober: Streit mit Pfuel. Kleist verbrennt das »Guiskard«-Manuskript. Dezember: St. Omer. Zweiter vergeblicher Versuch, in Napoleons Invasionsarmee aufgenommen zu werden. Befehl, nach Preußen zurückzukehren. Ein Hochverratsprozeß droht. Kleist findet im französischen Mainz Aufnahme bei dem Arzt und Jakobiner Dr. Wedekind.

1804 Januar–April: Aufenthalt bei Dr. Wedekind, mit geheimnisvollen Abstechern nach Paris. April/Mai: Zurück nach Berlin. Hochverratsprozeß mit Hinweis auf Erkrankung abgewendet. Finanzielle Unterstützung durch die Familie. Aussicht auf ein Amt im Finanzdepartement unter Altenstein.

1805 Mai: Kleist geht zur Vervollständigung seiner Ausbildung nach Königsberg, hört Vorlesungen über Nationalökonomie an der Universität, arbeitet in der ostpreußisch-litauischen Kriegs- und Domänenverwaltung. Ulrike zieht zu ihm. Aufsatz »Über die allmähliche Verfertigung der Gedanken beim Reden«. Arbeit an »Amphitryon«. Dezember: Schlacht von Austerlitz.

1806 »Amphitryon« und »Der zerbrochne Krug« fertiggestellt. Arbeit an »Michael Kohlhaas« und »Penthesilea«. August: Kleist beantragt Urlaub. Oktober: Niederlage Preußens bei Jena und Auerstedt, Zusammenbruch. November: Der Hof flüchtet nach Königsberg. »Das Erdbeben in Chili« abgeschlossen.

1807 Januar: Der Hof flüchtet weiter nach Memel. Kleist wird in Berlin unter Spionageverdacht verhaftet. Als Kriegsgefangener auf Fort Joux im französischen Jura. April: Kriegsgefangenenlager in Châlons-sur-Marne. Arbeit an »Penthesilea« und »Marquise von O...«. Mai: »Amphitryon« erscheint. Juli: Entlassung. August: Nach Dresden. Gründung des Kunstjournals »Phöbus«.

1808 März: Uraufführung des »Zerbrochnen Krugs« durch Goethe in Weimar, Mißerfolg. »Phöbus« in finanziellen Schwierigkeiten. Juli: »Penthesilea« erscheint. Kleist verfaßt die »Hermannsschlacht«.

1809 März: Letzte »Phöbus«-Hefte. Kontakt zu österreichischen und preußischen Widerstandskreisen. Konspirative Tätigkeit. Kriegslyrik, politische Schriften. April: Nach Kriegserklärung Österreichs an Frankreich mit Dahlmann nach Prag. Zeitschriftenprojekt »Germania«. Juli: Niederlage Österreichs. Oktober: Friedensschluß. November: Frankfurt. Kleist erhält kleine Erbschaft und nimmt eine Hypothek auf das Geburtshaus auf.

1810 Februar: Zurück in Berlin. Versuch, sich dem Hof zu nähern (Sonett »An die Königin von Preußen«). März: Uraufführung des »Käthchens von Heilbronn« in Wien. »Prinz Friedrich von Homburg« fertiggestellt. Tod der Königin Luise. Kleist verliert seine inoffizielle Pension. September: Der erste Band »Erzählungen« (»Kohlhaas«, »Marquise von O…«, »Erdbeben in Chili«) und das »Käthchen von Heilbronn« erscheinen. Oktober: Start der Tageszeitung »Die Berliner Abendblätter«. November: »Abendblätter« unter Zensur. Absatz sinkt. Finanzielle Schwierigkeiten.

1811 Januar: Streit mit Staatskanzler Hardenberg. März: Ende der »Abendblätter«. Kleist ist völlig mittellos. Eingaben beim Hof bleiben unbeantwortet. »Prinz Friedrich von Homburg« wird von Kleists Verleger abgelehnt. August: Der zweite Band »Erzählungen« erscheint (»Die Verlobung in St. Domingo«, »Das Bettelweib von Locarno«, »Der Findling«,»Die heilige Cäcilie oder die Gewalt der Musik«, »Der Zweikampf«). September: Der König stimmt zu, Kleist im Kriegsfall wieder in die Armee aufzunehmen. Der Krieg bleibt aus. Oktober: Die Familie verweigert jede weitere Unterstützung. 21. November: Gemeinsamer Selbstmord mit Henriette Vogel am Kleinen Wannsee.

Textgrundlage und Literaturempfehlungen

WuB Werke und Briefe in vier Bänden. Hrsg. von Siegfried Streller in Zusammenarbeit mit Peter Goldammer und Wolfgang Barthel, Anita Golz, Rudolf Loch. Berlin/Weimar: Aufbau-Verlag 1978, 3., erg. Aufl. ebd. 1993.

LS Sembdner, Helmut [Hrsg.]: Heinrich von Kleists Lebensspuren. Dokumente und Berichte der Zeitgenossen. Bremen 1957. Neuausgabe: München 1996.

Baumgart, Peter: Die preußische Armee zur Zeit Heinrich von Kleists. In: Kleist Jahrbuch (KJb) 1983, S. 43–70.

Bay, Hansjörg: Als die Schwarzen die Weißen ermordeten. In: KJb 1998, S. 80–108.

Boockmann, Hartmut: Mittelalterliches Recht bei Kleist. Ein Beitrag zum Verständnis des *Michael Kohlhaas*. In: KJb 1988/89, S. 84–108.

Botzenhart, Manfred: Kleist und die preußischen Reformer. In: KJb 1988/89, S. 132–146.

Bronfen, Elisabeth: Liebeszerstückelung. *Penthesilea* mit Shakespeare gelesen. In: KJb 2000, S. 174–193.

Brown, Hilda M.: Kleist in Paris, 1804. In: Seminar 13 (1977), S. 88–98.

Charbon, Remy: Der weiße Blick. Über Kleists *Verlobung in St. Domingo*. In: KJb 1996, S. 77–88.

Gönner, Gerhard: Von »zerspaltenen Herzen« und »der gebrechlichen Einrichtung der Welt«. Versuch einer Phänomenologie der Gewalt bei Kleist. Stuttgart 1989.

Grathoff, Dirk [Hrsg.]: Heinrich von Kleist. Opladen 1988.

Grathoff, Dirk: Der Fall des Krugs. Zum geschichtlichen Gehalt von Kleists Lustspiel. In: KJb 1981/82, S. 290–313.
Greiner, Bernhard: Kleists Dramen und Erzählungen. Experimente zum »Fall« der Kunst. Tübingen/Basel 2000.

Hohoff, Curt: Heinrich von Kleist. In Selbstzeugnissen und Bilddokumenten. Reinbek bei Hamburg 1958 [u. ö.].
Höller, Hans: Der *Amphitryon* von Molière und der von Kleist. Eine sozialgeschichtliche Studie. Heidelberg 1982.

Itoda, Soichiro: Die Funktion des Paradoxons in Heinrich von Kleists Aufsatz Über die allmähliche Verfertigung der Gedanken beim Reden. In: KJb 1991, S. 218–228.

Klüger, Ruth: Katastrophen. Über deutsche Literatur. Göttingen 1994.
Kreutzer, Hans Joachim: Die dichterische Entwicklung Heinrich von Kleists. Untersuchungen zu seinen Briefen und zu Chronologie und Aufbau seiner Werke. Berlin 1976.
Kreutzer, Hans Joachim: Über Gesellschaft und Geschichte im Werk Kleists. In: KJb 1980, S. 34–72.

Loch, Rudolf: Kleist. Eine Biographie. Göttingen 2003.
Lucas, Raymond: Die Aporie der Macht. Zum Problem der Amnestie in Kleists *Michael Kohlhaas*. In: KJb 1992, S. 140–151.

Michelsen, Peter: Die Betrogenen des Rechtgefühls. Zu Kleists *Die Familie Schroffenstein*. In: KJb 1992, S. 64–80.
Michelsen, Peter: Umnachtung durch die Liebe. Zu Kleists *Amphitryon*. In: KJb 1996, S. 123–139.
Müller-Salget, Klaus: Heinrich von Kleist. Stuttgart 2002.

Ott, Michael: »… ich will keine andre Ehre mehr, als deine Schande …« Zu Ehre, Duell und Geschlechterdifferenz in Kleists Erzählungen. In: KJb 1999, S.144–165.

Peter, Klaus: Für ein anderes Preußen. Romantik und Politik in Kleists *Prinz Friedrich von Homburg*. In: KJb 1992, S. 95–185.

Schmidt, Jochen: Stoisches Ethos in Brandenburg-Preußen und Kleists *Prinz Friedrich von Homburg*. In: KJb 1993, S. 89–102.
Schneider, Hans-Peter: Justizkritik im *Zerbrochnen Krug*. In: KJb 1988/89, S. 309–326.
Schneider, Manfred: Die Welt im Ausnahmezustand. Kleists Kriegstheater. In: KJb 2001, S. 104–119.
Schrader, Hans Jürgen: Unsägliche Liebesbriefe. Heinrich von Kleist an Wilhelmine von Zenge. In: KJb 1981/82, S. 86–96.

Uerlings, Herbert: Preußen in Haiti? Zur interkulturellen Begegnung in Kleists *Verlobung in St. Domingo*. In: KJb 1991, S.185–201.

Vierhaus, Rudolf: »Man muß sich mit seinem ganzen Gewicht in die Waage der Zeit werfen«. Die Zeit, der Dichter und die Tat. In: KJb 1990, S. 71–85.

Weigel, Sigrid: Der Körper am Kreuzpunkt von Liebesgeschichte und Rassendiskurs in Heinrich von Kleists Erzählung: *Die Verlobung in St. Domingo*. In: KJb 1991, S. 202–216.

Anmerkungen

1 Heinrich Zschokke, Selbstschau (1842); Sembdner, Lebensspuren, 67 a.
2 An Ulrike von Kleist, 14. März 1803; WuB 4/311.
3 Goethe an Adam Müller, 28. August 1807; Sembdner, Lebensspuren, 185.
4 Ebenda.
5 Henriette von Knebel an Karl Ludwig von Knebel, 5. März 1808; Sembdner, Lebensspuren, 244.
6 Ebenda.
7 Goethe an Kleist, 1. Februar 1808; Sembdner, Lebensspuren, 224.
8 An Johann Wolfgang Goethe, 24. Januar 1808; WuB 4/397.
9 An Marie von Kleist, Spätherbst 1807; WuB 4/388.
10 Achim von Arnim an Wilhelm Grimm, 16. Januar 1825; zitiert nach WuB 2/667.
11 An Ulrike von Kleist, 25. Februar 1795; WuB 4/16.
12 An Heinrich Joseph von Collin, 22. Februar 1809; WuB 4/417.
13 Dahlmann an G. G. Gervinus, 26. Oktober 1840; Sembdner, Lebensspuren, 319.
14 Thomas Mann, Heinrich von Kleist und seine Erzählungen. Zu einer amerikanischen Ausgabe seiner Novellen. In: Gesammelte Werke in zwölf Bänden, Bd. IX, Oldenburg 1960.
15 Friedrich II., Mémoires pour servir à l'histoire de la maison de Brandenbourg; zitiert nach WuB 2/701.
16 [Böttiger.] Der Freimüthige. 4. und 5. März 1808; Sembdner, Lebensspuren, 235 a.
17 WuB 3/305.

Schmidt, Jochen: Stoisches Ethos in Brandenburg-Preußen und Kleists *Prinz Friedrich von Homburg*. In: KJb 1993, S. 89–102.

Schneider, Hans-Peter: Justizkritik im *Zerbrochnen Krug*. In: KJb 1988/89, S. 309–326.

Schneider, Manfred: Die Welt im Ausnahmezustand. Kleists Kriegstheater. In: KJb 2001, S. 104–119.

Schrader, Hans Jürgen: Unsägliche Liebesbriefe. Heinrich von Kleist an Wilhelmine von Zenge. In: KJb 1981/82, S. 86–96.

Uerlings, Herbert: Preußen in Haiti? Zur interkulturellen Begegnung in Kleists *Verlobung in St. Domingo*. In: KJb 1991, S.185–201.

Vierhaus, Rudolf: »Man muß sich mit seinem ganzen Gewicht in die Waage der Zeit werfen«. Die Zeit, der Dichter und die Tat. In: KJb 1990, S. 71–85.

Weigel, Sigrid: Der Körper am Kreuzpunkt von Liebesgeschichte und Rassendiskurs in Heinrich von Kleists Erzählung: *Die Verlobung in St. Domingo*. In: KJb 1991, S. 202–216.

Anmerkungen

1 Heinrich Zschokke, Selbstschau (1842); Sembdner, Lebensspuren, 67 a.
2 An Ulrike von Kleist, 14. März 1803; WuB 4/311.
3 Goethe an Adam Müller, 28. August 1807; Sembdner, Lebensspuren, 185.
4 Ebenda.
5 Henriette von Knebel an Karl Ludwig von Knebel, 5. März 1808; Sembdner, Lebensspuren, 244.
6 Ebenda.
7 Goethe an Kleist, 1. Februar 1808; Sembdner, Lebensspuren, 224.
8 An Johann Wolfgang Goethe, 24. Januar 1808; WuB 4/397.
9 An Marie von Kleist, Spätherbst 1807; WuB 4/388.
10 Achim von Arnim an Wilhelm Grimm, 16. Januar 1825; zitiert nach WuB 2/667.
11 An Ulrike von Kleist, 25. Februar 1795; WuB 4/16.
12 An Heinrich Joseph von Collin, 22. Februar 1809; WuB 4/417.
13 Dahlmann an G. G. Gervinus, 26. Oktober 1840; Sembdner, Lebensspuren, 319.
14 Thomas Mann, Heinrich von Kleist und seine Erzählungen. Zu einer amerikanischen Ausgabe seiner Novellen. In: Gesammelte Werke in zwölf Bänden, Bd. IX, Oldenburg 1960.
15 Friedrich II., Mémoires pour servir à l'histoire de la maison de Brandenbourg; zitiert nach WuB 2/701.
16 [Böttiger.] Der Freimüthige. 4. und 5. März 1808; Sembdner, Lebensspuren, 235 a.
17 WuB 3/305.

Schmidt, Jochen: Stoisches Ethos in Brandenburg-Preußen und Kleists *Prinz Friedrich von Homburg*. In: KJb 1993, S. 89–102.

Schneider, Hans-Peter: Justizkritik im *Zerbrochnen Krug*. In: KJb 1988/89, S. 309–326.

Schneider, Manfred: Die Welt im Ausnahmezustand. Kleists Kriegstheater. In: KJb 2001, S. 104–119.

Schrader, Hans Jürgen: Unsägliche Liebesbriefe. Heinrich von Kleist an Wilhelmine von Zenge. In: KJb 1981/82, S. 86–96.

Uerlings, Herbert: Preußen in Haiti? Zur interkulturellen Begegnung in Kleists *Verlobung in St. Domingo*. In: KJb 1991, S.185–201.

Vierhaus, Rudolf: »Man muß sich mit seinem ganzen Gewicht in die Waage der Zeit werfen«. Die Zeit, der Dichter und die Tat. In: KJb 1990, S. 71–85.

Weigel, Sigrid: Der Körper am Kreuzpunkt von Liebesgeschichte und Rassendiskurs in Heinrich von Kleists Erzählung: *Die Verlobung in St. Domingo*. In: KJb 1991, S. 202–216.

Anmerkungen

1 Heinrich Zschokke, Selbstschau (1842); Sembdner, Lebensspuren, 67 a.
2 An Ulrike von Kleist, 14. März 1803; WuB 4/311.
3 Goethe an Adam Müller, 28. August 1807; Sembdner, Lebensspuren, 185.
4 Ebenda.
5 Henriette von Knebel an Karl Ludwig von Knebel, 5. März 1808; Sembdner, Lebensspuren, 244.
6 Ebenda.
7 Goethe an Kleist, 1. Februar 1808; Sembdner, Lebensspuren, 224.
8 An Johann Wolfgang Goethe, 24. Januar 1808; WuB 4/397.
9 An Marie von Kleist, Spätherbst 1807; WuB 4/388.
10 Achim von Arnim an Wilhelm Grimm, 16. Januar 1825; zitiert nach WuB 2/667.
11 An Ulrike von Kleist, 25. Februar 1795; WuB 4/16.
12 An Heinrich Joseph von Collin, 22. Februar 1809; WuB 4/417.
13 Dahlmann an G. G. Gervinus, 26. Oktober 1840; Sembdner, Lebensspuren, 319.
14 Thomas Mann, Heinrich von Kleist und seine Erzählungen. Zu einer amerikanischen Ausgabe seiner Novellen. In: Gesammelte Werke in zwölf Bänden, Bd. IX, Oldenburg 1960.
15 Friedrich II., Mémoires pour servir à l'histoire de la maison de Brandenbourg; zitiert nach WuB 2/701.
16 [Böttiger.] Der Freimüthige. 4. und 5. März 1808; Sembdner, Lebensspuren, 235 a.
17 WuB 3/305.

Schmidt, Jochen: Stoisches Ethos in Brandenburg-Preußen und Kleists *Prinz Friedrich von Homburg*. In: KJb 1993, S. 89–102.

Schneider, Hans-Peter: Justizkritik im *Zerbrochnen Krug*. In: KJb 1988/89, S. 309–326.

Schneider, Manfred: Die Welt im Ausnahmezustand. Kleists Kriegstheater. In: KJb 2001, S. 104–119.

Schrader, Hans Jürgen: Unsägliche Liebesbriefe. Heinrich von Kleist an Wilhelmine von Zenge. In: KJb 1981/82, S. 86–96.

Uerlings, Herbert: Preußen in Haiti? Zur interkulturellen Begegnung in Kleists *Verlobung in St. Domingo*. In: KJb 1991, S.185–201.

Vierhaus, Rudolf: »Man muß sich mit seinem ganzen Gewicht in die Waage der Zeit werfen«. Die Zeit, der Dichter und die Tat. In: KJb 1990, S. 71–85.

Weigel, Sigrid: Der Körper am Kreuzpunkt von Liebesgeschichte und Rassendiskurs in Heinrich von Kleists Erzählung: *Die Verlobung in St. Domingo*. In: KJb 1991, S. 202–216.

Anmerkungen

1 Heinrich Zschokke, Selbstschau (1842); Sembdner, Lebensspuren, 67 a.
2 An Ulrike von Kleist, 14. März 1803; WuB 4/311.
3 Goethe an Adam Müller, 28. August 1807; Sembdner, Lebensspuren, 185.
4 Ebenda.
5 Henriette von Knebel an Karl Ludwig von Knebel, 5. März 1808; Sembdner, Lebensspuren, 244.
6 Ebenda.
7 Goethe an Kleist, 1. Februar 1808; Sembdner, Lebensspuren, 224.
8 An Johann Wolfgang Goethe, 24. Januar 1808; WuB 4/397.
9 An Marie von Kleist, Spätherbst 1807; WuB 4/388.
10 Achim von Arnim an Wilhelm Grimm, 16. Januar 1825; zitiert nach WuB 2/667.
11 An Ulrike von Kleist, 25. Februar 1795; WuB 4/16.
12 An Heinrich Joseph von Collin, 22. Februar 1809; WuB 4/417.
13 Dahlmann an G. G. Gervinus, 26. Oktober 1840; Sembdner, Lebensspuren, 319.
14 Thomas Mann, Heinrich von Kleist und seine Erzählungen. Zu einer amerikanischen Ausgabe seiner Novellen. In: Gesammelte Werke in zwölf Bänden, Bd. IX, Oldenburg 1960.
15 Friedrich II., Mémoires pour servir à l'histoire de la maison de Brandenbourg; zitiert nach WuB 2/701.
16 [Böttiger.] Der Freimüthige. 4. und 5. März 1808; Sembdner, Lebensspuren, 235 a.
17 WuB 3/305.

18 »Aufsatz, den sichern Weg des Glücks zu finden, und ungestört, auch unter den größten Drangsalen des Lebens, ihn zu genießen!« An Rühle; WuB 3/433 f.
19 An Ulrike von Kleist, 12. November 1799; WuB 4/42 f.
20 An Wilhelmine von Zenge, 3. September 1800; WuB 4/94.
21 An Wilhelmine von Zenge, 18. November 1800; WuB 4/153 f.
22 An Wilhelmine von Zenge, 15. August 1801; WuB 4/256.
23 An Wilhelmine von Zenge, 10. Oktober 1801; WuB 4/266.
24 An Wilhelmine von Zenge, 20. Mai 1802; WuB, 4/304.
25 An Ulrike von Kleist, 26. Oktober 1803; WuB 4/317.
26 An Otto August Rühle von Lilienstern, Dezember 1805; WuB 4/346.
27 An Otto August Rühle von Lilienstern, 31. August 1806; WuB 4/354 f.
28 WuB 3/301.
29 WuB 3/302; 308; 309; 326.
30 WuB 3/320.
31 WuB 3/326.
32 An Marie von Kleist, 10. November 1811; WuB 4/491.
33 An Adolfine Henriette Vogel, November 1811; WuB 3/338.
34 An Marie von Kleist, 19. November 1811; WuB 4/492 f.
35 An Marie von Kleist, 21. November 1811; WuB 4/496 f.
36 Marie von Kleist an Friedrich Wilhelm III., 19. September 1811; Sembdner, Lebensspuren, 507 a.
37 An Wilhelmine von Zenge, 3. Juni 1801; WuB 4/226.
38 Peter Baumgart, Die preußische Armee zur Zeit Heinrich von Kleists; Kleist-Jahrbuch 1983, S. 43–70.
39 An Ulrike von Kleist, 25. Februar 1795; WuB 4/16.
40 An Anna Helene von Massow, 13.–14. März 1793; WuB 4/12.
41 An Ulrike von Kleist, 25. Februar 1795; WuB 4/16.
42 An Christian Ernst Martini, 18.–19. März 1799; WuB 4/24 f.
43 Ebenda, 25.
44 Ebenda.
45 Ebenda, 28.
46 Königliche Kabinettsorder an Kleist, 13. April 1799; WuB 4/32.
47 An Christian Ernst Martini, 18.–19. März 1799; WuB 4/29.
48 Revers; 17. April 1799; WuB 4/33.
49 An Ulrike von Kleist, 12. November 1799; WuB 4/44.

50 Ebenda.
51 An Luise von Zenge, 16. August 1801; WuB 4/259.
52 An Wilhelmine von Zenge, 15. August 1801; WuB 4/256.
53 An Wilhelmine von Zenge, 20. Mai 1802; WuB 4/304f.
54 An Heinrich Zschokke, 2. März 1802; WuB 4/297.
55 Wieland an Wedekind, 10. April 1804; Sembdner, Lebensspuren,

4/315f.
4/317.
B, 4/327.
. Brown, Kleist in

ren, 130.
ugust 1806; WuB

1809; WuB 4/421.
30f.
September 1811;

3 4/491.